"十二五"普通高等教育本科国家级规划教材

北京高等教育精品教材
BEIJING GAODENG JIAOYU JINGPIN JIAOCAI

新编21世纪人口学系列教材

老年学概论

第3版

An Introduction to Gerontology

主　编　邬沧萍　姜向群

中国人民大学出版社
·北京·

作 者 简 介

邬沧萍，广东番禺人，1922 年生，我国新时期人口学和老年学的开拓者。现任中国人民大学学术委员会委员、荣誉一级教授、博士生导师，国家人口与计划生育委员会专家组顾问，中国老年学学会名誉会长。先后参加各种国际会议、讲学、学术交流、考察和访问 70 多次。曾担任国际人口机构联合会（CICRED）常务理事、国际计划生育联合会（IPPF）亚太地区常务理事、国际老年学学会（IAG）亚太地区理事和国际老龄研究所（INIA）的兼职教授。先后出版过独著、合著、主编、翻译的专著、教科书、辞典、译著约 30 本，公开发表的论文、文章约 300 篇。获得第二届中华人口奖（科学奖），教育部高等学校科学研究优秀成果奖（人文社会科学）一等奖、二等奖和北京市哲学社会科学优秀成果一等奖。

姜向群，博士，中国人民大学社会与人口学院教授、老年学研究所副所长、博士生导师。研究方向：社会老年学、老年社会保障。在学术刊物发表人口学、老龄问题、老年社会保障等方面科研论文 80 多篇，出版专著《老年社会保障制度》、《老年人的社会价值与社会地位研究》、《年龄歧视与老年人虐待问题研究》，副主编《社会老年学》，参与撰写《社会保障概论》、《社会保障学》、《中国社会保障》、《中国谁来养老》、《人口学百年》等专著、教材、译著、工具书多部。参加和主持国内外多项学术研究课题。

内 容 简 介

本书系统地介绍和阐述了老年学的基本概念、研究对象和代表性的理论。全书涵盖从老年学的产生到现代老年学的基本内容，对个体和群体老龄化、老年学的学科性质、老年学的理论和研究方法、国外老龄问题和老年学、老年人口学、老年心理学、老龄经济学、老年社会保障、老年人与法律、老龄政策以及老年社会工作与服务等，都做了介绍和阐述。本书特别结合中国社会经济的实际对中国的人口老龄化和老年人相关的诸领域展开了介绍和分析，力图对我国老年学专业的发展起到一个引导作用，为专业学科的教学和各种相关的培训提供一本通用的教材或参考用书。

总 序

中国是世界第一人口大国。无论是在宏观上，还是在微观上，中国社会经济的发展都与人口的状况和问题紧密相关。在中国追求现代化的历史过程中，人口问题始终是我们长期面临的重大问题。人口问题的复杂性世所公认，但中国人口问题可能更复杂。一个多世纪以来，人口问题几乎成了所有经济学家、社会学家和政治家最为关注的热门话题之一。尽管如此之多的人士研究人口问题，但是近百年来，在对中国人口问题的认识上，却经历了反复的曲折，积累了无数的教训。

对一个事物的正确认识，需要有科学的理论和科学的方法。中国人口问题如此重大，如此复杂，任何人要想深入了解、分析和研究人口问题，必须要掌握基本的人口学理论与方法。20 世纪 70 年代中期，中国开始了具有历史意义的现代人口学科的创建过程。人口学教材建设在一开始就被列为学科创建的最重要工作之一。到 80 年代中期，中国的大学里已经系统地建立了完整的人口学学士、硕士和博士的培训课程，出版了一系列与国际前沿接轨的人口学教材，如《人口统计学》、《人口经济学》、《世界人口》、《人口理论教程》、《人口思想史》、《人口社会学》、《人口规划与预测》、《人口地理学》、《现代人口分析技术》、《人口普查的分析方法》等，并培养了一大批人口学的专门人才。从那时到现在，国际上人口科学的发展日新月异，新方法、新理论、新流派层出不穷。与此同时，中国人口的研究也迅速向深度和广度推进。收集到的人口数据堆积如山，人口数量、结构和质量，人口与经济，人口与社会，人口与环境资源等各种问题几乎全部纳入了研究视野。但从 90 年代初期以来，人口学教材的编写高潮却逐渐回落。反映国际最新进展并与中国人口实践紧密结合的新教材，无论是在种类上还是在水平上，都远远不能满足现实的需要。

中国人民大学人口学系（所）是国内最早开设人口学学位教育的机构，曾经培养过上千名人口学专业的本科生、硕士生和博士生，80 年代初编写的《人口统计学》、《世界人口》、《人口理论教程》等曾在人口学界产生了重大而深远的影响。进入 21 世纪后，为了满足人口学教育的需要，在教育部和中国人民大学出版社的大力支持下，中国人民大学人口学系（所）决定牵头组织编写一套能够反映国际国内人口学最新进展的《21世纪人口学系列教材》。系列教材将涵盖人口学主要分支学科的内容，为各个大学和培训机构开设人口学公共课和专业课提供科学、准确的教学资料。

尽管本套教材是在长期教学实践基础上编写的，编写过程中我们也力争逻辑严谨、内容充实、形式活泼，但疏漏在所难免，望广大读者指正，以便再版时修改。

翟振武

第3版序

为了适应我国人口老龄化的快速发展和满足老龄工作实践的迫切需要，2003年，经教育部备案，中国人民大学正式设立了老年学专业。这从制度上建立和明确了我国老年学的专业学科地位，其学术意义和社会意义是十分重大的。

从20世纪80年代开始，我国学者就开始关注人口老龄化和老年人问题。首先，我国人口问题研究和社会学研究的专家学者借鉴西方发达国家人口老龄化的经验、教训及其研究成果，对我国由于生育率下降导致的人口老龄化问题开展研究，出版了一批研究成果，并开始与国外学者进行这方面的学术交流活动，参加联合国以及非政府组织的国际老年学会议，使我国老年学开始起步。

从1984年开始，中国人民大学人口研究所就开始在人口学专业下招收老年学研究方向的研究生，培养老年学硕士和博士研究生，至今已有30年的历史。其间，有多名研究生以老龄问题作为学位论文的选题，已培养的老年学人才有的在国家政府部门工作，有的在高校工作，也有的在国外继续从事老年学研究。此外，我国学者发表了数千万字的老年学研究成果，其中有老年学专著、论文和编辑的专题论文集、用外文发表的论文和著作以及大量的硕士和博士学位论文等。由中国人民大学几位专家教授编著的《社会老年学》一书，是一部以中国特色社会主义理论为指导的社会老年学专著，也是国内第一部可以作为我国老年学专业主要教材的书籍。

其次，我国老年学的建设经过了从无到有的发展过程。近年来，国家和政府对人口老龄化问题和老龄工作给予了高度重视。经中共中央、国务院批准，1999年我国重新成立全国老龄工作委员会，由中共中央政治局常委、国务院副总理李岚清任主任，国务委员司马义·艾买提任副主任。全国老龄工作委员会的任务主要是研究、制定和组织实施老龄事业发展战略及重大政策等。全国老龄工作委员会的重新建立，标志着党中央、国务院对新时期老龄工作的高度重视，也是促进我国老年学发展的组织保证。2001年国务院颁布的《中国老龄事业发展“十五”计划纲要（2001—2005年）》指出：“加强人才培养，为老龄事业培养各类专门人才。在有条件的综合性大学开设社会老年学专业或课程，在医学和护理院校增加老年医学、老年护理学教学内容。有条件的院校可设立硕士、博士学位，培养老年学高级专门人才。大力开展老年教育和老年医学研究。”这对于加快我国老年学专业的建立起到了极大的推动和制度保证作用。

再次，为了在高等院校建立正规的老年学专业，从几年前起，中国人民大学、北京大学、清华大学等院校多次向中央和教育部写报告，提建议，并争取国内外社会各界的支持和帮助，挖掘各方面的资源，创造教学和研究条件。中国人民大学根据自己的老年学教学和科学研究的条件，提出正式设立老年学专业的计划，获得了教育部的批准，将老年学专业归属于社会学一级学科，并置身于法学学科门类。一门崭新的、具有时代意义的新兴学科——老年学从此诞生在我国高等学府的专业学术领域。这是目前我国第一个并且是唯一的一个老年学专业。

建立老年学专业是我国人口老龄化和社会发展实践提出的迫切要求。一场人口老龄化的变革正在改变着我们的社会，人类寿命延长的变化趋势成为我国社会发展的一大景观。目前，我国60岁以上老年人口规模达到1.72亿，人口结构已经进入老年型社会的阶段。而且，我国老年人口比例增长的速度处于历史上最快的时期，未来几十年的增长势头无疑将更加迅速。这一前所未有的人口学转变正在对我国提出前所未有的挑战，这些影响包括社会保障制度、劳动力资源、劳动生产率、经济和市场结构、医疗体制、家庭结构和代际关系、社会财富的分配、社会公平等诸多方面。比如，在发达国家的人口老龄化成为“社会福利危机”重要原因的情况下，这也必然成为我们不得不审慎考虑的关键性问题。预计到21世纪中叶，我国60岁以上老年人口将占总人口的三分之一左右，这将对未来的经济、政治和社会产生广泛和深远的影响。人口老龄化问题说到底是一个社会可持续发展的问题。因为可持续发展的本质是社会中代际的可持续性的接替、协调和资源与成果共享的问题。年龄结构的老龄化是代际年龄结构的改变，其重要的社会含义是代际经济关系、分配制度、法律制度、文化价值观念、家庭伦理关系的变化，而这些变化又是与社会的现代化转变交织在一起的，使问题更为复杂化。

面对人口老龄化和社会经济体制的急剧转型，传统的养老方式以及计划经济时代的老龄工作模式已经不能适应现代社会的需要。而且我国老年学专业人才奇缺，严重滞后于社会的发展。这就要求对老龄工作的组织、制度和社会资源进行重新整合，老龄工作社会化、专业化对老年学的专门人才提出了新的需求，需要有专门的领域和专门的人员来从事老龄工作和老年人服务事业。

本书的编写和出版适应了中国人民大学老年学专业课程设置的需要。作为老年学“概论”，本书概括性地介绍和阐述了老年学的基本内容，力图对老年学专业的内容起到一个引导的作用，为专业教学和普通培训提供一本通用的教材，同时也希望能对老年学的深入发展起到一个推动作用。

本书编写者分工如下：

第一章　邬沧萍　孙鹃娟

第二章　邬沧萍　孙鹃娟

第三章　张文娟

第四章　邬沧萍　孙鹃娟

第五章　苏　平　邬沧萍　孙鹃娟
第六章　杜　鹏
第七章　姚　远　陈立新
第八章　李建民
第九章　姜向群　山　娜
第十章　杜　鹏　李　超
第十一章　姜向群
第十二章　姜向群　万红霞
第十三章　姚　远
第十四章　姜向群　安冰洁　钱　鑫
第十五章　邬沧萍　姜向群

邬沧萍　姜向群
2014年3月
于中国人民大学

目　录

第一章　人类个体和群体老龄化 …………………………………………… 1

第一节　人类个体的衰老和寿命 ………………………………………… 1
第二节　人口老龄化 ……………………………………………………… 4
第三节　老龄工作 ………………………………………………………… 9

第二章　老年学的学科性质 …………………………………………………… 13

第一节　老年学是一门科学 ……………………………………………… 13
第二节　老年学的研究对象 ……………………………………………… 17
第三节　老年学的社会功能 ……………………………………………… 20
第四节　老年学的多学科性质和学科体系 ……………………………… 22

第三章　老年学的理论和研究方法 …………………………………………… 26

第一节　老年学的主要理论 ……………………………………………… 26
第二节　老年学的研究方法 ……………………………………………… 34

第四章　国外老龄问题和老年学 ……………………………………………… 39

第一节　1982 年之前国际社会对人口老龄化的认识 …………………… 39
第二节　1982 年第一次老龄问题世界大会 ……………………………… 40
第三节　《1982 年维也纳老龄问题行动计划》后续行动 ……………… 41
第四节　2002 年马德里老龄问题世界大会 ……………………………… 44
第五节　从健康老龄化到积极老龄化 …………………………………… 47
第六节　国际老年学学术活动 …………………………………………… 49

第五章　衰老生物学 ……………………………………………………………… 52

第一节　人的生理衰老 …………………………………………………… 52

第二节　衰老的理论和假说 …… 55
第三节　人体各个系统的衰老与常见病 …… 61

第六章　老年人口学 …… 74

第一节　老年人口学的形成 …… 74
第二节　老年人口学在20世纪80年代以后的发展 …… 77
第三节　中国老年人口学研究的发展 …… 79
第四节　老年人口学的前景 …… 82

第七章　老年心理学 …… 86

第一节　老年心理学的研究对象、学科特点及研究方法 …… 86
第二节　老年心理学的基本范畴、理论 …… 88
第三节　老年人的一般心理特征 …… 90
第四节　老年人的心理问题及其疏导 …… 95

第八章　老年和老龄经济学研究 …… 100

第一节　老年和老龄经济学的研究对象及方法 …… 101
第二节　老年人的经济特征 …… 108
第三节　人口老龄化与经济发展 …… 121

第九章　老年社会保障 …… 129

第一节　老年社会保障的概念及特点 …… 129
第二节　现代养老金制度的特征和基本内容 …… 132
第三节　我国城镇养老保险制度的改革 …… 136
第四节　我国农村老年社会保障的内容及存在的问题 …… 139
第五节　老年医疗保障 …… 145

第十章　老年人与法律 …… 150

第一节　老年人权益保障的内容 …… 150
第二节　国外老年人权益立法保障的内容 …… 154
第三节　我国老年人权益保障立法的内容及其完善 …… 160

第十一章　老年人与社会政治 …… 171

第一节　老年人的政治地位及其作用 …… 171
第二节　老年人的政治参与 …… 174

第十二章　老年价值观与代际关系问题 …… 180

第一节　老年人的社会价值 …… 180
第二节　现代化中的代际关系问题 …… 190
第三节　弘扬传统孝文化的合理成分 …… 197

第十三章　老龄政策 …… 202

第一节　老龄政策的定义、性质和特征 …… 202
第二节　老龄政策的历史发展 …… 205
第三节　老龄社会政策的目标和内容 …… 207
第四节　我国老龄社会政策的现状、问题和发展趋势 …… 210

第十四章　老年社会工作与服务 …… 214

第一节　老年社会工作的研究领域和基本概念 …… 214
第二节　老年社会工作的特点、意义和目标 …… 216
第三节　老年社会工作的步骤和方法 …… 220
第四节　老年社区服务 …… 223

第十五章　我国应对人口老龄化的战略对策 …… 232

参考文献 …… 251

第一章

人类个体和群体老龄化

任何科学都产生于实践的需要。科学是系统知识，要求认识事物的本质，即客观规律。任何科学都有它研究的客体或研究的现象和过程。科学理论应用于指导实践。如果没有实践工作的检验，理论就失去了意义。老年学及其理论和知识体系都是为了认识和解释人类个体老（龄）化、人口老龄化和为老龄工作提供指导。因此，了解老年学的研究客体是很必要的。

第一节　人类个体的衰老和寿命

任何生物都有其产生、成长、衰老、死亡的过程。人作为一种生物也有其生、老、病、死的过程。这些过程是人类在长期生活中司空见惯的现象。很早以前人类就开始探索健康、长寿、衰老和死亡的原因和奥秘，这正是老年学的萌芽。

一、人类个体衰老和寿命

寿命（life span）有个体寿命与群体寿命（或物种寿命）之分。个体寿命长期以来一般是指在自然情况（即没有任何意外事故的情况）下，生物体从第一次呼吸开始到最后一次呼吸停止的时间。但近年来许多国家都是按脑死亡来判定人的死亡，我国法律也作了同样规定。群体寿命是指某一物种群体的平均寿命，有时也用最长寿命来表示对于某一物种迄今所观察到的某些个体寿命的最高值。人类的寿命通常是按人口学生命表计算的平均预期寿命来计算的。

自从有了历法以后，人类就把人存活的长度和日历长度联系起来。每活过一年称为一岁，这就是日历年龄。通常人口学、老年学所讲的年龄都是日历年龄（有的人称为年代年龄），以区别于其他如生理年龄、心理年龄和社会年龄。日历年龄是根据一个人自出生至今所经历的日历年数来定义的。每经过一个日历周年就增加一岁，随着时间推移年龄增加的现象叫做增龄现象。增龄常常又意味着更成熟或甚而衰老了。人类的寿命在很大程度上受到其所处的自然条件及社会生活条件的制约。远古人类生活在恶劣的生存条件下，疾病、饥饿及战争使人类的寿命很短。15万年至10万年以前尼安德特人的估计寿命不超过20岁；据有关资料证实，古希腊人的估计寿命是20～30岁；古罗马人是15～30岁；中世纪英格兰人的估计寿命是33岁；美国马萨诸塞湾殖民地时期（1628年）人的估计寿命是35岁；而1900年美国人的估计寿命是48岁。随着社会经济的发展，现代科学文化、医疗卫生事业的进步，人们生活水平的不断提高，人口的平均寿命也在不断增长。我国在20世纪40年代的人口平均寿命只有35岁左右，新中国成立后，由于社会制度的彻底改变，人民大众政治、经济地位迅速提高，环境、生活条件不断改善，2000—2005年，我国人口的平均寿命达到71.2岁，其中男性69.1岁，女性73.5岁。①

任何物种的平均寿命都绝不是生命的极限，人类也是如此。极限寿命是一个物种在去除环境危险因素后可能存活的最大年数。我国1953年第一次全国人口普查时，就有3 384名百岁老人；2000年第五次全国人口普查时百岁老人有12 899名，现在又增加了许多。这说明人的寿命可以超过百岁。人的寿限究竟有多长？目前人们尚不能确切回答，因为现在还没有找到确定人类寿限的科学方法。以往一般通过实际的调查和观察，统计历史上人的最长寿限，或考究大量人群绝大多数人能活多久，从理论上探索其可能存活的寿命，从而作出较有根据的预测。目前比较广泛采用的有以下三种预测方法：

（1）根据性成熟理论预测。哺乳动物的自然寿命应为性成熟期的8～10倍，人的性成熟期（14～15岁左右）的8～10倍应为110～150岁。

（2）根据生长发育期预测。古希腊哲学家亚里士多德（Aristotle）认为，动物的生长期越长，其寿命就越长；法国生物学家布丰（Buffon）进一步提出“寿命系数”的概念，认为哺乳动物的自然寿命为完成生长发育期的5～7倍，人的生长发育期（20～25岁）的5～7倍应为100～175岁。

（3）按细胞分裂的次数来预测。根据海弗里克（Hayflick）的“细胞分裂说”，人类细胞分裂代数约在50次左右，平均每次分裂周期约为2.4年，故人的最高寿限大约为120岁。

各国学者对于人类的最高寿限曾做了大量的考察，大多认为人类最高寿限应在100～120岁之间。但要明确人类的最长寿命究竟能达到多少，目前尚有困难。因为影响寿命的因素很多，现在还没有确定最长寿命的科学方法。但是对人类平均寿命已经能比较准确地回答。

二、影响人类寿命的因素

影响人类寿命的因素十分复杂，但总的归纳起来，可分为先天性遗传因素和后天的环

---

① See United Nations, *World Population Ageing 1950—2050*, p. 179, 2002.

境因素（这是指人体的外环境）两大类。

（一）遗传因素

人类的自然寿命与遗传因素密切相关，人类细胞中的46条（23对）染色体上载有人体的遗传密码，控制着人体的生长、发育及衰老过程，影响着个体的寿命。不同物种的寿命相差很大，而同一物种的寿命几乎都是特定的，例如，人类约110～150年，黑猩猩约44年，马46年左右，橡树约2 000年，等等。这是生物物种在进化过程中逐渐形成的遗传特性，遗传基因使我们继承祖先的某些特征，同时其中还有生命时间表的遗传信息。根据家谱研究及人寿保险记录的分析可以发现，长寿家系的子女也长寿，同卵双生子的寿命十分相似，往往他（她）们的死因也相似，这些都说明遗传因素对寿命的影响。另外，寿命与性别也有关，一般女性比男性的寿命要长。有人从社会科学角度加以解释，但大多数人认为与生理因素有关；有人认为这与男女的生理功能差异有关，例如，女性雌激素水平高，这样可以保护血管壁，防止血管变硬、变脆，等等，但这在科学上还未被完全证实。

（二）环境因素

环境因素与人类寿命也有密切的关系。人类的繁衍生息离不开自然界，人体不断地通过新陈代谢和周围环境进行物质、能量和信息的交换，人类和环境之间存在着相互作用及相互制约的关系。自然界处在不断的运动和变化之中，外界环境质量的改变会不同程度地影响到人体的正常生理功能。当环境质量恶化超出了人体正常生理调节范围时，就可能引起人体某些功能和结构发生异常而阻滞发育或致病，加速老化而影响寿命。

1. 原生环境

原生环境中的温度、湿度、日照、气压等气象条件，地形、地质、水质、放射活性高低及微量元素的含量等地质环境条件都对人类健康有极其重要的影响。例如，我国百岁老人分布与地理环境密切相关，新疆维吾尔自治区、西藏自治区、青海省、广西壮族自治区百岁老人的比例，均居全国前列。这些地区具有高原固有的地理环境，值得进一步探讨。有的学者发现，水的硬度与心血管疾病死亡率有关，饮水中钙的浓度越高，中老年期的心血管病的死亡率越低。放射线具有促进老化，引起某些特殊疾病发生和缩短寿命的作用。微量元素是构成人体组织和调节生理机能的重要成分，它在人体中的含量极少，但对人体的健康长寿影响很大。如碘、氟、镁、铁等微量元素与健康长寿密切相关。例如，流行病学调查表明，凡土质含镁丰富的地区癌症发病率也偏低，反之则偏高。湖北省钟祥县是百岁老人较集中的地区，该地区的饮用水中富含钙、镁、锰、锶、锌、氟等元素，粮食测定也发现富硒、铁，低镉，百岁老人头发有高锰、高硒、低镉的特点等。

2. 次生环境

随着工农业的迅速发展，地下矿藏和资源的大量开采，煤炭、石油、原子能等能源的广泛利用以及人口的剧增，城市人口的高度密集，生产和生活中大量废物的排放量超过了环境自净能力而人为造成的环境污染，这些因为人类活动而改变了的自然环境被称为次生环境。随着人类社会生产和经济的飞速发展，人类对自然环境的干预大大增强，次生环境对人类健康长寿的影响亦日益增大。当前，环境因素是疾病与死亡的首位原因，环境污染对人类健康长寿的威胁已引起全球性的关注。

3. 社会环境

健康长寿与社会环境之间的关系很早就引起了医学家们的注意。16世纪，医学家在疾病研究中就已注意到人体健康状况与生活条件的关系。1790年，弗兰克（Johann Peter Frank）在对人类死亡原因的分析中写道：压抑我们的大部分病痛是由人自己造成的，正是由于社会联系本身而形成如此众多的疾病。随着社会的进步，社会因素与健康长寿的密切关系越来越明晰。因此，现代的医学模式已从“生物—生理—医学模式”向“生物—心理—社会医学模式”转变。特别是在现代激烈竞争的社会中，人们必须根据来自社会的各种信息及时地调整自己的身心状态，有效地调节自己的行为习惯和处世态度，使之适应社会的要求。愉快的心情、良好的情绪和协调的行为能使人体的各个器官和系统都处于稳定和平衡状态，提高机体的免疫功能，从而能预防和减少各种疾病的发生。如果对来自社会环境的各种因素缺乏承受和适应能力，就会对心理造成不良影响，形成心理上巨大的压力，久而久之会使机体的自我稳定平衡状态失调，影响各种生理功能，导致各种疾病发生。

有的学者把影响人类寿命的遗传因素、环境因素及个人生活方式（也包括在环境因素之中）比喻为一个三角形，三角形的底边为遗传因素，一边为环境因素（包括自然环境与社会环境），另一边为个人生活方式（包括心理因素与健康生活方式等），这个三角形的面积就是人的寿命。三角形的三条边越长，面积越大，寿命就越长。世界卫生组织（WHO）曾经指出：影响健康长寿的许多因素中，遗传因素占15%，社会经济因素占10%，与医疗服务技术有关的占8%，气候因素为7%，而60%取决于个人因素（个人生活习惯、卫生行为、精神面貌、保健意识等）。人类曾经有过两次大的寿命革命，第一次是19世纪，牛痘的发现和推广使婴儿死亡率大大下降，人口平均寿命增长了10岁；第二次是20世纪20年代，抗生素的发现和防疫措施的加强，使人口平均寿命又增长了20岁。随着科技的飞速发展，相信在不久的将来，人类会揭开生命的奥秘，有效地控制威胁人类生命的癌症、心血管病、心脏病及脑血管病，从而出现第三次寿命革命。

第二节　人口老龄化

一、人口老龄化的理论解释

人类认识个体老龄化比较容易。人们在实际生活中认识到增龄现象，即随着时间推进每一个日历年增长1岁。到一定年龄后，生理衰老现象便伴随着增龄而发生。衰老也被称为老化现象，但衰老又不是同增龄同步发生的。有人把个体的增龄称为个体老化，但更多的人则认为称之为个体老龄化更好，一是为了同群体老龄化相对应，二是增龄未必一定衰老。用老龄化能准确地表明日历年龄增加的事实，但是否衰老需要从生理方面来判定。人类认识衰老总是从个体开始，直到人类认识能力提高以后才有可能逐渐认识到群体也有老龄化现象。人口老龄化通常被认为是随着平均寿命延长，老年人口在全部人口中比重增加的过程。认识这种过程需要更多的科学知识。其实在20世纪以前人类已开始老龄化了，但那时知者甚少，到20世纪以后才开始有所认识。

随着人们对人口老龄化的进一步认识，人口老龄化被定义为老年人在人口中的比例（也称老年比或老年系数）的提高过程或人口平均年龄（也通常用年龄中位数来表示）不断提高的过程。老年比和平均年龄取决于人口的死亡率和出生率，二者是导致人口老龄化最主要的因素。人类寿命的延长是人口老龄化形成的前提，如果人类都在婴幼儿或青少年时期夭折，也就不会有人口老龄化和老年型人口，只有死亡率持续下降才能出现老龄化。而如果人类保持高出生、低死亡率，那就会使青少年人口不断增加，结果是人口膨胀和人口年轻化，而不会出现老龄化，所以，出生率下降是老龄化的必要条件。那么，什么是死亡率下降和出生率下降的决定性力量呢？对此人们有不同的观点。有人认为是医学的发达，有人用文化因素来解释，也有人用政策法令来解释，更有甚者是用反科学的迷信来解释。正确的答案是生产力发展是最终的决定性因素。当然，出生率和死亡率是人口老龄化形成、发展的两个直接因素，但出生和死亡只能说明现象，不能解释事物的本质。用生产力因素能从深层次说明人口老龄化出现的本质，因为在唯物史观看来，在众多社会条件中必须从经济条件出发来解释社会现象及其发展变化，其中生产力是决定因素。但是，马克思主义解释事物发展从不排除其他社会因素的交互影响，这就使人们对人口老龄化出现的客观规律性的认识更加全面。

二、生产力发展导致死亡率下降——人口老龄化的基础

在古代，人类的平均寿命很短。在奴隶社会和封建社会，人类的平均寿命只有20～30岁。在19世纪上半叶，当时的发达国家死亡率仍高达32‰，是现在中国死亡率的几倍。1840年，全世界最发达的几个欧洲国家和美国的马萨诸塞州平均寿命也只有41岁。① 那时，60岁的老年人还是较少的，在那时感觉不到人口老龄化是不足为奇的。

在近代以前，人类平均寿命短不能仅从生物、生理因素角度进行解释，根本的原因在于生产力水平低下导致的高死亡率，因为生产力低下必然造成饥饿、营养不良，吃、穿、用、住条件都很差，人们无力抵抗天灾人祸。一遇洪水、干旱、台风、地震、流沙石等自然灾害就尸横遍野；血流成河的战争也造成大批人口死亡；当时的人们对鼠疫、天花、霍乱、麻疹、伤寒、结核、痢疾等细菌、病毒和寄生虫疾病是无力抵抗的。更为严重的是

① See United Nations, *Determinants and Consequences of World Population Trend*, p. 111, 1973.

饥饿、传染病和战争几大因素交织在一起导致的高死亡率，在低生产力的条件下是无法摆脱的。其中制约人类寿命延长的最主要因素是饥荒和营养不良，直接原因就是生产力水平低。

生产力提高的表现首先是物质产品的产量增加。在欧洲工业革命后，由于生产工具的改进，欧洲国家首先出现了农业单产的提高，满足了人民的口粮和肉类需要，提高了人们的营养水平。很多原来靠天吃饭的地区由于交通运输条件的改善和贸易的发达，即使遇到饥荒也能以丰补歉，调剂余缺。

其次，工业革命极大地推动了加工业的发展，穿、用、住条件都普遍得到改善。在生产力水平低下时，只有作为统治阶级的少数人生活得较好，即使到18世纪前半叶，普通老百姓的生活与中世纪时多数人的生活也没有多大区别。生产力有了提高后，大多数人都能受益，这使得平均寿命普遍提高；而在只有少数人受益的情况下，人类的平均寿命是不可能提高的。

再次，生产力的提高加强了水利建设，防止了水土流失，改善了城乡抵抗自然灾害的能力，减少了自然灾害的死亡人数，同时也减少了由此引发传染病所导致的死亡。

最后，生产力提高还带来科学技术的发达，人类认识世界和改造世界的能力提高了。特别是医学科学的发达、医疗技术的提高和公共卫生的改善有效地控制了很多传染病，如天花、鼠疫、霍乱、伤寒等的发生。再加上普及预防保健知识和改善环境卫生等措施，使发达国家的死亡率逐步下降，平均寿命大大延长，人口老龄化逐步成为普遍现象。生产力水平高的国家能在基础医疗方面有较多的投入，这也有利于高龄人口的增加。

三、生产力发展加速出生率下降——人口老龄化的决定性因素

出生率下降是人口老龄化的一个必要条件。在18世纪，全世界各国毫无例外都是高出生率国家，那时欧洲国家每个妇女平均生育大约六个孩子，亚非拉国家每个妇女生育七八个孩子是很平常的事情，在那个年代人们还不知道人口老龄化为何物。欧洲在19世纪中叶时每个育龄妇女平均生育子女数还达到五个左右，所以人口老龄化并不明显，直到第二次世界大战后妇女平均生育率降到2.5并继续下降到一点几时，人口老龄化问题才显现出来，进而受到人们的重视。

生产力的提高导致出生率下降，主要通过下列机制实现。

第一，过去人类出生率普遍偏高是由于农业生产方式属于自然经济，以劳动力投入为主要特点的传统农业必然要求家庭、家族追求高生育率，来满足家庭劳动力的需要并实现家庭延续的目标。在中国，“多子多福”、“不孝有三，无后为大”、“养儿防老”等都体现了人们对世代传承的重视。工业革命使生产力的水平提高了，特别是在工业化、城市化过程中，生产社会化和现代生产方式从根本上动摇了高出生率的经济和社会基础。

第二，生产方式的改变加速了经济结构变化，为低出生率创造了条件。大多数农民离开农村来到城市，使得从事农业的人口大量减少，工业、建筑业、服务业等得到发展，从

事第二、第三产业的人口大增，原来在农业生产方式下的家庭生产职能逐渐弱化，雇佣工资制度增大了个人决定自己的生育的权利。劳动方式的改变使得生产者不得不通过减少生育子女的数量来获得更多的学习、工作时间，妇女也能够更多地参加劳动生产。上述原因的综合作用使出生率必然大大降低。

第三，以往出生率高的原因之一是死亡率高，特别是婴儿死亡率高，迫使家庭必须用高出生率来抵补高死亡率，才能使家庭延续和实现养儿防老。生产力的提高和卫生条件的改善大大降低了婴幼儿死亡率，使得家庭从追求子女数量逐渐转变为注重子女的素质。社会保障制度的不断完善使“养儿防老”不再是养老的唯一选择，如此等等。这些因素使得生育率的下降和人口老龄化成为必然。

第四，避孕节育水平的提高使得少生孩子的愿望变成现实。在生产力提高以后，低出生率由意愿成为了现实。一方面，生产力的提高使广大育龄人群的教育水平普遍提高，增加了他们的生育和避孕知识；另一方面，高生产力使医学科学的节育避孕技术大大提高。这二者相结合，使得妇女生育率的下降成为现实。

有人认为文化传统、风俗习惯的变迁是出生率下降的原因，也有人认为教育普及是低出生率的决定性因素，但从长远来看，没有生产力的发展就不可能有文化传统和风俗习惯的改变，也不可能有教育的普及和提高。所以，出生率下降的根本原因还在于生产力的发展。

四、21世纪是全球人口老龄化的世纪

人口老龄化不仅是发达国家面临的情况，更是全球性的普遍现象。发展中国家甚至最不发达国家的人口也会老龄化。联合国把1999年确定为国际老年人年，旨在提高全球的老龄意识。时任联合国秘书长的安南在启动仪式上提出：人类已进入长寿时代。过去人类寿命像短跑冲刺，现在人类寿命像马拉松赛跑，寿命延长是反映人类健康改进的最根本标志。2002年，在马德里第二次老龄问题世界大会上，当时的世界卫生组织总干事布伦特兰夫人在闭幕式上指出：“20世纪人类寿命平均增加了30岁，发达国家如此，发展中国家也是如此。”她说这是人类在20世纪最伟大的成就之一。现在地球上人口是70亿，不管人类如何努力，地球上人口有朝一日终会达到100亿的巨大规模。但在100亿人口中老年人比重会大大增加。

从表1—1可以看到发达地区和发展中地区出生率和死亡率的普遍下降。

表1—1　　发达地区和发展中地区的出生率和死亡率（‰）

年份	发达地区		发展中地区	
	出生率	死亡率	出生率	死亡率
1750—1800	38	34	41	37
1800—1850	39	32	41	36
1850—1900	38	29	40	38

续前表

年份	发达地区		发展中地区	
	出生率	死亡率	出生率	死亡率
1900—1910	34	21	41	34
1910—1920	26	23	40	37
1920—1930	28	16	41	31
1930—1940	22	14	41	29
1940—1950	20	15	40	48
1950—1960	22	10	43	22
1960—1970	20	9	41	17
1970—1975	17	9	37.5	14
1975—1980	14.9	9.5	46.1	19.3
1980—1985	14.5	9.7	45.1	17.3
1985—1990	13.9	9.7	43.2	15.9
1990—1995	12.4	10.0	41.1	15.1
1995—2000	11.2	10.1	38.9	13.8
2000—2005	11.1	10.2	36.8	12.5
2005—2010	11.2	10.1	34.8	11.4
2010—2015	11.0	10.2	32.9	10.4
2015—2020	10.6	10.4	30.8	9.6
2020—2025	10.2	10.7	28.5	9.0
2025—2030	9.9	11.1	26.3	8.5

资料来源：United Nations，*The Population*（1970，1971. Table 3）；1975年以后根据United Nations，*World Population Prospects*：*The* 2008 *Revision Population Database*，http：//esa. un. org/unpp/index. asp？ panel=3。

60岁及以上人口在总人口中的比重是反映人口老龄化的重要指标之一。表1—2显示了1950—2050年世界和中国60岁及以上人口在总人口中的比重情况，从中可以看出人口老龄化的发展趋势。

表1—2　　1950—2050年世界和中国60岁及以上人口在总人口中的比重（%）

范围＼年份	1950	1975	2000	2025	2050
世界	8.2	8.6	10.0	15.0	21.1
较发达地区	11.7	15.4	19.4	28.2	33.5
欠发达地区	6.4	6.2	7.7	12.6	19.3
不发达地区	5.4	5.0	4.9	5.9	9.5
中国	7.5	6.9	10.1	19.5	29.9

资料来源：United Nations，*World Population Ageing 1950—2050*，pp. 48、50、52、54、178。

表1—2表明，人口老龄化不仅是发达国家面临的现象，而且是全球性的现象。虽然发达国家的人口老龄化早于发展中国家，但进入21世纪后，发展中国家的人口老龄化程度发展很快。全球和中国的老龄化发展预示着老年学在21世纪将是一门有着广阔前景的朝阳科学。

第三节　老龄工作

一、人口老龄化为社会可持续发展带来机遇和挑战

人们对人口老龄化对社会可持续发展影响的认识经历了一个逐步渐进的过程，由不认识到初步认识，由只看到对一个方面的影响扩展到看到对更多方面的影响，认识由浅入深。在一个相当长的时期内，人们大多只看到其在人道主义方面的问题，很少上升到社会经济发展的高度。随着发达国家人口老龄化程度的提高，老年人规模越来越大，特别是高龄老年人的快速增加，使社会、家庭面临的问题日益突出，加上一些福利国家出现社会保障危机，对财政支出、生产成本、社会积累和投资等方面都造成了很大影响，同时也波及了其他年龄人们的生活。

20 世纪 90 年代以前，大多数人都认为人口老龄化对社会经济的影响是负面的，即使是一些不太悲观的学者和一些政治家也都倾向于认为今后人类社会经济发展将要因为人口老龄化而受阻。与此相反，也有些学者认为人口老龄化有利于社会经济发展，理由是人口老龄化使人的寿命延长、健康水平提高、儿童抚养比下降、儿童抚养比下降速度快于老年抚养比的提高，从而会出现人口负担较轻的一个时期，这可以节约社会抚养费用，有利于经济发展。

从目前人类社会的实践来看，人口老龄化对社会可持续发展的影响既有挑战也有机遇，似乎是挑战大于机遇，但是现在还不能完全肯定是弊多利少，因为人类社会经历人口老龄化还为时较短，许多问题暴露得还不充分，人类能够提出的对策还滞后于出现的难题。但是随着人们对人口老龄化规律有更多的了解，对老龄化的各种挑战可以防患于未然，许多困难可以化解或减轻，在一定条件下甚至可能把挑战转变为机遇。如采取某种恰当的养老措施，防患于未然，也可能成为储蓄的手段，促进经济的发展。如果措施不当，不能未雨绸缪，小的不利会积累起来，积重难返，因此人口老龄化对社会可持续发展是挑战与机遇同在，人类绝不是无能为力的。

人口老龄化对社会可持续发展影响的方面和范围遍及生产力、社会关系和上层建筑各个环节。这里所说的社会不是狭义的，而是包括政治、经济、社会、文化各个方面以及总人口和各个年龄群或各个社会集团的人口。影响有大有小，有正面的也有负面的。对于人口老龄化对社会可持续发展的影响，我们要区别轻重缓急和影响的程度以及我们的认识能力分别加以探讨。认识来源于实践，应当通过实践检验认识是否正确。要考察人口老龄化是否影响到生产力的发展、综合国力的增强和人民生活水平的提高，首先要看老年人和其他人口的收入水平是否提高，还要看生活质量的其他方面是否有改进，此外，还要从社会

是否安定团结和代际关系是否和谐协调，最终是否达到长治久安等方面来衡量。

由于人口老龄化在我国出现的时间较短，社会实践还不充分，认识只能是初步的，个别国家的经验也还有待实践检验，对于人口老龄化对社会可持续发展的影响的规律性认识只能在实践中不断加深。

二、老龄问题的人道主义问题和发展问题

把老龄问题区分为人道主义方面和发展方面的问题对于深入认识人口老龄化和采取适当的对策都是很有意义的，二者既有联系也有区别。

其一，老龄在人道主义方面的问题在很大程度上就是老年问题，即老年人的各种需要，包括基本需要和特殊需要。后者同其他年龄群体不同，着眼的是老年人这个亚人口群体。发展方面则着眼于全部人口，不仅涉及对老年人的影响，同时还涉及对中青年、青少年以及对少年儿童的影响。

其二，人道主义方面更多注意的是考察老年人的数量规模和增长速度，而发展方面更关心全部人口的年龄结构变化和人口抚养比的关系。

其三，人道主义方面更多是从微观方面研究考察如何满足老年人需要，而发展方面基本上是从宏观方面考察老龄化条件下社会经济政策对经济基础和上层建筑各方面的影响。

其四，人道主义方面研究常常自觉或不自觉地从老年人或老年群体的角度观察问题，发展方面的视野则放在宏观决策和宏观调控措施上。宏观决策有时对老年群体的特殊性考虑欠周到。

如果把人道主义方面和发展方面结合起来考察，制定的对策会更加全面。人口老龄化的出现和发展产生并加剧了许多老年人问题，如果不进一步研究发展方面的问题，就会“只见树木，不见森林”，只看到老年人的问题，知其然不知其所以然，提出的对策可能脱离整体发展水平，就会忽视其他人群的利益。另一方面，如果只从发展方面着眼，只想到宏观的发展而不体察老年人的实情，人口老龄化对策就会空洞无物。因为老龄方面出现的发展问题都是由老年人需要不能满足而导致的。离开人道主义方面的问题，发展就成为无源之水、无本之木，容易只考虑国家、社会，而对老年人缺乏同情和了解。两方面研究都不可或缺，二者是相辅相成的。因此，研究老年人需要的同时，还必须上升到研究人口老龄化对社会可持续发展的影响。

人口老龄化对人类社会发展的影响有机遇、有挑战，有正面的、有负面的，有宏观的、有微观的，有的可以在短期内化解，有的难以在短期内解决，有的矛盾可以趋利避害，等等。所有这些挑战都源于人口老龄化被普遍理解为老龄问题或者被认为是不能被克服的难题。老龄问题既有老年人口在总人口中比例提高带来的问题，也有人口老龄化伴随而来的老年人口增加带来的问题。前者涉及所有人群和整个社会的发展，故联合国称之为发展问题；后者主要涉及越来越多的老年群体的生存和发展及提高生活质量的问题，1982年的联合国文件称之为人道主义问题，我国称之为人口老龄化条件下的老年人口问题。

三、老龄工作

凡是从事、参与解决老龄问题的各项管理和服务工作都属于老龄工作。老龄工作在本质上关系到全社会的可持续发展，所以人们常把老龄工作称为老龄事业。由于老龄问题涉及面很广，涉及发展问题和老年群体问题，其中有给社会带来机遇的问题，也有给社会带来挑战和困难的问题，有的涉及国计民生、社会协调发展和社会稳定的决策问题，有的涉及千百万老年人群的生存和发展以及老年人的生活质量问题，而且也直接或间接地影响到其他人群。不言而喻，有的老龄工作要求国家和政府通过宏观政策来调控和干预，这就牵涉到政府行政管理的问题；而有的由于涉及资源的利用和分配也就不能不利用市场机制，这就涉及市场经营管理的问题；老龄问题又是涉及千家万户、千千万万男女老少的生活问题，必然是一项具有专业性、系统性的社会工作。因此，我国把老龄工作的方针规定为“党政主导、社会参与和群众积极”，用各方面的合力来应对老龄问题。

老龄工作是历史产物。没有出现人口老龄化以前，在微观范围内照料老年人的现象早就存在，但不能称之为老龄工作。在人们认识到人口老龄化以及它对社会经济发展有影响时，就需要及时解决，否则将危及当前社会的可持续发展以及当代乃至下一代老年人的生存、发展和生活质量。所以，必须把老龄工作提到议事日程上来。一是在人口老龄化的条件下，要使社会不因老年人比重的增加而影响其良性运行，社会能全面协调、可持续发展；另一方面，还必须让越来越多、越来越老的老年人群都能提高生活质量，过积极、健康、幸福的晚年。这是一项人类从未遇到过的新问题，是一项非常崇高的事业，又是庞大的系统工程，涉及政治、经济、社会、法律、医疗卫生、文化、教育、科技、体育各个方面，因此老龄工作涉及多层面、多学科、多种管理和服务模式，需要多种专业人员共同完成。不难明白，老龄工作的专业性很强，必须有科学理论和系统知识来指导。老年学或称老龄科学就是从人类古今中外的老龄问题和老龄工作的实践经验升华而来的理论和系统的科学知识。老年学源于老龄工作但又高于老龄工作，可用于指导各项老龄工作。老年学在工作中受到检验又不断修正错误、提高认识、不断发展。

本章要点

1. 寿命有个体寿命与群体寿命（或物种寿命）之分。个体寿命一般是指在自然情况（即没有任何意外事故的情况）下，生物体从第一次呼吸到最后一次呼吸的时间。群体寿命是指某一物种群体的平均寿命，有时也用最长寿命来表示对于某一物种迄今所观察到的某些个体寿命的最高值。人类的寿命通常是按人口学生命表计算的平均预期寿命来计算的。影响人类寿命的因素分为先天性遗传因素和后天的环境因素。

2. 人口老龄化是老年人在人口中的比例提高的过程或人口平均年龄不断提高的过程。

人类寿命的延长是人口老龄化形成的前提，出生率下降是老龄化的必要条件，而生产力发展是人口老龄化最终的决定性因素。

3. 人口老龄化不仅是发达国家面临的现象，更是全球性的现象。虽然发达国家的人口老龄化早于发展中国家，但在进入21世纪后发展中国家的人口老龄化程度发展也很快。

4. 人口老龄化对社会可持续发展的影响既有机遇也有挑战。因此，老龄问题既有老年人口在总人口中比例提高带来的问题，也有人口老龄化伴随而来的老年人口增加带来的问题。前者涉及所有人群和整个社会的发展，被称为发展问题；后者主要涉及越来越多的老年群体的生存和发展及提高生活质量的问题，被称为人道主义问题。

5. 凡是从事、参与解决老龄问题的各项管理和服务工作都属于老龄工作。老龄工作是一项专业性的社会工作。老年学源于老龄工作但又高于老龄工作，可用于指导各项老龄工作。

基本概念

人口老龄化、个体老龄化

复习思考题

1. 人口老龄化的科学含义是什么？
2. 影响人类寿命的主要因素有哪些？

推荐阅读书目

1. 邬沧萍，主编．社会老年学．北京：中国人民大学出版社，1999.
2. 赵宝华．老龄工作——新范式的探索．北京：华龄出版社，2004.

第二章

老年学的学科性质

第一节　老年学是一门科学

老年学是一门既古老又年轻的科学。说它古老，是因为在三四千年以前已经有人在探索和追求长生不老的奥秘；说它年轻，是因为过去积累起来的知识只是一些老年学的思想萌芽，还够不上严格意义上的科学理论。现代意义上的老年学到20世纪才崭露头角。如今，老年学已在发达国家中成为一门十分普及和受人关注的学科，并被未来学家誉为将是21世纪最重要的学科之一。然而，我国大多数人，包括一些学者在内对老年学还是十分陌生的，甚至有人怀疑老年学是否能被称为一门科学。一个新的知识体系是否构成一门科学不是由几个学者或专家自封的，而是有其客观标准的，应包括以下几个方面：

第一，这门学科是否有正式的学名，有其特有的研究对象，并在学术上给予确认。

第二，科学作为一种系统的知识，是否有它知识积累的过程，即有无这门科学的发展史。

第三，这门科学是否有实践的需要。任何科学都是来自实践的需要，如果是实践的需要，必然反映在教学和研究以及实际应用上。

第四，一门科学不是靠孤家寡人的冥思苦想就能建立起来的，必须有从事这门科学的研究队伍和专业化的学术组织。

从以上几个标准来看，老年学已具备了作为一门科学的基本条件，它的学科价值是名副其实的。

一、老年学发展简史

同任何一门科学一样，老年科学产生于人类社会的需要，其发展还有赖于其他相关知识的发展以及一个适合科学发展的社会环境。

人类自身的老龄化可以区分为个体的老龄化和群体的老龄化两个方面。在很长一段历史时期里，人类只懂得个体的老龄化，对群体的老龄化可以说到20世纪才有所认识。正因为如此，老年学首先产生于对人类个体老龄化的研究。每个人都可以观察到周围的人从出生、成长、发育、成熟、衰老直至最终死亡的过程。认识到这种个人的生命周期，人们必然自发地产生一种长生不老甚至返老还童的愿望。这种愿望就导致各种延缓衰老和照顾老人的做法和想法，这就是老年学的萌芽，但还远不是一门科学。

从有文字记载的历史来看，我国公元前典籍《内经》所讲的“生长壮老已”和“生长化收藏”，就是关于人类和动植物生命过程的朴素的科学描述。西方老年科学的萌芽可以追溯到古代希伯来、古希腊和古罗马关于老年人生理、病理和护理的观点和记述。现在科学所使用的老年学和老年医学的前缀词都来自希腊文。古希腊著名学者苏格拉底和亚里士多德都有关于老人的记述和不同的观点。古希腊名医希波克拉底（Hippocrates，公元前460—前370年）被称为“医学之父”，他就总结过许多关于老年期的生理和病理的特性。古罗马的政治家和演说家西塞罗(Cicero)是公认的古代人文社会科学的奠基人，他认为，人只要得到满足，身心又有训练的机会，人类的智慧能力就能保持到老年，这一观点具有深远的影响。在古代，由于受自然和社会知识的限制，研究老年问题的人常常既是医生又是哲学家或其他学者。研究内容也不仅限于医学，还涉及伦理道德、世界观和社会问题，其中很多方面带有神秘的宗教色彩，并且表现出一定的阶级特点。

到了中世纪，研究老年生理、病理问题的学者增多，他们的很多著作流传至今，他们的成就使得人类对老龄化的认识又向前迈进了一步。但这些知识还不能形成科学，其重要原因是科学知识在当时受到宗教神权的扼杀。从15世纪末16世纪初开始，对老年的研究才逐渐摆脱宗教迷信的束缚，向科学的老年学迈进了一大步。近代老年学研究从培根（Francis Bacon）开始，有许多学者对老年生理、病理研究作出了贡献。人类关于老龄化的科学知识就是这样一点一点积累起来的。16至19世纪，个体老龄化的研究取得了很大进展。这不仅是由于社会对老年人问题的关心，而且还由于当时整个学术研究摆脱了宗教的影响，各门科学在不同程度上得到了发展。这时已经有可能使老年医学的基础研究和临床医学分开，老化生物学也能脱颖而出。20世纪初，老年医学、老化生物学和老年临床医学的发展表明，老年学还限于对个体老龄化的研究，而对群体老龄化还处于几乎茫然无知的阶段。

19世纪以前，老年人在人口中的比例很小，65岁以上的老年人占总人口不过3%～4%。那时人们还不懂得什么是人口老龄化，几乎没有人从社会的角度考虑老年人问题。直到19世纪，比利时人凯特莱（L. A. Que'telet）在统计学著作中谈到人的智慧时才将个人的老龄化与社会问题相联系。他认为，从英、法两国的统计中发现，很少有人在21岁以前成才，大多在25～30岁以后，并保持充沛的精力到45～50岁。这被认为是最早的关于年龄与生产率关系的研究。其后，哥顿（F. Galton）研究了年龄和能力的关系，珀尔（Raymond Pearl）等研究了寿命与遗传的关系。

随着人口年龄结构的转变，社会中老年人的人数越来越多，老年人问题已从过去的一个家庭问题逐渐成为社会问题。1935年美国通过的《社会保障法案》标志着从人类的群体、从社会角度研究老年人和人口老龄化已经成为一种客观要求。从社会科学角度研究老年人最早的是20世纪40年代的两篇代表作：1940年兰德斯（J. Landis）的《艾奥瓦州农村老年人的态度和调适》和1945年西蒙斯（L. W. Simmons）的博士论文《老年人在原始社会里的角色》。

1956年，法国国立人口所所长皮撒（B. Pichat）代联合国执笔的《人口老龄化及其社会经济后果》是最权威的，也是最早的一本系统研究世界人口老龄化的著作。20世纪40年代，美国社会科学研究理事会的一个委员会开始专门研究老年期的社会适应问题，接着许多著名大学如芝加哥大学、佛罗里达大学、杜克大学、艾奥瓦大学、加利福尼亚大学的许多著名学者都开始从事这方面的研究。这些专门从事老年学研究的学者共同组织起来合作出版了一部大型著作《社会老年学手册——从社会的角度研究老龄化》。这本长达710页的著作内容丰富，编写者阵容强大，堪称是一部老年学的百科全书。担任这本书主编的克拉克·蒂比茨（Clark Tibbits）后来被称为"社会老年学之父"。该书1960年由美国芝加哥大学出版社出版，标志着社会老年学的产生。

二、老年学的学名

老年学是一门关于老龄化的科学，有人称之为"老龄科学"（aging sciences）。但是，"老龄科学"还不是正规的学名。在老年学这门科学的发展过程中，仅从学名的选用本身，就能看出人们对其对象和内容认识的逐步深化。因此，有必要考察这门学科历史上曾使用过的学名及内容的演变。

任何一门科学的研究对象都有一个从模糊到明确的逐步发展过程。老年学（gerontology）及其前身老年医学（geriatrics）的词根都来自希腊文。geron在希腊文里就是老人（old man）之意，geras是老龄（old age）之意。古希腊称元老院成员是gerontes，称老耄或衰老为gerontie，把执政的老人集团称作gerontocracy。自从1944年美国老年学会成立后使用了gerontology（老年学）一词，就把这一学科的学名固定下来了。其他的学名如geratology、gerontocomica及gerocomia等再也不见使用了。在创立的早期，老年学更多的是对老年人问题的研究，涉及人口老龄化的知识不多。gerontology这个词很早就从西方传入中国并被译为老年学，约定俗成就不必改了，但绝不意味着不研究老龄问题。学名的确立表明老年学已跻身于科学之林。

老年学各分支学科在国际上早已有专用学名，在我国，由于翻译的原因，这些分支学科具有不同的名称。如geriatrics，许多学者将其译为"老年医学"，也有人认为准确地说应译为"老年病学"；biology of aging被译为"老年生物学"，准确地说应称为"老化生物学"或"衰老生物学"。此外，demography of aging被译为"老年人口学"，psychology of aging被译为"老年心理学"，economics of aging被译为"老年经济学"，sociology of aging被译为"老年社会学"。把aging译为"老年"值得推敲，aging在英文中是"老龄化"的意思，从词义和科学含义来说，上述几个老年学的分支学科应译为"老化人口学"、"老化心理学"、

“老化经济学”和“老化社会学”。但考虑到已经约定俗成，多年的译法也可以继续沿用，但有必要指出，老化（老龄化）的概念与老年含义有区别。至于“社会老年学”一词是译自 social gerontology，这一用语是准确的，但在20世纪80年代我国曾有人把 social gerontology 译为“老年社会学”，并公开出版，这是由于当时人们对社会老年学还很不了解。实际上，社会老年学与老年社会学不同。一方面，它涵盖了几乎所有从社会科学角度研究人类老龄化的成果，而不仅仅限于社会学的范围；另一方面，对老龄化的研究既包括对人类个体的研究，也包括对人类群体的研究，它从人类老化的全过程着手研究，而不局限于老年这一阶段。

三、老年学的教学与培训

教学、培训和研究的开展是一门真正科学建立起来的重要标志。老年学知识有实践需要，首先反映在各级大学、学院和各类教学培训机构开设的课程以及学习、受培训的人数越来越多。随着老年人的增加，老龄问题日益突出，人口老龄化不断发展的形势要求老年福利和事业机构相应增加，这就需要大批老年医疗和护理人才，需要大量的政府老龄工作主管部门、协调机构、老年人群众组织、老年产业等方面的工作人员和管理人员。在许多发达国家，老龄工作已经成为一种职业，准备从事这方面工作的人员迫切需要接受长期系统的教育或短期的职业教育与培训。这就使得各类大学、学院和社区大专院校（community college）纷纷开设各种老年学课程，开展从短训班、职业培训班到正规的大学生和研究生教育。在国外，设有老年学硕士、博士学位的大学和研究所已越来越多。

在这方面美国是起步最早的。20世纪70年代前后，美国的大学、学院开设老年学课程的本科、研究生、研讨班、培训班、电视讲座已经大量涌现。根据1976年美国高等教育老年学学会调查，开设老年学课程的学校已达到1 275所，其中27%是大学，29%是四年制的学院，33%是社区大专学院，其余的由函授或职业学校开设。80年代以后开设老年学课程的学校又大大增加。据报道，在80年代初期，美国社区学院中有三分之一至一半的学校开设了一门或数门老年学课程。①

美国老年学教学和培训工作之所以能迅速发展，在很大程度上是由于1965年通过的《美国老年人法》。根据该法的第四款，国家拨专款支持培训老年学研究人才。教学与培训的发展为老年学的发展奠定了必要的基础。

四、老年学的科学研究和学术活动

一门科学能否存在与发展，很大程度上取决于科学研究的广度与深度、学术活动的频繁程度和科研成果的交流情况。

---

① 参见朱传一：《美国老年学研究与老龄问题》，载《社会学杂志》，1984（5）。

在发达国家，老年学学术研究受到高度重视，由政府和私人基金资助的研究所和设在大学的研究所很多。美国1965年通过的《美国老年人法》的第四款B项就写明，要为老年学提供研究经费，并规定主要用于老年学的应用研究。欧洲国家由于人口老龄化程度高，对老年学也给予了高度重视。联合国和世界卫生组织（WHO）在推动全球老年学研究特别是地区之间的研究方面起到了极大的作用。因此，反映老年学研究成果的文献成倍增长。以美国为例，在20世纪上半叶（1900—1948），老年学的文献有18 000种，在1954—1974年的20年间增长到50 000种以上，1975年以后研究文献更是大量增加。

一门科学的活力就在于频繁的学术活动，它可以不断为学科的发展注入新内容。老年学的学术活动在20世纪40年代至50年代特别活跃，活动形式大多是学术讨论会，发布研究报告和调查报告，成立各专题研究会，等等。

老年学学会在世界范围内的学术活动同任何一门科学相比都毫不逊色。最早的老年学国际组织是1939年英国学者组织的国际老龄研究俱乐部，在这个俱乐部的影响下，同年美国的寇德利（Cowdry）出版了具有里程碑意义的衰老生物学著作——《老龄问题研究》，并成立了美国老龄研究俱乐部，1945年美国成立老年学学会。在此期间，发达国家先后成立了老年学学会，并定期召开本国的学术年会和国际会议，国际老年学学会也应运而生。现在国际上有两个主要的老龄研究机构：一个是国际老年学学会（International Association of Gerontology，IAG），会员以国家学会的名义参加；另一个是国际老龄研究联合会（International Federation of Research on Aging，IFRA）。

我国老年学的研究起步较晚，初期的研究主要限于老年医学领域，研究人员大多是从事临床的医务工作者和学者。十一届三中全会后，老年学研究又重新开始。1982年中国老龄问题全国委员会成立后，由于许多从事社会科学研究的专家学者和老龄工作者加入了老年学的研究队伍，我国老年学多学科研究格局开始形成。1986年，在中国科学院、中国社会科学院和中国老龄问题全国委员会的支持下，中国老年学学会成立，各省（市）也相继成立了地区性的老年学学会。

第二节 老年学的研究对象

一、关于老年学研究对象的几种误解

关于老年学的研究对象有很多定义，这些定义都有一定道理，但都只考虑到老年学作为一门学科出现的部分需要。的确，任何一门科学都产生于实践的需要，但是，如果只从一个局部需要出发确定其研究对象，很容易失去其全面性。概括起来这些定义有以下几种：

（1）“老年学是一门研究衰老的科学”，也有的说是“研究长寿的科学”。这样的界定对

研究人类个体来说无疑是正确的，因为在老年学形成的初期，人们对人类群体老龄化的了解不多，对人类群体老龄化与社会发展的相互关系知之甚少，这种定义是可以理解的。但是，如果老年学只局限于研究人类衰老和人类长寿这些实际上是生命科学、生物学的任务的话，老年学是没有必要独立存在的。

（2）“老年学是一门研究老年人或者说研究老年人问题的科学。”这一定义也有一定的道理，因为老年学中确有大量的内容是讲老年人的问题，但是，研究老年人的什么问题并未明确，因此失于笼统，可能是老年人的生理问题、心理问题或社会问题，甚至是思维问题等。许多所谓老年人特有的问题在进入老年以前就已经存在，而且老年人的问题自有人类历史以来就已存在，为什么到现在才作为一门科学的研究对象，其原因显然与现在进入人口老龄化时代有关。如果只谈老年人问题而不突出人口老龄化问题，就是“只见树木，不见森林”。这种定义没有看到老年人同社会经济的联系，因而是不全面的。

（3）“老年学是一门研究老年工作或老年事业单位或老年产业管理的科学，它是研究在老龄社会中如何做好老年福利工作和管理好老龄产业的问题。”这一定义同研究老年人问题的说法一样，对于什么是老年工作也不明确，至于老年福利事业和产业的管理，同任何产业管理一样也都构不成一门独特科学的研究对象。

（4）“老年学是各门社会科学研究老年人口问题的总和。”这种定义是老年学各分支学科的简单堆砌，没有突出老年学特有的研究对象。

从特殊性上来讲，一方面，老年学有自己的研究对象，这就是人类个体和群体的老龄化。另一方面，老年学有其独特的研究方法，它要从科学各分支学科的不同角度对老龄问题进行综合的研究，这是其他学科单独研究无法做到的。

二、老龄化是老年学研究的客体

自1939年美国寇德利发表《老龄问题研究》汇编后，老年学的研究对象或者说客体就逐步明确了：老龄化是老年学特有的研究对象。在此以前由于老年学鲜为人知，因此其研究对象也未得到确认，到40年代和50年代，国际上所有权威的百科全书和大辞典都设有老年学的条目，给老年学下了许多大同小异的定义，我们可以举出其中主要的定义：

（1）美国《韦氏大字典》的定义为：老年学是“对老龄化过程和对老年人问题的科学研究”。

（2）英国新版《牛津小字典》的定义为：老年学是“对老龄和老龄化过程以及老年人特有的问题的科学研究”。

（3）美国《美利坚大百科全书》的定义为：老年学“研究与老龄化有关的各种现象”。

（4）美国著名老年学家、杜克大学校长E．W．布斯（E. W. Busse）给老年学下的定义为：“从生物学、心理学、社会学等不同方面研究老龄化就称为老年科学。”

20世纪80年代以来出版的老年学、社会老年学专著和教科书，几乎都是把老龄化或老龄化的现象和过程作为老年学的研究对象。

老龄化一词译自英语的 ageing（或 aging）[①]，过去和现在国内都有人将其简译为“老化”，这也是无可厚非的，因为 ageing 的外延的确有“使衰老”、“使老化”、“使成熟”、“使变陈旧”和“衰老”之意。人们在现实生活中也常用“老化”一词，诸如队伍老化、领导班子老化、知识老化等，但作为一门科学的研究对象，“老龄化”比“老化”更达意、更准确。

三、老年学研究对象的定义、内涵和外延

在明确了“老龄化”与“老化”在含义上的微妙差别之后，对老年学可作如下定义：“老年学研究人类老龄化的现状和过程，研究人类个体老龄化和群体老龄化的规律性，研究人类老龄化与人类生活的社会环境与生态环境之间的本质联系以及人类社会和个人如何适应老龄化。”这一定义包含以下五层含义。

第一层意思是，老年学研究人类老龄化的现状和过程。首先，老年学以老龄化为其研究领域。迄今为止，自然科学和社会科学都还没有一个专门以老龄化为研究对象的学科，特有的研究对象使老年学能区别于其他学科而独立出来。其次，老年学研究的老龄化有别于其他生物的老龄化。动物、植物都有年龄，也有老龄化，老年学研究个体老龄化时也会借助一些科学知识来考察老龄化，但老年学着眼点是人而不是其他生物。再次，人口老龄化是一个过程，这个过程是由量变到质变，因此不同时期各有特点，要研究在人口老龄化的各个过程和不同阶段的各种老年人问题。

第二层意思是，研究人类老龄化不能笼而统之，必须区分为研究个体的老龄化和研究群体的老龄化两个方面。因为人类的个体和群体的老龄化过程既有联系又有区别。个体老龄化的结果必然是人的死亡；人类群体的老龄化即人口老龄化不会导致人类的灭亡，它是伴随着人类的发展、进步而出现的现象。个体老龄化是一往直前，不会返老还童；而群体的老龄化则是可以继续老龄化，也可以年轻化。个体老龄化主要受生物规律的制约，而人口老龄化虽然是同个体老龄化有关，但主要是受社会规律的制约。研究人类老龄化，两者缺一不可，这是近年来人类科学知识进步，认识到群体老龄化这个现象后才明确的。在 20 世纪中期以前，老年学的研究几乎都局限于研究个体，现代的老年学拓展到研究人口老龄化，这一特点也是这门科学发展的必然。1980 年剑桥大学出版社出版的一本关于老年经济学的书就取名为《个体老龄化和群体老龄化经济学》（*The Economics of Individual and Population Aging*），也表明了这个思想。

第三层意思是，任何一门科学都是研究客观规律的，老年学也必然要探索客观规律。首先，老年学是要认识个体老龄化和群体老龄化的规律。研究人类个体从出生、成长、成熟到衰老，最后到死亡的过程中，各种身体器官和心理所表现出的必然的、不断重复的现象和变化过程。其次是认识群体老龄化。人口老龄化现象的出现也是必然的客观规律使然，它是人类社会发展和进步过程中必然出现的现象，不以人们的意志为转移。如果说过去人

---

① ageing 一词是英语传统的拼写，美国英语简化为 aging，1998 年联合国建议使用 ageing。

们认为只有发达国家才有人口老龄化问题，那么今天人们已经认识到发展中国家也同样要经历这一过程。发展中国家人口老龄化将会步发达国家的后尘，到2025年其老龄化程度将大体相当于发达国家20世纪50年代的水平，而且还会继续发展，个别国家会达到甚至赶上发达国家今天已达到的或将要达到的人口老龄化水平。中国、新加坡和一些岛屿国家是发展中国家中人口首先老龄化的国家。人类群体老龄化的规律在老年学研究中将越来越居于重要地位，这一点在维也纳会议的文件中多次被强调，它提醒人们注意：如果不认识整个人口的老龄化规律，及早采取对策，有朝一日就会措手不及。老龄化人口会继续老龄化，就是高龄人口的人数和比例也会不断增多和提高，这些都是人们过去所意想不到的，如果不认识到这一点，人类将是非常被动的。

第四层意思是，人类的个体或群体的老龄化无疑是以人的生物性为基础的，生物性这种人的自然属性对人类的衰老过程、老龄化的速度和程度仍有决定性的影响，它是内因，是变化的根据。但是，“人是最名副其实的政治动物，不仅是一种合群的动物，而且是只有在社会中才能独立的动物”①。一方面，人口老龄化受人的生物规律制约，但更大程度上受社会规律制约。人不同于其他动物。“人类社会和动物社会的本质区别在于，动物最多是搜集，而人则能从事生产”②。生产力的发展是决定人类长寿和延缓衰老并最终影响人口老龄化的决定性力量。人口老龄化也会反过来影响社会生活，包括影响经济、社会、政治、法律等各个方面。人口老龄化同社会生活的相互关系是广泛和多方面的，老年学通过深入认识其中普遍性的、稳固的、不断重复出现的本质联系，以取得有规律性的知识。另一方面，人口老龄化虽然以人的生物性为基础，而且还不能完全摆脱周围自然界的制约，但人类的社会制度、生活方式、行为方式直到法律和伦理道德等都会从不同方面、不同程度影响老龄化，也会制约个体和群体适应老龄化的程度。

第五层意思是，老年学必须研究人类应对老龄化的对策。由于人口老龄化是人类在一定历史时期必然要出现的现象，不能回避，因此人类应该因势利导，调整行为方式和改革社会各种制度、体制以适应老龄化的来临，把不利的影响减少到最低限度，利用和发挥老龄化的优势。研究人口老龄化的对策是我国以马克思主义为理论指导的老年学的重要组成部分。

第三节　老年学的社会功能

一、老年学的基本功能

任何一门科学都要认识世界，揭示客观事物的规律，老年学也不例外。这既涉及自然

① 《马克思恩格斯选集》，2版，第2卷，2页，北京，人民出版社，1995。

② 《马克思恩格斯全集》，中文1版，第34卷，163页，北京，人民出版社，1972。

规律也涉及社会发展的规律，所有这些规律都为实践所证明是正确的。例如，老年学在研究个体老龄化时能科学地揭示衰老会随着年龄增长而出现，但是衰老也有正常衰老与病理性衰老之分，人们可以掌握科学的知识，战胜一些疾病，延缓衰老，但绝不能避免衰老。加强老年学的研究可以使人们逐步探索长寿的奥秘，颐养天年。对于人口老龄化，人们也能认识它的来龙去脉，认识它出现的客观规律。由于有科学的认识，人们对老龄化、高龄化的思考就会由“必然王国”进入“自由王国”，对老龄化既不会悲观失望，又不会盲目乐观和无所作为，而是因势利导，认真做好各种准备工作。作为一门科学，老年学要起到说明、解释、论证的作用，必要时还要起到批判错误、有害的观点和实践的作用。

因此，老年学的功能不仅在于认识世界，更重要的在于改造世界，指导社会实践。老年学在制定政策中要起到咨询、提供实证的作用。老年学研究的任务是要提出各种改革、变革的方案，使个人和社会适应人们寿命不断延长和社会上老年人不断增多而带来的各种各样的变化。如果老年学只停留在认识世界的阶段，就是理论滞后，容易造成思想混乱，其后果是行为失范，人们在老龄化面前显得无能为力。

老年学的普及具有重要意义。科学普及工作是科学的基本职能之一，对老年学来说尤为必要。一方面，老龄化是人类社会的一个新生事物，在 1982 年以前还鲜为人知，即使老年人对老龄问题有所认识，大多也不够全面，而广大中青年则大多是无动于衷，了解甚少。殊不知对付人口老龄化需要从小做起，在健康、财富的积累和伦理道德方面都应未雨绸缪。另一方面，要保持健康长寿，需要同一些反科学、伪科学以及迷信、愚昧的观念、行为、活动作斗争。因为在健康长寿等问题上，老年人最容易成为受骗对象。要使各种老龄化对策富有成效，就必须得到老中青几代人的支持和协同努力。因此，老年科学要普及到群众，特别要普及到中青年，以达到彼此理解和达成共识。

作为一门新兴学科，老年学本身需要不断发展，尤其是老年学研究的许多内容至今尚不清楚，许多问题甚至还没有暴露出来，例如老龄化与经济发展的关系、老年人的潜能、衰老的奥秘、人的生存环境对老年人生活和健康的影响，如何保持老年人情绪稳定和心态平衡等都缺乏有力的实证材料。特别是由于老年学的研究是从对社会的一般研究到对人的综合研究，这就要求许多学科相互渗透，进而形成众多边缘学科。因此，老年学本身也有一种不断发展和创新的内在要求。

二、老年学在我国现阶段的历史任务

由于我国的人口老龄化速度快，很多应对老龄化挑战的工作仓促进行，对有些工作甚至还缺乏基本的认识。老龄工作在很大程度上就是老年学的实践和源泉，老年学研究通过提供老年学知识支持和促进老龄工作，做好迎接老龄化的各种准备。老年学研究在现阶段对解决我国的老龄问题所能起的作用主要有以下几方面。

第一，向全民宣传和普及老年学知识，特别要使决策者和中青年都能认识到，人口老龄化是人类历史发展的必然，今后将是人类社会的常规状态，因此对待人口年龄结构中老年人增多和高龄化必须有所准备，包括思想准备、理论准备和舆论准备。这些准备需要老年学的知识。

第二，老年学研究在制定老龄问题对策方面具有重要作用。在人口老龄化过程中最突出的问题将是老年人的大量涌现，为了避免老年人受歧视，让他们过有保障、有安全感的生活，国家需要各种立法和进行各种制度的改革，诸如老年社会保险、老年社会福利、老年医疗保健制度等。在老年立法和老年社会保障制度改革中，老年学可以提供古今中外的知识和经验。

第三，老年学研究为人才的教育与培训提供理论指导。迎接人口老龄化需要大量的老年医疗、老年心理、老龄管理、老年护理和老年学教学和研究人才，培养这些人才需要的基础知识和专业知识是老年学研究的用武之地。我国老年人越来越多，特别是今后高龄老人越来越多，需要大量的各类老龄专业人才，如果现在认识不足，不及早进行人才准备和组织准备，就很难满足今后老龄化社会的各种需要。

第四，老年学研究是实现健康老龄化和积极老龄化的理论基础。我国具有人口多、底子薄、老年人多的特点，要成功地、有效地应对人口老龄化问题和发挥老年人的积极作用，实现健康老龄化是必然的选择。老年学知识为推动我国向健康老龄化方向发展提供了必不可少的理论基础。

第五，我国的老年学研究在学习、借鉴发达国家的经验方面具有重要作用。发达国家人口老龄化的出现比我国早一个世纪，老年学开展得较早。他们在自然科学和社会科学方面开展的广度、深度都强于我国，他们的老龄科学研究的投入也比较多。因此，我国的老年学和老龄工作都要借鉴发达国家的先进科学成果和成功经验教训。在老龄问题研究上开展国际交流与合作，学习和吸收国外有益的思想和经验，将有利于促进我国的老龄工作，解决当前和未来的老龄问题。

我国老年学研究的前景远大，进行老龄科学探索是现阶段我国老年学的一项特别重要的任务。我国的老年学起步晚，许多研究与外国差距甚大。由于国家在老年学研究方面的投入少，我国衰老生物学和老年医学的基础研究需要迎头赶上。相对来说，我国的临床医学比较发达，但需要总结提高，特别是我国传统医学历史悠久，有广阔的研究余地。我国老年人问题多，但从大量老龄问题上升到理论层面还有很多工作要做。中国是世界老年人最多的国家，又是有几千年尊老敬老传统文化的国家，中国在老年学上对人类作出更大贡献是可能的，但必须进行大量扎实的研究工作。

第四节　老年学的多学科性质和学科体系

老年学以人类个体老龄化和人口老龄化为研究对象，这是一个没有其他科学研究的领域，使老年学能够成为一门独特或独立的科学；另一方面，由于既要研究个体又要研究群体，就不能不涉及人类的生活方式、行为方式和社会制度等，这就决定了老年学必须运用人类一切科学的理论方法，以获取新的规律知识，所以老年学必然是一门多学科共同研究同一个问题的学科，具有交叉学科的性质。科学是系统的知识，把各门科学关于人类老龄化的知识无序地汇集起来绝不是科学。老年学要求多门学科把人类个体和群体自身老龄化的规律和人类老龄化同社会经济生活之间的相互关系的规律有序地概括出来，构成一个知识系统。因此，老年学作为一门科学既要获得和验证已取得的知识，又要要求各门科学进一步研究人类老龄化与社会经济的相互关系，这样就会产生出许多门跨学科或交叉学科。这些交叉学科严格来说应是老龄化科学的分支学科，现在都被命名为老年学分支学科是因为老年学这一名词沿用已久，已约定俗成，所以在实践上大多数人用“老年”而不用“老龄”，使用“老年”一词绝不是说老年学的分支学科只研究老年（人）而不研究老龄化问题。

从人类认识老龄化的规律来说，人们先是认识个体老龄化，所以首先是从生物学和医学等自然科学来研究个体老龄化，探索衰老（或称老化）生物学（biology of aging）和老年医学（geriatrics）的知识。不言而喻，衰老生物学讲的是人而非动植物，但因为人也属动物界，所以研究衰老机理时也常常涉及一些动物方面的知识。用“人类生物学”来命名这一分支学科也是可以反映衰老机制的研究的，因为衰老是人类细胞、肌体、组织必然发生的现象。在医学中，老年护理学有很多需求，因为需要长期护理的老年人数很多，许多护理知识是专门针对老年人的。国内外的培训中都开设了老年护理学，这也是一个成熟的老年学分支学科。

人们在逐步认识人口老龄化对经济、社会、文化、政治的影响后，客观上便需要从社会的角度，用社会科学的理论和方法来研究人类老龄化。首先，人口学、经济学和社会学开展了这方面的研究。因此在国外早已出版了多个版本的老年（或称老龄）人口学（demography of aging）、老年（老龄）经济学（economics of aging）和老年（老龄）社会学（sociology of aging）著作或教科书。人类老龄化涉及的面很广，又要求有更多的社会科学来研究，现在已知的有从政治学、法学、教育学、伦理学、哲学、社会工作、历史、社会保障等角度来研究。有的研究得很深，很有成果，有的在国内外出版过专著，但是目前国内外学术界承认的老年学社会科学的分支学科还是上述三门，从其他社会科学角度研究人类老龄化可以看成是老年学的分支研究，也可以说处在形成分支学科的过程。

科学地认识客观事物总是由浅入深、从低级到高级、从个体到群体、从综合到分支，又从分支到综合，不断往复交替深化的过程。人类老龄化的研究也遵循这样的科学认识规律。现代老年学的创始人在考察人类老龄化时也力图从整个社会的角度，也就是从多个社会科学的角度来认识人类老龄化与人类社会诸方面的关系并逐渐形成一门“社会老年学”，以别于从自然科学来认识人类老龄化，又有别于仅从某一门社会科学的角度来研究。被尊为“社会老年学之父”的美国芝加哥大学教授克拉克·蒂比茨在20世纪50年代就组织了许多门类的社会科学家共同研究人类老龄化。经过多年研究终于写成一本《社会老年学手册——从社会的角度研究老龄化》（1960年），奠定了社会老年学（social gerontology）的基础。所以社会老年学不同于老年社会学（sociology of aging），前者涉及许多社会科学，学科范围更广、更综合，而后者则更多地从社会学的角度研究老年问题。现在国外开设的课程和出版的书籍大多是社会老年学，而在社会学中大多是讲老年社会工作。

心理学是一门既有自然科学，也有社会科学成分的交叉学科。它在研究人类个体和群体老龄化方面有不可替代的作用，所以在老年学中，老年（老龄）心理学（psychology of aging）是一门不可或缺的分支学科。有人把老年体育学也列为一个老年学分支的交叉学科，但是目前看来还不够成熟，还处在一个研究过程中。

国外有的人把老年学分为自然科学和社会科学两大部分。前者以老年医学（geriatrics）为主，后者以社会老年学为主。但在研究人类个体老龄化和群体老龄化时，很多问题是互相关联和互补的，两部分知识常常是你中有我、我中有你，很难明确划分。

本章要点

1. 老年科学产生于人类社会的需要。老年学首先产生于对人类个体老龄化的研究。在很长一段历史时期里，人类只懂得个体的老龄化，到了20世纪，随着人口年龄结构的转变，人们对群体的老龄化才有所认识。

2. 老年学研究人类老龄化的现状和过程，研究人类个体老龄化和群体老龄化的规律性，研究人类老龄化与人类生活的社会环境与生态环境之间的本质联系以及人类社会和个人如何适应老龄化。

3. 老年学的功能不仅在于认识世界，更重要的是在于改造世界，指导社会实践。老年学在制定政策中要起到咨询、提供实证的作用。老年学研究的任务是要提出各种改革、变革的方案，使个人和社会适应人们寿命不断延长和社会上老年人不断增多而带来的各种变化。

4. 老年学是一门多学科共同研究同一个问题的学科，具有交叉学科的性质。衰老生物学、老年医学、社会老年学、老年人口学、老年心理学、老年社会学、老年经济学等是老年学的分支学科。

基本概念

老年学

复习思考题

1. 简述老年学的发展概况。

2. 老年学是一门科学的主要根据是什么？
3. 老年学对我国来说有什么现实意义？

推荐阅读书目

1. 袁方，主编．老年学导论．北京：社会科学文献出版社，1995.
2. 邬沧萍，主编．社会老年学．北京：中国人民大学出版社，1999.

第三章
老年学的理论和研究方法

第一节　老年学的主要理论

理论可以被定义为"一种对于实证发现进行明确解释的构建"，为人们如何去审视和分析研究中所观察到的现象提供一系列的视角。理论的用途是以一种系统的、累积的方式来"构建知识和理解"，以保证实证发现和已有知识的结合，同时指引人们在未来获取更多的知识。由此可见，理论在科学发展中具有相当的重要性。但是，从目前老年学的研究和发展来看，许多研究人员和实际工作者对于老年学的相关理论并不是太重视，而是将更多的精力放在对于实证数据的分析和实证模型的总结工作方面，而忽略了基础理论的丰富和发展，从而造成了目前老年学"数据丰富、理论匮乏"的局面。

纵观已有的老年学的理论和观点可以发现，现有的老年学理论包括生物学理论观点和社会学理论观点。其中生物学理论和观点主要是从遗传、生物和生理的角度揭示人类个体发展和衰老的规律和机理；而社会学的理论和观点则是从社会学角度揭示个体老龄化的原因，解释个体老龄化过程，总结个体老龄化和适应老龄化的社会学规律。上述两个部分在老年学过去的发展过程中，一直保持着相对独立的发展体系。从目前来看，现有的老年学的主要理论和观点更多的是从社会学或心理学的某一个角度或者方面阐述个体老龄化进程的，尚未形成系统、完整的老年学理论体系。本章将在随后的内容中介绍相关的社会学部分的主要理论观点，而老年学中相关的生物学理论和观点将在本书生理衰老部分进行阐述。

一、脱离理论

脱离理论又被称为撤退理论或休闲理论，是老年学家提出的第一个主要理论，其代表作是 1961 年出版的卡明（Cumming）和亨利（Henry）所著《年事日增》(*Growing Old*)（也有学者译为《逐渐衰老》)。该理论最初的实证数据来自对于美国堪萨斯城的 275 名年龄在 55～90 岁的老年人的调查。

在《逐渐衰老》一书中，作者指出：不能够以脱离社会制度的特点来理解衰老。所有社会都需要通过有秩序的途径将权利从老年人那里转向年轻人。社会制度通过脱离或者与社会隔绝这种制度化的方式来解决衰老或者“减速”的问题。因此，老年人减少活动的程度、寻找更为消极的角色、降低与他人交往频率、专注自己的内心生活。脱离因此被看作是一种适应行为，帮助老年人适应丢掉以往的角色的同时，维持一种自我价值。

脱离理论认为，老年期生活被认为是和中年期生活不同的另一段生活，而不是中年生活的延续。老年人身心衰弱，不宜于继续担任社会角色，而应该脱离社会，这既有益于老年人，也有益于社会。脱离理论有四个主要的观点：

第一，老年人身衰体弱，形成了脱离社会的生理基础。老年人身体机能衰退，社会参与能力和参与意识下降。

第二，老年人的脱离过程可以由老年人启动，也可能由社会启动。老年人主动退却，减少活动和社会联系，是老年人启动的脱离过程；社会对老年人的排挤、歧视和强制性退休制度，是社会启动的脱离过程。

第三，老年人的脱离状态有利于老年人晚年生活，也有利于社会继承。老年人因为社会化能力降低，无法满足应付较高生产能力和竞争能力的社会期望，容易形成较大的心理压力。脱离社会可以使老年人脱离职业角色负担，保持平和心态，同时也可以让他们进入更令人愉快的家庭关系。社会发展需要代际交替，当老年人无法履行职业角色所规范的权利、义务和责任时，年轻人就成为老年人的接替者，他们将取代老年人原先所占有的职业角色。

第四，老年人的脱离过程具有普遍性和不可避免性。虽然个人因素或者文化因素会使脱离形式有所差异，但是各类老年人与社会的联系最终都将被切断。

虽然脱离理论在一定程度上反映了老年期社会老龄化的事实，但总的基调是消极、被动的。随着人类健康水平的不断提高，脱离理论受到越来越多的老年学家的批评，认为该理论忽略了老年人人口现象的复杂性，过于简单化，忽视了老年人的个体差异、脱离所造成的弊端以及脱离的文化特征，将老年人脱离社会绝对化。

二、活动理论

活动理论在社会老年学领域中是一种占优势的理论，该理论源于美国学者罗伯特·哈维格斯特（R. J. Havighurst）对美国堪萨斯城的300个年龄在50～90岁的老年人的定期谈话的分析。这个研究结果发表于哈维格斯特与艾玉白（R. Albrecht）合撰的巨著《老年人》（*Old People*）一书中。

该理论认为，老年人应积极参与社会，只有参与才能使老年人重新认识自我，保持生命的活力。其要点可以被归纳为：“进入老年时期，老年人所扮演的非强制性角色的来源越多，就越不会因为失去强制性的角色而情绪低落。在成年期，这种强制性角色通常置于首位。”这段话包含了三层意思：一是老年时期的角色与成年期不同，老年期的角色属于非强制性的，更加符合个人意愿；二是非强制性角色有助于改善老年人的精神状态；三是非强制性角色的数量与老年人精神状态呈正相关关系。

活动理论的观点基于四个假设之上：第一，老年人的角色丧失越多，参与的活动就越少；第二，老年人的自我认识需要在社会活动中形成和证明；第三，自我认识的稳定性源于角色的稳定性；第四，自我认识越清楚，生活满意度越高。上述四个假设阐明了一种逻辑关系，即生活满意度源于清晰的自我认识，自我认识源于新的角色，新的角色源于参与社会的程度。

从活动理论的要点和假设条件来看，活动理论主张通过新的参与、新的角色来改善老年人因为社会角色中断而引发的情绪低落，并让他们重新认识自我。自我认识是个体对自身能力以及社会反映的一种综合评价。一般来说，社会角色及其相应的权利、义务和社会责任，是自我认识的物化形态。扮演一种社会角色，就会获得一定的社会地位。角色更替、地位上升是中年期活力之所在。进入老年期后，角色中断、地位下降，这构成老年人的孤独与郁闷，加深了其老龄化的程度。因此，改进老年人精神状态的方法之一，是让老年人重新认识自我。虽然老年期的新角色多为非强制性的，但仍能体现人的价值和人生价值，也能获得社会的尊重与回报。中国很多老有所为的事例都说明了这一点。活动理论观点在很大程度上与我们社会的价值体系相一致，它强调参与、活动与社会认同。“老有所为”理论是活动理论在中国的具体运用和升华。

活动理论在现实世界中虽然得到了许多实证调查和社会现象的支持，但是也暴露出一些不足。该理论并没有考虑个性和社会经济地位、生活方式在老年人参与过程中的影响，比如，同样的社会活动，有些老年人参与得非常愉快，而有些老年人却无法从中获得乐趣。此外，活动理论也未能有效解释个人经历与老年人晚年活动需求的关系。一般来说，中年期的活跃性格应该是老年期积极参与社会活动的前提，但实际上有些中年期开朗活跃的人，步入老年阶段后却喜欢安静悠闲的家居生活，不愿意涉足社会活动。

三、连续性理论

脱离理论和活动理论的局限性促成了连续性理论的出现，连续性理论是对活动理论和脱离理论的挑战，其重点在于解释老年人晚年生活的差异性。连续性理论认为，人们中年期的生活方式会延续到老年期。换句话说，老年期的生活方式在很大程度上会受到中年期生活方式的影响。中年期开朗活跃者在进入老年期以后也会积极投入社会活动；中年期沉稳内向者在老年期一般不会热衷参与社会活动。

连续性理论是以对个性的研究为基础的。个性指个体特有的感知方式和生活方式。个性是动态的，在不断发展，但它们又是个体变化的稳定因素，始终扎根于过去。“相当多的证据表明，正常的男性和女性并不会因为年龄的增长而出现明显的个性脱节，相反却日趋连贯。始终是个性核心的那些特征，似乎变得更加明显，个人一向坚持的价值观念益发显著。在保持完整的个性中——在环境许可的情况下，公开行为的形式很可能与个性的潜在需要和个人的欲望更为和谐。”[①] 随着年龄的增加，每个人都试图维持一种协调的行为模式，用类似的角色替代失去的角色，保持着适应环境的独特方式，即人们因年龄而产生的变化是不显著的，个人的个性在整个成年生活中基本类似。对生活是否满意取决于目前的活动或生活方式与个人的一生经历是否一致。这一理论说明，随着年龄的增加，人们会更像自己年轻时已经形成的那样，主要的个性特点更为浓重，核心的价值更为显著。

美国学者理查德（Richard）、利夫森（Livson）和彼得森（Peterson）曾对87位年龄在55～84岁的老年人的调试状况进行了分析，并按人格的调适状况将老年人的性格结构分为成熟型、摇椅型、防卫型、愤怒型和自怨自艾型五种。调适正常的人可以归类于成熟型、摇椅型和防卫型，而调适不顺利的人归类为愤怒型或自怨自艾型。

属于成熟型的老年人能够正确地认识自己和社会，既看到增龄的优缺点，又看到退休的不可避免性，坦然面对问题。摇椅型的老年人消极依赖，满足于既成事实，不为工作和退休烦恼，对社会活动漫然置之。防卫型的老年人性格刚毅，有独立见解，依赖于活动展示自己仍具有独立性。愤怒型老年人时常感到年龄的极度威胁，始终处于不稳定的状态，对自己、他人和社会满腹怨言。自怨自艾型的老年人认为自己是凄凉的失败者，生活于一种自我怨恨、压抑不舒展的心境中。

连续性理论看到了个体社会老龄化的差异性，并用个性特征予以解释，弥补了脱离理论和活动理论的欠缺，这是一个进步。但该理论也有明显的缺点。其一，连续性理论将能否遵循早期阶段个性特征视为老年期结果良好与否的标准，忽视了个性特征的具体内涵，比如，调适不顺利的愤怒型和自怨自艾型无论在中年期还是老年期，都不会有良好的生活方式。其二，个性是发展的。健康状态和经济水平的变化以及事业的发展都有可能影响到个性的变化。从中年期到老年期，个性有稳定有发展，差别在于发展的程度。连续性理论未能充分考虑到个性连续中的发展问题。其三，个性的变化与社会变化有密切关系。脱离社会环境的因素，连续性理论孤立地用个性阐述个体老龄化的差异性是不全面的。

活动、脱离和连续性理论被看成是直接相互挑战的理论，而实际上它们在注重个人行为或社会制度/结构方面是不同的。没有一个理论能够全面地成功解释老龄化，也没有一个理论可以恰当地说明衰老过程发生的社会结构、文化或历史的条件。在理论发展的早期阶段，人们发现与衰老相关的最多和最理想的因素是个人主义——保持活跃、脱离、“妥善地”进入老年。考虑到宏观现象后，这些理论没有将个人和社会有机地联系在一起。民族、阶层也没有被清楚地确定为社会结构的不同变量。

20世纪60年代以来，出现了其他的一些理论观点，每种观点都试图更好地说明“衰老”。其中一些观点更为强调宏观层面的结构分析，包括老年亚文化群理论、年龄分层理论、相互作用理论、角色理论等。

① ［美］亨德里克斯：《金色晚年：老龄问题面面观》，122页，上海，上海译文出版社，1992。

四、老年亚文化群理论

老年亚文化群理论最初由美国学者罗斯（Rose）提出，该理论旨在揭示老年群体的共同特征，而老年亚文化群是老年人重新融入社会的最好方式。按照罗斯的观点，只要同一领域成员之间的交往超出和其他领域成员的交往，就会形成一个亚文化群。老年人口群体正是符合这个特征的一种亚文化群体。

老年亚文化群的形成有其主客观背景。在客观背景中，法定的退休制度是老年时期开始的最主要标志。老年公寓、老年服务设施和老年活动场所的兴建，加强了老年人之间的接触。老年人数量的迅速增加也是引起社会注意老年人问题并将老年人作为一个群体认识的主要方面。在主观背景方面，相同的背景（衰老、孤独等）、问题（物质、精神和照料需求）和利益发展了老年人之间的关系，使他们彼此之间的交往多于和社会其他成员的交往。主观的吸引和客观的推动，共同促进了老年亚文化群的形成。提倡老年亚文化群理论的人们认为，老年人通过在亚文化群中的成员身份来保持自我观念和社会身份；无论是老年人还是其他人，其行为不能用一些综合的社会标准或规范来衡量，只有在群体成员期望背景下的行为才是得到认同的。

由于构成老年亚文化群的主观和客观背景在很大程度上是非意志所能左右的，所以该群体中重要的是身体健康和活动能力，而职业、教育和经济特征不如中年期那样重要。正是基于以上原因，在老年亚文化群中，老年人可以找到共同语言，较少感受到年龄歧视，容易认识自我，对社会的沟通和认同感也会增加。

在西方国家，有一些学者认为老年亚文化群与少数民族群体有相类似的问题，如经济地位低、就业机会不平等等。随着老年人数量和彼此之间交往的增加，老年人不再满足于现有的社会地位，一些老年组织开始兴建，构成了潜在的社会势力。

老年亚文化群理论指出了老年人活动和地位的一般特征，但该理论并不能应用于所有情况和所有老年人。在某些情况下，如论资排辈的环境，老年人拥有较高的地位，也能掌握较多的资源，如知识、关系网、经济控制权、潜在的权力，等等。有的老年人的生活仅局限在家庭中，很少与外人交往，成为老年亚文化群的观望者。

五、年龄分层理论

年龄分层理论由美国学者 M. W. 莱利（Riley）和 A. 福纳（Foner）提出，该理论以社会学创立的角色、地位、规范和社会化概念为基础，分析了年龄群体的地位以及年龄在一个特定社会背景下的含义，形成一个理解老年人社会地位的框架和包括整个人生的老龄化概念。

年龄分层理论认为，年龄不是一种个人特征，而是一个带有普遍性的标准，是现代社会各方面的一个动态成分。人们经常将社会标以年龄层次，如“青年”、“中年”、“老年”

等。当人们的年龄从一个层次转移到另一个层次时，社会赋予人们的角色与责任会发生相应变化，这种角色与年龄之间的关系可以成为年龄参数（如劳动角色规定为15～59岁）或者年龄的社会参数（如男性的最低结婚年龄为22岁，女性的最低结婚年龄为20岁）。角色与年龄之间的关系是一种相关关系，而不是函数关系。达到某一年龄层的人，并不意味着必须担任某种社会角色，出任某种社会角色并不意味着必须达到某一年龄层。就社会一般原则而言，社会角色与年龄层之间还是有某些联系的，但是就个体情况而言，其间的差异性是主要的。

年龄分层理论有四个主要要素，体现了生理人与社会人之间的关系。第一个要素是有一个由不同人组成的群体，这个群体可以按照年龄或其他发展标准划分为若干个年龄层，又称为"同期群"（cohort）。年龄、经历和观念是构成同期群的三个主要特征：处于同期群的人处于生命过程的同一阶段，拥有共同的历史和社会背景，具有相同的或者近似的价值观或看法，这三个特征被称为"同期群中心"。第二个要素是各年龄层的能力及其贡献和影响。不同的年龄层具有不同的能力，也就有不同的社会责任。经济发展、技术水平、文化观念以及健康状况，都会对年龄层的能力及其贡献产生影响。老龄化过程实际上就是从一个年龄层向另一个年龄层的运动，也就是能力与贡献变化的过程。第三个要素是年龄层的社会形式。它是通过社会作用表现出来的。年龄可以直接起作用，比如妇女受孕的生理限制，成年人必须年满18周岁，劳动者在60岁退休，等等；年龄也可以间接起作用，如担任某一行政职务的年龄条件等。年龄层及其应承担的社会作用之间的关系是灵活的，具有一定的社会发展意义，也表现出社会发展对年龄层的需求。第四个要素是与年龄层有关的期望，它包含在人们对各年龄层人群所扮演角色的反应方式中，比如年轻人活泼浪漫，老年人沉稳持重都是社会对相关年龄的正常期望。

年龄分层理论认为，同批人通过一个年龄层就被看作是进入到一个被期望并得到回报的逐级年龄系统。该理论承认一个阶层的成员和另一个阶层的成员不仅在生命周期上是不一样的，在所经历史时期上也是不同的。生命历程和历史因素可以解释不同队列人群在行为、思维以及社会贡献上存在的差异。例如，20世纪50年代和90年代退休的人群相比，后者会有如下特点：更有可能通过司法手段和政治组织来抗议年龄歧视；更为积极地看待退休和休闲生活；更有可能为衰老和死亡做准备，提前采取积极措施。

年龄分层理论存在两个内在干预因素。第一个因素是群体流动。促使年龄层次形成的各种因素中最主要的是出生率、死亡率和迁移。人们从出生之时起，犹如踏上自动扶梯，有人在中途不断离去，留下的人逐渐减少，直至全部死亡。第二个因素是老龄化因素。老龄化存在国家、社会的差异，在同一社会，相继群体的老龄化模式也存在不同。群体流动和老龄化因素直接作用于同期群的规模和能力水平，导致同期群中个体变化，出现众多特殊事例。

此外，年龄分层理论有两个外在干预因素。一个是分配因素。它是指各种年龄的人分配和再分配合适角色的过程。随着社会经济发展，社会对角色数量的需求和分配角色的标准会发生变化。另一个是社会化因素。社会化贯穿于整个人生过程，是保证个人从一个年龄层次顺利过渡到下一个层次的手段。

年龄分层理论通过对要素及其过程的分析，揭示了老龄化过程差异的秘密。该理论认为不同的同期群人群在生命历程中面临的环境存在诸多差异，因此他们的老龄化形式也会有所不同。在内外因素的干预下，同期群人群内部存在的能力差异、角色差异和期望的差异，构成了处于社会不同层次成员在老龄化的过程中的层次差异。但是该理论也存在不足之处。它过分狭隘地依据日历年龄或生命阶段来评价年龄，而不考虑生理、心理以及社会的能力水平等因素。此外，年龄分层理论对个体老龄化的特征、因素分析较为薄弱，对影响老龄化过程的一系列外因过程未详加论述。

六、相互作用理论

相互作用理论主要探讨环境、个体及其相互作用对老龄化的影响。该理论包括象征性相互作用理论、标志理论和社会损害理论等部分。

象征性相互作用理论认为，在老龄化的过程中，环境、个体以及个体与环境结合等因素的相互作用具有重要意义。比如，尊老敬老的社会环境与积极参与的态度所构成的社会氛围，有利于提高晚年生活质量，延缓机体老龄化，反之，则不利于提高老年人对社会的适应能力。据此，有的学者设计了社会环境模式，并提出了该模式的三个关键要素。第一，对起源于特定环境的规范期望的重视；第二，对个人交往作用能力的重视；第三，对特定环境下的能力与期望之间主观评价的一致性的重视。上述三个要素的和谐程度将决定老年人的幸福感和老龄化水平。该理论强调考虑脱离特定背景后，各项社会活动对当事人会意味着什么，同样的活动，在一些情况下可能会得到人们的重视，但在另外一些环境下，可能会被忽略。该理论同时指出，个人所拥有的资源（健康、社会经济状况、社会支持）以及解释这些资源的环境规范会积极或消极地影响生活的满意程度；个人和社会有能力找到替代品。因此，衰老过程中的精神不振或者从社会活动中退出的现象并不是不可避免的，但却是个人相互作用的一种改变后可能会出现的后果。

从象征性相互作用理论衍生出来的标志理论认为，人们在与社会环境里的他人进行交往的过程中形成自我观念。标志理论认为，我们是根据他人如何评判自己来看待自己与他人的交往的。一旦其他人将我们放入一个类别，他们就会根据这些类别来与我们交往。结果是我们的自我观念和行为在变化。例如，当老年人忘记自己的车停在哪里时，亲友们很可能会认为他/她出现老年痴呆症状；当年轻人忘记停在哪里时，人们会认为他太忙、精力不集中。

人们的自我认识源于交往模式，而交往模式的基本原则是，以最小的代价从相互联系中得到最大的报酬。只有当交往收益大于支出时，交往活动才会继续。交往模式实质上是以个体拥有的资源为基础的。中年人占有较多的资源，构成交往过程中的施予者角色，因而社会联系较广；老年人资源减少，成为交往过程中接受者角色，社会联系就相应减弱。交往的模式变化会直接影响到自我概念的形成。一旦社会把老年人归入不同的范围，老年人便依据这些划分作出相应的反应。在崇尚年轻和技术的社会中，老迈和无用是对老年人的基本评价，老年人则将自己置于“顺从”的角色，以此获得社会的容纳和支持。

社会损害理论和社会重建理论都是从标志理论派生而来的。社会损害综合征是指已有心理问题的个人所产生的消极反馈。生活在充满对老龄化充满偏见的环境中，老年人对外界的依赖，被认为是衰老、无能和过时而受到关注，为了进行交往，老年人往往不知不觉地屈从于社会暗示而接受社会赋予的消极特性标志，从而更深地陷于依赖状态，使独立自主的能力逐渐衰退，并进而固化成为对于自我无能的认知。上述循环一旦开始，便会强化无能意识，从而引起更多的问题。在盛行高生产率价值观念的社会中，老年期的社会损害综合征是一种普遍的现象。针对社会损害综合征，社会重建理论认为，通过向老年人提供机会，让他们生活在不受社会总价值观念影响和结构适当的环境中，增加其自信心和独立意识，可以干预这个恶性循环，中断进行性的损害。虽然重建环境并非易事，但是相互作用理论毕竟为我们指出了一个方向，使我们能够从更加广阔的角度审视老年人问题。

七、角色理论

角色理论是社会学理论之一，也是社会老年学家解释个体如何适应衰老的最早努力之一。

角色理论认为，每个人在一生中都有着不同的社会角色，例如学生、母亲、妻子、女儿、女商人、祖母等，角色是个人与社会相互接纳的一种形式。社会通过角色赋予个人相应的权利、义务、责任和社会期望。这些角色给一个人确定和描绘了一种社会属性。这些角色通常连续性地排列着，每个角色都和一定的年龄或生命阶段相联系。在大多数社会中，日历年龄被用来当作进入各种位置的资格，用来评估不同角色的适应性以及不同社会环境下人们的期望。一些角色有其合理的与年龄相关的生物基础（如母亲），也有很多角色适合于更宽年龄段的人们（如志愿者）。年龄不仅改变人们期望的角色，也改变人们期望的扮演角色的方式。个人适应衰老的成功与否取决于这个人接受晚年角色变化的成功程度。年龄规范帮助人们启动或停止日历年龄可以扮演的角色。年龄规范是对与年龄相关的能力和限度的假设——认为一定年龄的人能够做什么或者应该做什么。社会政策和法律可以正式地表达规范，但这些规范的操作通常是非正式的。每个人都会遵从一些与特定年龄相适应的行为规范，这样，社会时钟就会内在化，年龄规范把人们控制在时间轨道上。每个社会通过社会化传播年龄规范，这种社会化是一个终身的过程，每个人都要学习扮演新的角色、适应角色的变化，学习与年龄相符的“社会时钟”。

老年人的角色变化与中年人不同，它不是角色的变换或连续，而是一种不可逆转的角色丧失或中断。因此，老年人不仅需要适应与老年相关的新角色，同时他们必须学会适应角色的丧失，例如因为丧偶而失去配偶的角色，因为退休而失去工作角色，这些角色的丢失会降低社会认可和自尊。老年人还会经历角色中断，例如在工作场所学习的高产与退休后的悠闲相抵触。老年人经常缺少可以选择的期望对象。比如在公共传媒领域，人们期望年轻的面容和角色。角色中断或丧失意味着从“一个人物”变成了“什么都不是”，连带着就是回报减少、地位下降、无人理睬和问津。这种变化自然会引起老年人心理失衡，使其郁郁寡欢，从而损害其健康状况。

因此，角色理论认为，从社会学角度来说，老年人适应衰老的途径之一是正确认识角色变换的客观必然性；二是积极参与社会，寻求新的次一级角色。当然，随着老年人口的显著增加，现在的老年人可以比以往老年人得到更多的模范角色，可以更加成功地老龄化。

第二节　老年学的研究方法

老年学研究需要遵循科学探索的各项原则。关于老龄化的信息也是用与生物学、心理学、社会学、人类学、健康和医学等其他科学同样的方式收集的。老年学与其他学科研究都面临同样的问题：发现合适的控制组和对照组，将总结概括限制在研究中所包括的群体类别中，以及发掘和使用尽可能多的测量手段，等等。

作为多学科交叉科学，老年学研究更为复杂，它需要综合考虑生物、心理、社会文化和生命周期等多个因素，这些因素在人的整个一生中相互作用，这就需要对大量的变量进行分析。即使是在比较不同领域的老龄化过程研究中，研究者也需要考虑这些因素对研究对象可能产生的诸多影响。本章随后的部分将揭示并描述老年学家在尝试对老龄化提出全面解释时所采取的方法。

一、基本变量：年龄、队列和测量时间

老年学研究设计中使用的基本变量是年龄、队列和测量时间。无论在人生的任何时期，使用任何主观测量方法，上述三个因素都会共同影响个体的表现。这些变量高度相关，使老年学领域的研究面临诸多的挑战。

（一）年龄

老年学研究的难点在于研究者无法控制年龄进行实验。只有在控制了一个变量时，人们才会通过比对变量在不同状况下的因变量变化，进而推断因果关系。而作为一个变量的年龄，与性别、民族、出生地、职业等其他变量一样，只是在反映研究对象的特征。在另一个层面上，作为变量之一的年龄更加复杂，它在反映个人特征方面具有不确定的含义。年龄是以时间为基础的测度，它表明一个人越衰老，这个人生命中度过的时间越多。岁月的流逝与个人体内的变化有何关系？答案是没有直接关系。老年学研究只是将年龄当作一个简便的指标，但对于了解研究对象而言，年龄却并不是一个完美的指标。

年龄是一个人已经度过的时间，这使老年学研究面临另外一个难题。人们在年龄增长

的过程中，会经历他们生活的那个时期中所发生的诸多历史事件。如果他们经历的是战争、贫穷、政治动荡等困难时期，他们的增龄会与生活在其他和平顺遂的历史时期的人们不同。特定历史时期有时也会以不太明显的方式对个人产生影响。生活在高度工业化地区的人们的生理衰老速度要快于生活在乡村地区的人们。历史和社会因素使得研究者很难从环境的复杂影响中将所谓的“纯粹的”老龄化过程分离出来。

（二）队列

队列的英文对应词为 cohort，有学者将其译为“同批人”或“同期群”。在人口学里，队列指在同一时期经历了同一起始事件（event-origin）的一群人。例如，同一年出生的人为一出生队列，同一年结婚的人为一结婚队列。队列是以我们感兴趣的特定起始事件（如生育、婚姻、入学等）分类的。成为某一特定队列成员的基本条件是同一时期经历某一特定起始事件。同一时期的长度可是一年，也可是几年（如五年），还可以是一个月甚至一天，视研究需要与数据可能而定。同一队列的成员的年龄可以相同（如出生队列），也可以不同（如结婚队列、入学队列）。

在老年学中，“队列”这个名词通常指的是一个人的出生年代，它由一个人的出生年份所决定。从概念上说，队列这个词与我们更熟悉的名词“代”的含义接近。“代”是指出生在同一时期并在生活中受到一些相同的社会影响的人群。例如 20 世纪 50 年代出生的人，在“文革”时期正处于读中学的年龄，这一特殊的历史事件使得其中一些人丧失了接受中学或大学教育的机会。相比之下，20 世纪 60 年代出生队列的人在青年时期的经历更加平静。

（三）测量时间

测量时间就是进行检验的年份或者时期，因此收集数据的时间点可以很方便地反映出当时的社会和历史对于个人的影响。尽管它看上去与队列有一定关系，然而测量时间主要是用做当时环境状况的一个标记。例如 20 世纪 90 年代的被调查对象在使用电脑方面比 80 年代的人们更加熟练，因为在 80 年代，电脑的普及率很低，人们接触和使用的机会很少。如果将使用电脑作为成长的一个指标，那么除了老龄过程本身的影响之外，研究结果将在很大程度上受到其进行研究的年份的影响。当研究者试图将这些有社会和历史含义的指标分离出来时，测量时间与队列之间的内在联系造成了一些逻辑推理上的障碍。

二、研究设计

老年学早期的研究成果一般都是基于两类研究设计：纵向研究和横向研究。这两类研究设计现在仍然是大多数老年学研究的基础。

（一）横向研究

研究老龄化对一个研究变量可能产生的作用时，最直接和快捷的方式就是比较不同年龄的人。在这种比较中人们通常采用的就是横向研究（cross-sectional study）方式，有时也称为横断面研究。横向研究指的是在一个时间点上收集研究资料，用以描述研究对象在这一时间点上的状况，或者探讨在这一时间点上不同变量之间的关系。这里所说的“一个时间点”指的是相对比较短的一段（连续）时间，比如一个星期、一个月或者三个月等。横向研究是社会研究中最常见的一种方式，特别是各种探索性研究和描述性研究，基本上都是采用横向研究的形式进行的。横向研究的主要目标是对某种社会现象或者某一社会总体的横断面进行了解，它可以用来分析和比较某一社会现象或社会总体中的不同部分的特点及其相互关系。在老年学的横向研究中，研究者对构成总人口的各个年龄组人口的横断面进行研究。横向研究的主要优点是不需要花费很多时间，研究者只需要收集在某一时间点或者某一个特定时期内的相关信息，就可以检验关于年龄差异的假设，而不需要等到人们真正“变老”。

许多用于揭示原因的解释性研究也属于横向研究。但是，在有些解释性的横向研究中，常常存在某种内在的问题。因为，解释性研究的目标通常是用以解释其中的因果关系或者过程，而作为原因的现象与作为结果的现象在时间上往往有先后之别，各种现象之间的因果过程也常常发生在一段比较长的时期内，在很多时候，研究者如果仅仅依靠来自某一个时间点上的观察所得到的资料，其分析结论往往难以成立。因此，虽然老年学家经常进行横向研究，但是他们必须承认，这种研究方式存在一定的风险。因为研究者永远不可能知道他们所观察到的不同年龄人群的差异是否真正是老龄化过程所产生的差异，也有可能这些差异仅仅是由于人们经历了不同的历史时期所引发的。研究者盼望能够得到的最好结果就是，通过对于调查对象的精心选择，尽可能地排除其他因素的影响。诸多的影响因素中，比较特殊的因素之一就是教育。当进行横向研究时，许多学者都选择受教育年数相同的人构成研究样本，然而，在老年人口整体中，拥有相同受教育年数的老年人毕竟只是其中的一部分，因此，上述选择研究对象的方式实际上降低了样本的代表性。很多老年心理学研究者更愿意牺牲代表性，宁愿去检验精心选择的老年样本，也不愿意去检验与样本群体存在明显特征差异的其他老年人样本。与此相反，社会学家倾向于选择对于他们的队列来说更有代表性的样本。

（二）纵向研究

纵向研究（longitudinal research）是指在若干不同的时间点上收集资料，用以描述现象的发展变化以及解释不同现象先后之间的联系。纵向研究主要有三种不同的类型：趋势研究、同期群研究和同组研究。

趋势研究是指对一般研究总体随时间推移而发生的变化进行研究，其目的在于通过对一般总体在不同时期的态度、行为或状况进行比较，来揭示和发现研究对象的变化趋势和规律。对某一研究总体的趋势研究，相当于利用对这一总体所进行的若干次横向研究的结果来分析和探索其发展变化规律。比如通过对中国 1953 年、1964 年、1982 年、1990 年、2000 年和 2010 年六次人口普查的结果进行比较，分析中国人口发展变化的趋势和规律。

同期群研究又称作人口队列研究，它指的是对某一特殊人群随时间推移而发生的变化的研究。在这种研究中，每次研究的样本并不相同，但是他们必须都同属于某一特殊群体。这种特殊人群通常都与时间或者年代有关。比如，通过研究 1968 年“上山下乡”的“老三届”学生在 1978 年、1988 年、1998 年和 2008 年的情况，来反映这一特殊人群在中国几个特定的历史时期中所发生的变化。

同组研究又称为追踪研究，它指的是对同一组人随时间推移所发生的变化的研究。同组研究与同期群研究比较类似，二者的区别在于同组研究设计中的每次研究所使用的是同一个样本。在同组研究中，研究者选择样本并对他们进行数年或者数十年的追踪研究。在纵向研究结束时，或者在追踪研究的某些时点，研究者都可以对特定研究变量历年的变化进行描述。在研究老龄化过程时，这种研究设计有许多优点，例如成长的过程在其发生过程中被发现。与横向研究的人为假设不同，这种纵向跟踪研究积累的成果适用于真实的老龄化过程，因为这是研究对象自身发生的变化。

纵向研究的优点是可以描述事物发展变化的过程，便于寻找不同变量相互之间的因果关系。在这一点上，它比横向研究更为优越。但是，纵向研究的这种优越性是以比横向研究花费更多的时间和金钱为代价的。实际上，纵向研究设计虽然是许多研究者所希望和追求的理想方式，但是也会在操作过程中遇到很多困难和理论难题。

本章要点

1. 社会老年学的主要代表性理论包括脱离理论和活动理论等几种理论。脱离理论认为老年期生活是和中年期生活不同的另一段生活，而不是中年生活的延续。活动理论在社会老年学领域中是一种占优势的理论，该理论认为，老年人应积极参与社会，只有参与才能使老年人重新认识自我，保持生命的活力。

2. 老年学研究设计中使用的基本变量是年龄、队列和测量时间。无论在人生的任何时期，使用任何主观测量方法，上述三个因素都会共同影响个体的表现。

3. 老年学的研究成果一般都是基于两类研究设计：纵向研究和横向研究。这两类研究设计现在仍然是大多数老年学研究的基础。

基本概念

脱离理论、活动理论、连续性理论、老年亚文化群理论、角色理论、相互作用理论、年龄、队列、纵向研究、横向研究

复习思考题

1. 使用某一种老年学理论分析如下案例：

一直作为博士生导师的朱教授在80岁时仍旧每周从郊区的家中来到城里，与他的学生工作一天。谈到他与学生之间的互惠关系时，他感到非常兴奋和满足。当学生谈到他们与导师之间的关系时，人们可以清楚地感受到学生对这位导师满怀敬意，他“现在”是老师，永远是老师。

2. 试列举中国举行的大型老年调查研究，并按照横向和纵向研究设计对其进行分类，比较其优缺点。

推荐阅读书目

1. ［美］卡瓦纳，怀特布恩，主编．老年学：多学科的视角．北京：中国人口出版社，2006.

2. 邬沧萍，主编．社会老年学．北京：中国人民大学出版社，1999.

第四章

国外老龄问题和老年学

第一节　1982年之前国际社会对人口老龄化的认识

第二次世界大战之后，世界人口突出的特点是人口激增。战后初期，许多发达国家一度出现短暂的“婴儿潮”(baby boom)。那时人们对人口问题的全部关注都在世界人口的急剧增加上。当时有的学者对人口老龄化已开始有所认识，但只限于英、美、法等发达国家。他们已意识到人口老龄化将来可能是个影响全局的问题。有些基金会已开始资助老龄问题研究并酝酿组织国际老年学会，但未形成广泛的社会影响，公众对其知之甚少。究其原因，一是由于到20世纪60年代，人类预期寿命还不高，中国古代的“人生七十古来稀”的情况在当时的发达国家也是如此。在20世纪70年代前，全世界“70岁俱乐部”只出现在西北欧的瑞典、挪威、丹麦、冰岛和荷兰五国。那时很多人认为人类平均寿命不会很长。二是那时人类认识自身的能力不高，认为人口老龄化首先取决于死亡率下降即寿命延长，而没有认识到人口老龄化的决定性因素是生育率下降。三是第二次世界大战后不久，欧洲国家福利政策开始推行，在开始时老年人数还不多，高龄老年人更少，在老年人养老金支付和医疗保险问题上并未出现后来那样的困难。

20世纪50年代，人口问题受到联合国和许多发达国家研究机构及学者的重视。随着发达国家人口转变研究的深入和欧洲生育率调查研究的开展，人们越来越清楚地认识到人口老龄化问题。学者们在模型生命表等研究的基础上，认识到生育率是人口老龄化的决定性因素。发达国家生育率一个世纪以来的加速下降，使得老龄化成为历史的必然。对于发展中国家来说，战后高出生率会导致人口年龄结构年轻化，但如果要控制人口迅速增长，势必加速生育率下降，其后果则会加速人口老龄化。很多学者开始认识到控制人口增长必然加速人口年龄结构老龄化和放任人口增长使人口老龄化推迟到来这种“两难抉择”局面。

20世纪50年代，联合国的人口专家意识到人口老龄化的不可避免性，就委托法国著名人口学家皮撤组织专门班子研究人口老龄化问题。1956年皮撤完成了这项研究，发表《人口老龄化及其社会经济后果》。现在人们常用的65岁人口超过总人口的7%则为老年型人口、人口老龄化在年龄金字塔中有底部老龄化和顶部老龄化之别、生育率下降是人口老龄化的决定性因素和早期关于人口老龄化对经济社会的影响等一系列理论都出自这一专著。这一专著是人类历史上第一部研究人口老龄化的著作。这本书解释了老龄化的成因和后果，收集了大量人口转变的历史数据。在此以前，老年医学家、经济学家和社会学家都是从个体衰老的角度考察老龄问题，很少有人能认识到其对宏观和老年群体的影响后果。

这项研究的贡献还在于提出发展中国家也会出现人口老龄化的观点。这使联合国认识到人口老龄化不单纯是发达地区面临的问题，而是全球性的问题，从而促使联合国人口委员会开始为研究全球老龄化进行资料和理论准备。这项研究以及其后的研究为联合国1982年在维也纳召开的老龄问题世界大会打下了理论基础，做了舆论准备。

第二节　1982年第一次老龄问题世界大会

联合国《人口老龄化及其社会经济后果》的研究报告发表后，受到了国际人口学家、老年学家和众多学者的高度重视，但在联合国内部，人口老龄化问题却提不到议事日程上来，因为当时联合国最关心的人口问题是发展中国家人口空前增长。20世纪60年代正是全球人口增长的高峰时期，每年人口增长5 000万～6 000万，其中80%以上的增加来自发展中国家。联合国人口委员会的注意力主要集中在如何应对发展中国家人口的快速增长上。

1969年，马耳他驻联合国常任代表致信联合国秘书长，提议在联合国大会上增列“年长与老年人问题”这一项目，他指出：“世界人口将可能有四分之一以上是年长或老年人”，并认为“……他们对于家庭与社会是一个沉重的负担……鼓励（他们）在国家事业发展中适当并有效利用他们的知识、技能及经验……”，还认为已有可能使衰老缓慢下来，对这一问题应开展国际合作。这是以国家名义提请国际社会重视老龄问题的第一个正式文件。开始时这个提议并未得到积极响应，因为这一个时期联合国正在筹备1974年在布加勒斯特召开的由世界各国政府参加的世界人口会议，而会议的主题是发展中国家共同谋划控制人口增长问题。

直到1978年，联合国在33/52号决议中才决定举行一次老龄问题世界大会，由各国政府派代表团参加。这次会议于1982年7月在维也纳举行，有124个国家的代表团和162个联合国专门机构、非政府组织等共1 000多人参加。会议的最终成果是通过了《1982年维也纳老龄问题行动计划》。全文分序言、前言、导言（包括人口方面的背景材料、老龄问题的人道主义方面和发展方面）、原则、行动方面的建议、执行方面的建议，另有文件和附件约8万字。

第一次老龄问题世界大会的召开距今已30多年，这次会议开全球研究老龄问题、老龄工作之先河，对21世纪研究全球人口老龄化问题起到重大的推动作用。很多有关老龄问题的原则思想在行动计划中可以看到。这次会议的作用有几点值得提出：

（1）第一次明确把人口老龄化看成世界性的问题。会议用大量人口统计数据证明发展中国家或迟或早都会出现人口老龄化，并针对发展中国家的特点使用60岁作为老年人口的划分标准，以区别于发达国家长期单一使用65岁为划分老年人的标准。

（2）明确认为老年人问题和人口老龄化问题（即老龄问题）有联系也有区别。会议原拟用世界老年人会议为大会题目，最后确定命名为"老龄问题世界大会"（World Assembly on Aging）。会议题目使用aging而不用older person、aged或elderly，提高了人们对老龄问题的认识。

（3）第一次明确老龄问题包括两个方面：人道主义和发展。人道主义方面是指老年人除了有一般需要外还有特殊需要，包括保健与营养、住房与环境、家庭、社会福利、收入保障、就业与教育。发展方面提出由于老年抚养比的提高，要考虑人口老龄化对生产、消费、储蓄、投资的影响等。这些内容至今都是有指导意义的。

（4）会议重申《世界人权宣言》的基本权利应充分地、不折不扣地适用于老年人，因此各项政策要充实老年人个人的生活。这就大大地明确了老年人的地位、权利和机会平等。

（5）提出研究老年人的发展问题，以使老年人的潜能能够得到充分发挥。强调老年人是社会的财富，能对社会作贡献。

（6）认为生活质量的重要性并不亚于长寿。强调应当尽可能地让老年人能够在自己的家庭和社会中，享受一种被视为社会整体一部分的感觉，过充实、健康、有保障和令人心满意足的生活。

第三节　《1982年维也纳老龄问题行动计划》后续行动

《1982年维也纳老龄问题行动计划》（简称《行动计划》）对已经认识到人口老龄化问题的发达国家起到了推动老龄问题研究的作用，也推动了更多的非官方组织开展老龄工作，如第三年龄教育、旅游、休闲和学术讨论等。《行动计划》在发展中地区的执行情况不同：那些生育率仍然很高的国家和地区似乎是无动于衷，它们无暇顾及将来才出现的问题；但生育率已经开始下降的国家和地区则对《行动计划》很有兴趣，这些国家的老龄工作和老年学术活动都得到了空前的推动。我国在参加维也纳会议以后就成立了全国老龄工作委员会，开始迈出了第一步，接着组织了中国老年学学会，并于1986年加入了国际老年学学会，还在国内多次开展老年科学讨论会。许多学者积极参加国际老年学术活动、开展国际合作研究，政府也越来越重视老龄问题。

由于各国人口老龄化程度不同，对老龄问题重视程度不同，发展水平不同，对联合国老龄问题行动计划的实施也就不同。联合国只能起到一个监测、舆论引导和牵线搭桥的推动作用，起到推动联合国各专门机构如国际劳工组织、国际卫生组织、世界银行、人口基金会以及国际上非政府组织在各自领域内同各国政府合作开展老龄工作的作用。联合国在

1982年以后做了几件对老龄问题很有影响的工作。

第一，1990年，第45届联合国大会第45/106决议决定10月1日为“国际老人节”，以引起全球重视老龄问题。决议中提出节日进行的活动和国家、各大城市、各组织领导人在当天发表讲话，组织宣传活动并举办青年和老年人讨论会等。

第二，1991年，联合国提出《联合国老年人原则——愿长寿者颐养天年》的重要文献，并经1992年联合国大会通过。该文献强调并鼓励各国政府将其中的重要条款纳入国家方案中。该原则分为“独立”、“照顾”、“自我实现”、“尊严”四部分共18条。其后又在“独立”原则下把第七、第八条单列为“参与”，具体内容如下：

> 第七条：老年人应始终融合于社会中，应积极参与制定和执行涉及其福利的政策，并将其知识和技能传授给子孙后代。
>
> 第八条：老年人应能寻找和发展为社会服务的机会，并以志愿者的身份担任与其兴趣和能力相称的服务。

第三，1992年9月17—19日，在联合国支持下，由美国加利福尼亚州圣迭戈大学组织在圣迭戈召开了一次规模庞大的人口老龄化国际会议，旨在回顾和评估《行动计划》执行情况。有50个左右国家的代表和学者参加了此次会议。会议是半官方的，主要探讨联合国和各地区十年来执行《行动计划》的情况和问题。会议分人口、健康、经济、社会和统计资料五个小组讨论，最后形成了一份近700页的会议文件，这是1982年以后规模最大的一次半官方会议。我国也派了庞大的代表团参加。

第四，为了宣传、推动老龄问题研究和老龄工作，联合国社会事务部1991年在马耳他建立了一个国际老龄问题研究所，该所除了有专职研究人员外，还邀请各国学者参与研究。该所经常性的工作之一是开设1个月到3个月或更短的培训班，培训发展中国家老龄工作人员。已开设过的培训班有“人口老龄化对社会经济的影响班”、“老年医学班”、“社会老年学班”、“老年社会保障班”和“统计资料收集和整理班”等。研究所还对少数学员提供进一步进修硕士学位课程的研究生班，这些研究生班与马耳他大学合作培养。该所成立以后，在20世纪90年代早期与国际人口研究机构联合会合作出版了一套各国人口老龄化丛书。该所与我国老龄系统和研究机构有紧密的合作关系，我国民政、老龄系统参加了马耳他和中国合作的短期培训班。

第五，联合国制定了到2001年解决人口老龄化问题的全球目标——一个在新的行动计划出台前的目标，以利于推动工作。1992年10月15日联合国第47届大会通过上述目标。该目标有以下八个方面：

（1）制定国家目标和指导原则。

（2）国家（老龄）基础设施的基本目标。主要是建立国家各级老龄机构及其活动的规则。

（3）健康和营养目标。主要是关于如何保持老年人身体健康的各级、各项预防、基础卫生和公共卫生。

（4）住房和生活环境目标。主要是关于老有所居和按老年人意愿的居住安排。

（5）家庭目标。主要是关于老年人在家庭的地位，帮助做好家庭照顾，为家庭提供服务等。

（6）教育和宣传媒介目标。主要对老年人提供信息、扫盲教育和继续教育以及在整个社会中进行老龄教育等。

（7）社会福利目标。主要通过立法确保老年人获得公平的社会福利和做好正式照顾与非正式照顾各项工作。

（8）就业和收入保障目标。主要是对老人有收入保障计划和将无收入老人纳入安全网、制定老有所为的国家计划等。

第六，发表《联合国老龄问题宣言》。1992 年 10 月 15 日联合国第 47 届大会通过这一宣言，该宣言是由包括中国在内的 24 个国家共同提交给第 47 届联合国大会的。目的是要确保老年人的需要及其人力资源潜力能得到充分考虑和发挥，并确认老化现象是一生的过程，防备老化须从孩童时期开始并终身贯彻。这一宣言内容很多，一是促请国际社会要做的工作，二是促请各国应根据自身条件，针对老龄各方面问题采取积极行动。宣言促请联合国把 1999 年定为国际老年人年。

第七，在 1994 年国际人口与发展会议中讨论人口老龄化和老年人口问题。1974 年、1984 年的世界人口会议主要是讨论人口规模增长过快要加以控制的问题，1994 年在开罗召开的国际人口与发展会议第一次讨论到人口老龄化问题。报告认为人口老龄化对经济和社会有影响，既是对社会的挑战，又是一种机会。各国正重新审视老年人是人力资源中重要组成部分涉及的有关政策。会议提出三项目标：加强老年人的自立能力、提高他们的生活质量、为老年人建立保健和社会经济保障制度及增强对老年人正式和非正式支持的能力，相应地也提出三项行动。

第八，把世界首脑会议主题“人人共享的社会”应用到老年人方面，提出建立一个不分年龄、人人共享的社会。1995 年，在哥本哈根召开社会发展问题世界首脑会议，这是联合国第一次，也是至今世界上唯一一次讨论人类社会发展的首脑会议。会议的主题是确立“人人共享的社会”这一有历史性意义的概念。联合国秘书处把这一会议的后续行动同《行动计划》有机地结合起来，建议把“建立一个不分年龄、人人共享的社会”作为 1999 年会议的主题。经过很长时间的讨论，发达国家和发展中国家达成共识，都接受这一主题，部分原因是多个国家对老年人传统支持系统正逐渐削弱，要求从法律和政策上公平对待老年人。

经联合国社会发展委员会建议，联合国经济和社会理事会通过了 1999 年为国际老年人年的决议。这是迄今为止国际上老龄问题动作最大、持续时间最长、参加人数最多、影响最大的活动。安南秘书长在国际老年人年启动仪式上发表讲话，许多国家的领导人也在各国老年人年启动仪式上发言，各国都举行了多种活动。

这次国际老年人年极大地提高了各国政府、社会团体和广大群众的老龄意识，为 2002 年在马德里召开的第二次老龄问题世界大会做了思想和理论准备。

第四节　2002年马德里老龄问题世界大会

1982年召开第一次老龄问题世界大会时，全球认识到人口老龄化的人不多。由于《1982年维也纳老龄问题行动计划》的提出和20年来国际社会和老年学学者的广泛呼吁，老龄问题在20世纪末已开始受到全球普遍关注。但更重要的是，20年来世界人口特别是发展中国家人口的转变，使得人们更清楚地认识到21世纪是全球老龄化的世纪。预计60岁以上人口将从2000年的6亿增加到2050年的20亿。全球人口的老年比由1998年的10%增加到2050年的15%。在某些发达国家，老年人数已超过儿童人数，到2050年老年人数将是儿童人数两倍以上。人口老龄化即将成为发展中国家的主要问题。在老年人口中，增长最快的群体是最老的（即80岁以上的）人，在2000年总共有7 000万，预计在其后的半个世纪将增长5倍以上。因此2002年的会议为迎接21世纪全球人口老龄化做出了各种准备。

2002年召开的第二次老龄问题世界大会的重要成果之一是通过了《政治宣言》。《政治宣言》重申这次会议是为了应对21世纪人口老龄化所带来的机遇和挑战，促进发展一个“不分年龄、人人共享的社会”，并在下列三个方向优先采取行动：老年人与发展、提高老龄健康和福祉、确保有利的支助性环境。

政治宣言共有19条，旨在从政治上、宏观上提出问题，重申全球首脑会议《千年宣言》中做出的承诺，建立“不分年龄、人人共享的社会”，重申《1982年维也纳老龄问题行动计划》和1991年通过的《联合国老年人原则》。在《政治宣言》中，最集中表达其政治性的是第五条，其内容如下：

> 我们重申决心不遗余力地促进民主，加强法治，促进性别平等，并增进和保护人权和基本自由，包括发展权。我们决心消灭一切形式的歧视，包括年龄歧视。我们确认，随着人们年龄的增长，他们应当享受充实、健康和有保障的生活，并应积极参加各自社会的经济、社会、文化和政治生活。我们决心增进对老年人尊严的认识，并消除对老年人的一切形式的忽视、虐待和暴力。

《政治宣言》的其他条文都是从政治上提出老龄问题，如经济发展、科技进步与老龄、落后地区老年人问题、政府在老龄工作中的作用、政府与非政府组织在老龄问题上的合作、性别平等、对老年人正式支持与非正式支持的关系、代际伙伴关系，等等。但重点是在21世纪发挥老年人的知识、经验和技能，把他们作为一种社会财富，为政治上确保能为建设一个“不分年龄、人人共享的社会”奠定基础。

第二次世界老龄问题大会通过了《2002年马德里老龄问题国际行动计划》，这一计划是1982年行动计划的传承和深入。它总结了1982年以后对老龄问题的新认识，更加重视老年人的“独立、参与、照顾、自我实现、尊严”的老年人原则，特别强调老年人参与（社会），这点同1982年文件有所不同。另一个特点是2002年的行动计划重点鲜明，只提出三个优先方向而不是面面俱到，在三个优先方向上按问题的轻重缓急列出几类重大问题，在提出的问题中列出工作目标以便审查。在工作目标中又提出各项具体行动的建议，这就比1982年的行动计划更有可操作性。该行动计划的内容如下：

A. 优先方向一：老年人和发展

问题1：积极参与社会和发展

目标1：承认老年人在社会、文化、经济和政治方面的贡献。

目标2：老年人参与各级决策进程。

问题2：工作与劳动队伍的老龄化问题

目标：为所有想要工作的老年人提供就业机会。

问题3：农村发展、迁移和城市化

目标1：改善农村地区的生活条件和基础设施。

目标2：缓解农村地区老年人边缘化现状。

目标3：使老年迁移者融入新地区。

问题4：获取知识、教育和培训的机会

目标：在成人教育、培训和进修以及就业指导和职业介绍方面终身机会平等。

问题5：世代之间的团结

目标：通过世代之间的平等互惠，加强代际团结。

问题6：消除贫困

问题7：收入保障、社会保障和预防贫困

目标1：推动各种方案，使所有工作人员都能获得基本的社会保护/社会保障。包括合适的养老金、伤残保险和保健福利。

目标2：保证所有老年人有足够的最低收入，特别关注社会上和经济上处境十分不利的群体。

问题8：紧急情况（略。总的精神是在任何情况下老年人有同等权利）

B. 优先方向二：促进老年人健康和福祉

问题1：毕生促进健康和福祉

目标1：减少引发老年疾病从而可能导致丧失自理能力的种种因素所具有的累积影响。

目标2：制定预防老年人健康不良的政策。

目标3：所有老年人都能得到食物和足够的营养。

问题2：人人平等享有保健服务

目标1：消除与年龄、性别和其他任何因素包括语言障碍的社会和经济不平等，保证老年人平等而普遍地享有保健服务。

目标2：发展和加强初级保健服务，以满足老年人的需要并推动把老年人包括在该进程中。

目标3：发展满足老年人需求的持续性保健。

目标4：老年人参与发展与加强初级和长期保健服务。

问题3：老年人和艾滋病毒/艾滋病

目标1：改善艾滋病毒/艾滋病对老年人健康影响的评估，这不仅是指受感染的老年人，也针对照料家中受感染者或幸存者的老年人而言。

目标2：为感染艾滋病毒/艾滋病的老年人及其照顾者提供充足的信息、照顾技能的培训、治疗、医疗保健和社会支助。

目标3：促进和承认老年人照料患有慢性疾病、包括艾滋病毒/艾滋病的儿童以及对发展做出的贡献。

问题4：培训护理人员和保健专业人员

目标：更好地为保健专业人员和辅助性专业人员提供关于老年人特殊需要的信息和培训。

问题5：老年人的心理健康需求

目标：发展综合性精神保健服务，包括预防和早期干预、提供治疗服务和老年人精神健康问题的防治。

问题6：老年人与残疾

目标：终生维持最佳机能，并促进有残疾的老年人充分参与。

C. 优先方向三：确保建立有利的支助性环境

问题1：住房和生活环境

目标1：充分考虑老年人的个人喜好和负担得起的住房选择，促进在社区内“就地养老”。

目标2：考虑到老年人，特别是残疾老年人的需要，改善住房和环境设计，促进老人独立生活能力。

目标3：更好地为老年人提供便于使用和负担得起的交通服务。

问题2：照顾和对照顾者的支持

目标1：通过各种渠道为老年人提供各类照顾和服务以及支持照顾者。

目标2：支持老年人特别是老年妇女所起的提供照顾的作用。

问题3：忽略、虐待和暴力

目标1：消除对老年人一切形式的忽略、虐待和暴力行为。

目标2：建立支持服务，处理虐待老年人问题。

问题4：老年人形象

目标：促使公众认识到老年人的权威、智慧、生产力和其他重要贡献。

行动计划最后论述了国家行动和国际行动。

第五节　从健康老龄化到积极老龄化

一、国际上采用过的几个老龄化理念

人口老龄化是人类发展的必然趋势。国内外人们对老龄化有各种各样的担心，首先担心的是老年人在生活上、经济上没有保障。有人担心身体健康每况愈下；不少人担心感知觉衰退；有人担心老年孤独；也有人担心离开原来的工作岗位，无所事事；大多数人都担心到了老年受到家庭或社会的歧视，被边缘化，等等。国际上流行一些应对这些担心的老龄化理念，即能达到什么样的老龄化，如有保障的老龄化（安全的老龄化）、健康老龄化、成功的老龄化、有尊严的老龄化、丰富多彩的老龄化、独立的老龄化和积极的老龄化，等等。这几个理念都有其针对性，择要简述如下。

有保障的老龄化（又称安全的老龄化）（secured aging）——在人口老龄化初期，大多数人都担心年老后没有收入来源或收入上入不敷出，个人在经济上没有保障，从而提出一种有安全感、有收入保障的希望。

有尊严的老龄化（dignified aging）——这是针对老年人常常被歧视而提出的。人到了老年期应该享有人权、人的尊严以及同等的机会。

成功的老龄化（successful aging）——这是心理学家常用的词，以说明个体若保持良好的心理健康状态，日历年龄增加的同时也能保持生理上和心理上的健康。如能成功地做到进入老年期后许多心理功能同往常区别不大，即看成是成功的老龄化。但也有人把成功的老龄化看成老有所为、事业有成，这就同国外心理学家所指的成功老龄化的原意有别。

有贡献的老龄化（productive aging）——原意是到了老年期生活仍然可以很充实，能够实现自我目标。有人译为丰盛的老龄化，也有人译为生产性的老龄化，这同原意有较大出入，它不是针对老年期参加或脱离生产而言。

独立的老龄化（independent aging）——是针对老年期生活不能自理，需要依赖别人才能生活下去的老龄化来说的。独立老龄化说明老年期生活能完全自理的状态。

在国际上流行的各种老龄化理念中，使用最广和已为中外普遍接受的是健康老龄化和积极的老龄化这两个概念，下面进行分述。

二、健康老龄化

健康老龄化（healthy aging）是国内外普遍接受的应对人口老龄化的战略口号。它是由

欧洲老年医学界最先提出的。欧美学者多年对个体生理和心理老化的研究发现，个体身心衰老虽不能逆转，但能延缓和推迟，并根据这一结论提出了健康老龄化的理念。在此之前人类对人口老龄化都持悲观论调，认为“逢老必衰、逢衰必病”。健康老龄化理论指出，一个人如果能正常衰老，活到75～80岁时各种器官组织和以前的状态功能差别不大。心理学家特别指出，脑功能在老年期并不都是很快衰老，研究证明有的神经树突仍能生长，用进废退。人的记忆即或有所衰退，但并不明显。液体智力衰退快一点，晶体智力仍能维持很久，因此不必过分悲观。只要保持身心正常衰老，人的器官和社会功能在老年就不会迅速衰退。人只要保持健康的生活方式和行为方式，生活自理能力和健康寿命就可以大大保持和延长。人之所以显现出衰老，大多是由于病理性的衰老造成的。健康老龄化不仅是一种人类的愿望，而且是老年科学的研究结论。

大量科学研究显示，老年人的健康状况取决于进入老年期前的健康状况。老年期前的健康实际上要求人终身健康。许多老年人的不健康是过去不健康的积累。20世纪人类寿命平均延长了30岁，这说明环境因素对人类寿命有决定性意义。只要有健康的生活方式，诸如科学的饮食习惯、注意锻炼身体、戒烟限酒和重视心理健康，大多数人可以实现正常衰老。健康老龄化不是一种奢望，而是经过人类自觉努力可以实现的。所以，从20世纪90年代人们就提倡健康老龄化，并把它作为一项应对人口老龄化最有效的战略。国际老年学会1997年在布达佩斯的大会上就旗帜鲜明地提出科学要为健康老龄化服务，得到了各国的响应。我国也把健康老龄化作为一项应对人口老龄化不可或缺的战略。但随着实践的发展，2002年在马德里第二次老龄问题世界大会上，世界卫生组织又进一步提出积极老龄化的战略理念。积极老龄化与健康老龄化是相辅相成的，但后者从更宽、更深的角度应对人口老龄化。

三、积极老龄化

积极的老龄化是世界卫生组织在第二次老龄问题世界大会上提出的，并被吸收在《政治宣言》中。这一理念是世界卫生组织在健康老龄化的基础上，经过大量研究，特别是对心理健康问题的重视和研究后提出的。积极老龄化不是取代健康老龄化，而是把老年人参与作为重要一环，与健康老龄化、有保障的老龄化结合起来的一种理念，把健康、参与、保障构成一项应对人口老龄化挑战的战略，并明确这三位一体不仅是老年人的需要，而且是一种权利，就是老年人在生活的各个方面都享有机会平等的权利。强调积极老龄化以老年人的权利、需要、喜好和能力为基础。积极老龄化强调的是老年人继续参与社会、经济、文化和公益事业，而不仅仅是进行体力活动的能力和参加劳动队伍。即使是退休的老年人和那些患病、有残疾的人，仍然能为他们的家庭、亲友、社区和国家做贡献。积极老龄化适用于个人也适用于全体，世界卫生组织分别从宏观和微观方面论证积极老龄化是有理论依据的。

其一，积极老龄化以《联合国老年人原则》为指导。在联合国强调老年人独立、参与、照料、自我实现和尊严五原则的基础上，把健康、参与、保障结合为一体提出来是顺理成章的。

其二，在经济上论证目前政策上鼓励提前退休是公共政策造成的。在老年人健康水平逐渐提升的前提下，越来越多的老年人继续工作有助于减少养老金支出和医疗支出等。

报告以科学研究论证若积极老龄化得到实施可以出现如下积极现象：在有作为的生命阶段英才早逝的少；在老年阶段因慢性病致残的人数很少；进入老年期仍有良好的生命质量，进入老年后，能以不同方式参与社会、经济、政治、文化生活和为家庭和社会服务的人越来越多；对老年人医疗和照料的支出减少；等等。

国际卫生组织在建议中以美国研究为例：降低病残率可使美国未来医疗开支减少 20%左右。据估计，投资 1 美元用于鼓励中等体力活动，能节约 3.2 美元医疗开支，而参加劳动或活动的人创造的收入还未计算在内。

第六节　国际老年学学术活动

现代老年学作为一门科学始于第二次世界大战前，但受第二次世界大战的影响一度中断。老年科学的发展是从发达国家开始扩展到发展中国家的，现在还处于这一扩展过程中。老年学的国际学术活动由研究个体老化开始到研究群体老龄化。自从研究群体老龄化后，老年学就由纯科学探索变成应用研究和政策研究。与此相适应，老年学队伍也由少到多。大多数研究者就不能只关在实验室和象牙塔内，而必须到老龄实践工作和老年人实际生活中来。

老年学最早的研究从探讨人类寿命开始，这类研究由发达地区的科学家开始。在开始时国际上老年学活动都是英美的一些生物学家和医学家发起，始于欧美各国对人的寿命（或动物寿命）的兴趣或好奇。第一个国际老年学会（简称 IAG）1949 年由英国发起，1950 年在法国列日正式成立。有 11 个国家、114 位学者参加了成立后的第一次会议。1951 年第 2 届会议在美国路易斯安那州召开，来自世界 51 个国家的 655 位代表参加了会议。此后每三年一次的会议都在欧洲或北美召开，人数不断增多。1972 年第 9 届会议在苏联基辅召开，参加人数猛增到 2 510 人，来自 39 个国家。第 10、11、12 届分别在耶路撒冷、东京和汉堡召开，人数近 2 000 人，参加的国家除日本外，大多来自欧美，发展中国家的与会者大多来自拉丁美洲。

维也纳第一次世界老龄大会的召开及之前的筹备工作，促使老年学国际学术活动进一步活跃起来。许多老年学家和人口学家在会议前做了许多学术上或技术上的准备工作，在更大范围开展老龄问题的探索。更重要的是，维也纳会议使老龄问题研究发生了两个突破：一是老龄问题与国际老年学会组织者原先设想的不同，老年学不仅仅是一门纯科学上的探索，不只限于人类老龄化生物机理的探索，还涉及大量的社会、经济、政治、教育等问题，而且这些问题都提到议事日程上来，可以预见今后社会老年学问题会越来越多；二是老年学活动不能局限于发达国家的老龄问题，发展中国家的老龄问题，特别是老年人规模大、未富先老和传统家庭养老模式难以为继的问题等都要吸收发展中地区的学者参加，老龄问题的跨国比较研究也应提到重要议事日程上来。维也纳国际会议的召开在很大程度上影响了国际老年学学会的发展方向，从完全的象牙塔式研究转到理论结合实际的研究。

1985年，参加在纽约召开的第13届国际老年学会的人数空前扩大到3 100多人，其中一半来自美国本土，中国内地有7位学者参加这次会议，另有5位学者来自中国台湾。从分组讨论会的情况可以看到老龄问题的范围十分广泛：生物学10个场次，临床医学30个场次，行为和社会科学30个场次，社会问题研究、规划和实际工作20个场次，另外有7个场次属多学科的研究。近100个讨论题目的划分已体现出国际老年学学会同《1982年维也纳老龄问题行动计划》的内容十分接近，只是学术性更强。这表明国际老年学会已向联合国老龄机构的咨询地位迈进了。尽管有些搞纯科学研究的学者不以为然，但国际老年学会在事实上介入老龄政策的研究已是大势所趋。

中国老年学学会是1986年正式加入国际老年学会的。1989年墨西哥会议的主题是“第三世界老人”，表明国际老年学会更加重视发展中国家的老龄问题。1993年布达佩斯会议的主题“科学要为健康老龄化服务”体现了老年学理论和实际相结合的特点。

老年学的国际学术活动除了国际老年学会外，国际老年学各地区分会在两次会议期间都举行了地区性的老年学研讨会。国际上有的非政府组织和高等院校也举行一些老年学方面的专题讨论会。联合国及各地区经济社会委员会针对老龄问题也召开过多次讨论会，推动了老龄问题研究。

本章要点

1. 1982年7月在维也纳举行的第一次老龄问题世界大会，通过了《1982年维也纳老龄问题行动计划》。这次会议第一次明确地把人口老龄化看成世界性的问题；明确区别老年人问题和人口老龄化；第一次明确老龄问题包括人道主义和发展两个方面；重申《世界人权宣言》的基本权利应适用于老年人；提出研究老年人的发展问题，以便老年人的潜能能够得到充分发挥；强调老年人是社会的财富，认为生活质量问题的重要性并不亚于长寿。

2. 2002年在马德里召开的第二次老龄问题世界大会通过了《2002年马德里老龄问题国际行动计划》和《政治宣言》，总结了1982年以后对老龄问题的新认识，更加重视老年人的“独立、参与、照顾、自我实现、尊严”的原则，特别强调老年人参与社会。并在下列三个优先方向采取行动：老年人和发展、促进老龄健康和福祉以及确保建立有利的支助性环境。

3. 健康老龄化是国内外普遍接受的应对人口老龄化的战略口号。健康老龄化指出，人只要保持健康的生活方式和行为方式，生活自理能力和健康寿命就可以大大保持和延长。

人之所以显现出衰老，大多是由于病理性的衰老造成的。健康老龄化不仅仅是一种人类的愿望，而且是老年科学的研究结论。

4. 积极老龄化是把老年人参与作为重要一环和健康老龄化、有保障的老龄化结合起来的一种理念。积极老龄化强调的是老年人继续参与社会、经济、文化和公益事业，而不仅仅是进行体力活动的能力和参加劳动队伍。

基本概念

健康老龄化、积极老龄化

复习思考题

1. 健康老龄化和积极老龄化的科学含义是什么？
2. 简述1982年后国际社会对人口老龄化的认识。

推荐阅读书目

1. 邬沧萍，主编. 社会老年学. 北京：中国人民大学出版社，1999.

2. 谢联辉，宋玉华. 全球行动——迎接人口老龄化（联合国老龄话题总汇）. 北京：华龄出版社，1998.

3. 老龄问题研究——老龄问题世界大会资料辑录. 北京：中国对外翻译出版公司出版，1983.

第五章

衰老生物学

人类的个体或群体老龄化是以人的自然属性为基础的。个体老龄化主要受生物学规律制约，群体老龄化虽然主要决定于社会条件和社会因素，但仍要以人的生物性为基础，有关衰老的许多基本问题都受制于一般生物规律。所以，衰老生物学是研究老年学的重要基础科学，是认识老龄问题的基石之一。

第一节　人的生理衰老

一、衰老的科学含义

衰老是人类在生命过程中整个机体的形态、结构和生理功能逐渐衰退现象的总称，是有机体生命过程的自然规律。

不同的学者对衰老的含义有不同的理解。例如，国外学者梅达沃（Medawar）认为："衰老是机体在增龄过程中随之发生在体力、能量和感受性等方面的退行性变化。而在这些变化过程中生物体很可能由于某种随机发生的偶然原因而死亡。因此，几乎没有一个人能够完全尽其天年。"美国老年医学家斯特雷勒（Strehler）认为："一般而言，衰老是生殖机能停止后这一时期发生的退行性变化，这些变化将导致生物体生存能力明显地下降。"还有人认为衰老是"信息的丧失与自由能的下降"。也有人指出衰老是"机体在大小、形状、功能已到成熟后的恶化变质过程"。当代老年生物学权威学者康佛特（Comfort）认为，衰老是"随日历年龄增加或在生命期过程里，生命能力逐渐丧失，进而导致死亡的过程"。我国有的学者指出："衰老是一切多细胞生物随着时间的推移自发的必然过程，在机体和组织的各级水平出现有害的改变，并表现出功能、适应性和抵抗力的减退。"实际上衰老是一种很复杂的过程，有人对同一批志愿受检者所进行的随年龄增长各种功能状况的纵向研究表明，不同功能以不同的速度发生衰退。例如，最大呼吸量、肺活量的衰老速度快，而基础代谢率的衰老速度就慢些。这一研究是以30岁的男性志愿受检者开始的，因此还不能确定自30岁开始衰退的这些功能是否在30岁前的更早年龄就开始衰退了。另外这一研究所测定的是生理功能，因而它只能反映细胞器官活动的总的变化。对于人类而言，导致生理学改变和整个行为衰退的分子变化也许发生得更早，但是如果没有非常精确的技术，这种改变是无法测出的。总之，在真正搞清楚了衰老的机制之后，才能给衰老下确切的定义。

二、衰老的特征

衰老是一种很复杂的过程，对于衰老的研究是很困难的。第一，个体之间衰老的情况不同，所有个体不可能一致遵循一个单一的确定过程。第二，在同一个体之内，身体各部分的衰老情况也不相同。例如，一位70岁的老人可以有相似于50岁人的心脏和80岁人的肺脏。第三，衰老是一个连续而不易察觉的渐进过程，虽然随着年龄的增长，人体各部位各器官都有不同程度的衰老，但对于我们大多数人来说，这种衰老都不是能显著地觉察到的，它不是在几星期或几个月内发生的，而是在几十年内发生的，因而衰老并不是一开始就显而易见的。第四，机体的有些部位具有代偿功能。例如，一个人只保留一半肝脏、一小部分胃和一叶肺脏、一个肾脏，仍能继续生存。所以，即使发生衰老，如果身体功能没有受到其他重挫和伤害，就不易觉察到。尽管如此，衰老现象也有其一定的特征。斯特雷勒在1962年指出，任何生理现象必须在具有普遍性、内因性、进行性、有害性和单向性五个特征时，才能说这种现象是老年性变化，即衰老现象。

（1）普遍性。衰老是在同种生物中所有处于老龄过程的个体中都普遍发生的现象。例如，老年人的脱发是衰老现象之一，因为不论男性或女性，都会随着年龄增加而普遍发生这种现象。

（2）内因性。衰老是发生于生物内部的一个过程，就是说它是一种自然的过程，而不是由外部因素如受到辐射所引起的一种过程。

（3）进行性。衰老的开始或出现是随着年龄的增长逐渐发展的一系列变化过程，而不是突然而来的。例如，动脉粥样硬化和纤维斑块在大血管内膜沉积是随增龄而逐渐发展的衰老现象；而冠状动脉阻塞则不然，虽然它在一定年龄以上发生率较高，但它不是随年龄而逐渐发展的，所以不属于衰老现象。

（4）有害性。衰老导致对生物有害的效果，会使人体在机能和动作等方面衰退。

（5）单向性。衰老过程是单向性的，衰老的结果是朝着退化的方向发展，而不可能为正常的身体进程所逆转。

印度学者卡南高认为，生物体从胚胎期直至死亡为止的活动能力（生长和其他功能）的模式变化图是与以45°角向上投掷的标枪的轨迹相类似的。标枪在开始时运行得很快，接着就逐渐减慢，达到一个平稳期后就下降，下降的速度在接近于地面时，由于重力的牵引而加速。人类胚胎生长和其他机能增加得很快，并持续至出生后16岁左右，之后速度就减慢。约20岁左右开始达到平稳期，直到30～35岁前，在机能上觉察不到有什么变化。此后有几种功能便开始衰退了，衰退的速度随着年龄的增加而加快，也就是整个机能下降的速度在60～70岁之间比在50～60岁之间要快。因此，由于在早期不同器官和细胞功能衰退的累积性作用，整个机能随着年龄的增加而加速了衰退。一旦功能衰退，便持续地加速衰老。衰退的总速度是呈指数性的，然而尚不知道每一个器官功能开始衰退的确切时间。

随着年龄的自然增长，人类机体的生理机能和形态学方面出现一系列具有上述特征的退行性变化，对内外环境适应能力逐渐减退，直至生命活动终止，这被称为生理性衰老。生理性衰老主要表现为：（1）人体结构成分的衰老变化。例如水分减少，脂肪增多。正常成年男子全身含水量约为体重的60%，女子约为50%。60岁以上男性和女性老年人全身含水量分别为51.5%及42%～45.5%。[①] 随着年龄增加，新陈代谢逐渐减慢，耗热量降低，摄入热量常高于消耗热量，多余的热量即转化为脂肪，使脂肪组织的比例逐渐增加而趋于肥胖。（2）细胞数减少，器官及体重减轻。成年后各种细胞数量开始减少，并随年龄增长而逐渐加剧，75岁老年人组织细胞约减少30%。老年人细胞萎缩、死亡及水分减少等原因致使人体各器官重量及体重减轻；因骨质疏松、脊柱和下肢弯曲等原因，老年人的身高常略有下降。有些老年人因食入多而消耗少，多余的热量转化为脂肪，体内脂肪大量积聚而发胖，亦可使体重增加。（3）器官的功能下降。人体各器官生理功能均随增龄而下降，这主要表现在各器官的储备能力、适应能力降低和抵抗能力减退。

由于一些内因和外因使人体与外在环境之间失去平衡，引起人体发生病理性变化，促使生理性衰退现象提前发生而缩短人的寿命，被称之为病理性衰老。但各种慢性病如何促进衰老的进程还很难弄清楚。实际上，在老年人中我们也很难严格地区分出生理性衰老和病理性衰老。

所谓早衰是指生命在生长与发育过程中，种种不利因素的不良影响，致使人体的结构与功能发生不良的变化或疾病，机体提早出现衰老变化，生命中途夭折的现象。有一种病理性衰老，由于患者出现衰老的年龄较早，因而很容易被区别出来，这种衰老被称为早老症。早老症包括以下几类：一种称为霍金森—吉福特（Hutchinson-Gilford）综合征，其衰老征象出现较早，往往未满周岁就表现出老态，生长发育迟缓，没有性成熟，很矮小，皮肤有皱纹，脱发，全身严重动脉粥样硬化，早夭，病因尚不明，可能与染色体变异有关；另一类是魏纳（Werner）综合征，这种人在发育的青春期后期出现衰老，因而体格并不矮小，仅仅是在成熟前即白发、秃顶，皮肤出现皱纹并有色素沉着，并发有白内障、骨质疏松、动脉粥样硬化、大脑皮层萎缩等衰老现象，这种患者也短命，但比霍金森—吉福特综合征患者的寿命要长；唐氏（Down）综合征是初生儿最常见的先天畸形，病人一般缺乏肌张力，神经系统早老特别显著，学习能力低下，尸检可在脑皮层看到老人斑，一般早死，90%的病例是由21号染色体为三体所致。

---

① 参见童坦君等主编：《医学老年学：衰老与长寿》，23页，北京，人民卫生出版社，1995。

三、衰老的标志

按传统习惯，一个人从出生后按日历计算其年龄，称之为日历年龄（chronological age）。通常按日历年龄的大小来衡量一个人是处于儿童期、青少年期、中年期或老年期，在日常社会生活中诸如入学、参军、婚姻、离退休等活动也都依照日历年龄立法办事。但实际上人的个体差异很大，如果仅用日历年龄作为衰老的标志，那很可能是不准确的，因为我们不难发现一个60岁的人可以像40岁的人那么充满活力老而不衰，而一个40岁的人却可能像70岁人那样暮气沉沉，力不从心，未老先衰，所以，学者们又提出了生理年龄（physiological age）这个概念。生理年龄是指一定时期的生理发展水平所达到的年龄。从理论上讲，生理年龄比日历年龄更能反映出一个人的健康状况（或衰老程度）。确定一个人的生理年龄也相当困难。如果一种衰老变化借助定量方法可以准确测定其变化程度随着年龄增长而有规律地递增，而且在同一物种（或人类）同龄多数个体都有同样的表现程度，这个变化就有可能被选为该物种衰老的一个生物学标志。换句话说，衰老的生物学标志就是在衰老过程中某种群内一定日历年龄的个体普遍表现出的与年龄相关的形态、生理、生化等方面的特征，亦即该年龄所特有的衰老变化。衰老的生物学标志不但对衰老进程、衰老机制的研究有重大的理论意义，而且能客观地衡量某个人的衰老程度，这对正确地制定老年人离退休劳动政策有重要的现实意义。另外，它也是比较各种抗衰老措施的有效性和筛选抗衰老药物的依据。到目前为止，学者们还没有确切地建立起衰老的一系列生物学标志。能否建立最理想的生物学标志，归根结底有赖于通过对衰老机理的基础研究，真正了解衰老的原因和机理。

第二节　衰老的理论和假说

随着科学水平的提高和高新技术的不断进步，人们对衰老变化的认识正在发展和深入。许多学者从人体整体水平、组织与器官水平、细胞水平和分子水平研究衰老的变化与机理。20世纪40年代以后，已进入从生理、生化及形态诸方面系统地研究衰老的时期。关于衰老的学说已有300多种，但到目前为止还没有哪一种能单独阐明衰老的机理。衰老是个十分复杂的过程，可能是多种因素引起的，因此学说的多样性是正常的。另外，还由于各家所采用的实验材料、方法和手段很不相同，得出的结论也就很难统一。其中有不少学说还缺少实验根据或仅仅只是假设和猜想。但已提出的这些学说都从不同的角度和深度反映了衰老这一复杂现象的某一侧面或层次，一些现代的衰老学说也只是在更深的层次上反映了衰老的部分真理。所有这些衰老学说总的来讲可以归纳为两大类：遗传程序说和随机性损伤说。

一、遗传程序说

遗传程序说认为衰老主要决定于机体的遗传特性，人与生物体的出生、生长发育、成熟、衰老和死亡都是按照预先已经安排好了的遗传程序展开的结果。换言之，机体即使在没有外界因素（如天灾人祸、感染、疾病等）干扰的情况下，由于机体细胞内遗传程序的内在变化，最终也必然衰老和死亡。

1. 衰老基因假说

这种假说认为衰老是既定的遗传程序以时间为函数展开到最后的必然结果。衰老与死亡亦可能是遗传计划中早已规定好的最后程序。这种假说设想身体内的每一细胞都带有一份“自我摧毁”计划，在性成熟后的一定时期内就主动地实行自我摧毁。有人推测，DNA链上含有衰老基因或死亡基因，有些研究者已在多个物种的DNA中找到了与衰老有关的基因，但对有关衰老基因产物的功能还很少有了解。

2. 修饰基因假说

梅达沃在1952年提出了修饰基因（modified genes）假说，认为动物在未达到成熟以前，修饰基因可以抑制对染色体的任何有害作用。以后随着年龄的增长，修饰基因的这种抑制作用逐渐丧失，因而机体也就日渐衰老。1969年古特瑞（Guthrie）补充了这种修饰基因理论，认为不同年龄的动物对生殖所需要的能量不一样，机体越老需要的能量越大。因而到了一定年龄，能量不足的矛盾就出现了，机体从此失去了生殖能力，逐渐衰老。

3. 密码限制学说

这是斯特雷勒等在1971年提出来的，该学说认为机体在发育的不同阶段，调控蛋白质合成的一个重要途径是各种基因编码同样的氨基酸所用的密码不同。如果在早期发育的不同阶段，密码的使用发生了改变或其数目有限，那么某些必需基因产物的减少会导致衰老的发生。

4. 重复基因利用枯竭假说

该假说认为在各种体细胞中，DNA分子中所含的遗传信息在一生中大约只有4%在发挥作用，另外大部分基因则处于关闭状态。在DNA中有些基因需要反复多次起作用，如果某个基因受到损害，不能发挥作用，就由重复的基因来执行任务，等到重复基因也由于受损而不能发挥作用时，人体就会衰老。

5. DNA分子修复能力下降说

DNA分子的修复能力可以防止基因组受到偶然损伤并使基因组保持准确的信息作用。有人认为DNA分子修复能力下降，致使损伤的DNA积累，进而引起基因及其表达异常，最终导致衰老。

6. 端粒缩短说

真核生物染色体的DNA为线性结构，每条染色体的两个末端称为端粒。端粒由一段特定的六核苷酸重复序列与丰富的蛋白质构成。人类染色体的六核苷酸序列为TTAGGG，其重复拷贝的长度可达 4 000 个碱基对，端粒 DNA 序列并不具备编码蛋白质的功能。端粒的存在能使染色体或 DNA 分子在没有丢失必需基因的前提下复制，同时还使染色体保持稳定，防止它们相互融合。1990 年，哈利(Harley)等人从不同年龄组（20～79 岁）的 47 人抽取血样，对端粒序列长度进行比较分析发现，青年组端粒序列长度比老年组长，表明端粒序列有随年龄增加而逐渐变短的趋势。他们认为端粒序列的这种不断丢失可能是导致衰老的一种内在机制。有人推测端粒作为细胞分裂的分子计量器，以某种方式调节着细胞的寿命。

随着科学技术的进步及分子生物学高新技术的快速发展，科学家们得到愈来愈多的证据表明衰老与遗传程序是密切相关的，因此，遗传控制衰老的分子机理是当前衰老研究的热门课题。

二、随机性损伤说

随机性损伤说更强调环境因素的影响，认为衰老是由机体外部和内部各种不利的环境因素引起细胞、组织和器官的随机性损伤，或生物大分子信息误差的积累所致。这些损伤或误差的进行性和累积性毁坏的结果使细胞和器官的正常功能不能发挥、机体本身的修复机制失灵，导致机体的生理功能下降、激素水平变化、免疫系统功能减弱，因而逐渐衰老、病痛和死亡。属于这类范畴的学说很多，下面列举几例。

1. 消耗学说

这种学说认为人体和机器类似，超出规定使用的时间，零件就会损耗殆尽。人体在长期生活过程中身心两方面也会发生消耗。生物体内虽然有自然修复、再生和各种新陈代谢活动，但随着时间的进展，消耗的比例越来越大，最后终将会出现衰老与死亡。

2. 生活速度学说

许多学者在多种哺乳动物的代谢率与寿命关系的研究结果基础上提出了生活速度学说。他们认为生活速度亦可看成代谢速度，代谢速度快的生物寿命短，代谢速度慢的生物寿命长。

3. 内分泌学说

内分泌系统所分泌的激素与人体的生长、发育和生理功能有着密切关系，人体许多功能是由激素通过细胞内部和外部的蛋白质受体将信息传送到靶细胞而发挥作用。所以，激素在内环境稳定中具有重要作用。各种内分泌腺体随年龄增加而发生退化性改变，激素受体的数量也随年龄增长而减少。内分泌功能减退对机体的各种物质代谢转化，对人体的结构与功能的变化以及对某些疾病的发生都有一定的影响，机体内分泌功能失调的结果是使机体内环境混乱，最终导致生物体的衰老和死亡。

4. 大脑衰退学说

该研究表明，随着年龄的增长，人类大脑的容积和质量也渐趋减少，脑神经细胞也逐渐减少，从而使剩余的脑神经细胞的负担渐渐加重，终至功能衰退、机体衰老。有不少学者研究指出，大脑不仅是整个机体的调节中枢，而且很可能还是控制衰老过程的调节中枢。20世纪70年代芬奇（Finch）提出神经系统和内分泌系统是衰老的“调速器”，他认为大脑是衰老变化的控制中心。他的研究表明，下丘脑与脑垂体对衰老的控制起着重要的作用，一旦下丘脑对脑垂体失去控制，而脑垂体对内分泌腺失去控制，其后果是使机体控制和维持内环境平衡的功能减弱，从而导致衰老。

5. 体细胞突变学说

该学说认为内、外因素会引起体细胞的染色体畸变和基因突变，受损的DNA如果得不到及时、正确的修复，那么这些基因的产物——蛋白质也将发生改变，从而引起细胞形态变化和功能失调，导致细胞老化或死亡。这类突变积累到一定程度将使机体的各种功能减退而引起机体的衰老。

6. 细胞代谢失调学说

该理论是我国著名生物化学家郑集在1983年提出的。他认为，生物衰老是由遗传所安排，而衰老机制则由代谢来表达。衰老始于细胞，细胞在内在和外在不良因素的影响下结构发生改变，导致细胞代谢失调而衰老。当机体的关键性细胞的代谢机能尚未受到不良因素影响而运转正常时，机体或细胞的衰老过程即按遗传安排的速度缓慢进行，达到应有的自然寿限而死亡，如果在有害因素的影响下妨碍了细胞的代谢机能，则细胞代谢功能会异常而加速衰老的进程，导致早衰夭亡。即使不受明显的有害因素影响的生理性衰老，其细胞代谢功能也仍然是在按照遗传安排的程序逐渐失调。因此他认为，细胞代谢机能失调是在遗传安排基础上生物机体产生衰老的机制。

7. 自由基学说

这是英国学者哈曼（Harman）提出的，他认为生物体随着增龄而发生的退行性变化是由于自由基可以直接或间接地发挥强氧化剂的作用，从而损伤生物体的大分子和多种细胞成分，细胞成分的积累性损伤到一定程度会引起机体的衰老与死亡。自由基在细胞的正常代谢过程中不断产生，并参与体内各种有益的作用（如防卫作用、某些生理活性物质的合成等），即使某种自由基产生过多，也会被体内各种自由基清除剂清除，即在正常情况下，生物体内自由基的产生与清除处于动态平衡。随着年龄的增加，或是机体内外环境发生变化而产生了过多的自由基，或是机体清除自由基能力减弱，导致自由基的产生与清除失去平衡，过剩的自由基就可能对构成细胞的生物大分子的化学结构发生破坏性效应，破坏层次的不断扩展会损伤组织形态和功能的完整性。当损伤程度超过修复程度，或丧失其代偿能力时，组织器官的机能就逐步发生紊乱，产生障碍，机体就逐渐表现出各种衰老特征。

8. 差错灾难学说

该学说认为，生物体的遗传信息传递要通过“转录”、“翻译”等复杂的生物化学过程，才能表现为生物机体的性状。如果在这些步骤中发生了差错，即信息的保真度下降，则将形成有错误的蛋白质。当这些错误产生的速率超过了机体的修复能力，就会导致错误在机体内大量积累而造成灾难性后果，最终引起细胞与机体的衰亡。

9. 交联学说

该学说认为，随着年龄增长，很多细胞内和细胞外的大分子物质会进行性地发生交联现象。生物体内发生的交联反应主要有DNA双链间的交联、蛋白质分子的交联及胶原纤维的交联三种类型。DNA双链间交联妨碍了它们的正常分离与复制，不能完成细胞分裂过程，从而导致细胞的衰老与死亡；蛋白质分子交联可形成巨大的分子聚集物，这种聚集物在细胞内外越聚越多，妨碍了机体正常功能，导致机体衰老与死亡；细胞外胶原纤维的交联往往与老人结缔组织硬化性改变有关，表现为老年人皮肤皱缩、关节变形、僵硬、驼背、弯腰等外形变化。总之，生物体内大分子中发生异常的、过多的交联反应是促使衰老的重要因素。

10. 生物膜损伤学说

衰老机制的生物膜损伤学说已日益引人注目。生物膜就是构成细胞外表的细胞膜以及构成细胞内许多细胞器的膜结构的总称。有些学者认为细胞与遗传物质的受损并不是衰老的主要原因，衰老主要是由于细胞膜的异常改变而引起的。生物膜的损伤可以引起许多细胞器的崩溃，可直接引起细胞死亡，影响细胞群体，使细胞功能失调。由此可见，生物膜损伤是导致机体衰老与死亡的一个重要原因。

人类的生命活动是一个极为复杂的过程，遗传因素、环境因素和行为生活方式都与人体衰老过程密切相关，因此，不可能用一种单一的学说来解释复杂的衰老机理。现在，科学家们正在积极寻找衰老的遗传学、生物化学及生理学的交叉点，从各个方面来揭示衰老的秘密；科学家们也正在着重研究各种衰老机理学说的联系，促进统一的、综合性的衰老学说的形成。

三、细胞与分子水平的衰老

人体在遗传因素、生物因素、心理因素及社会因素的相互作用下，在成熟期以后逐渐出现退行性变化，各种系统、组织器官的生理功能、代谢及形态结构逐步出现生物学效应降低的现象。开始时老化的速度较慢，老年期逐渐加快。不同个体老化速度差异较大，即使在同一个体中不同系统与器官之间老化速度也不相同。这些差异与遗传、环境及生活方式等因素密切相关。

人体的衰老变化可以在不同的层次上表现出来：整体水平、组织器官水平和细胞与分子水平的衰老。这些不同水平的衰老可以从人体的微观与整体结构及生理功能上反映出来，进而从机体的行为和心理反应上表现出来。

众所周知，细胞是组成人体的基本结构单位和生命活动的基本功能单位。由形态和功能相似的细胞集合的细胞群和细胞间质共同组成一个细胞集体，即称为组织。人体有四种组织：上皮组织、结缔组织、肌肉组织和神经组织。由各种不同组织结合成一定形态结构以完成某一种特定的生理功能的结构单位称为器官，如心、肺、胃、肝等。不同器官密切协同以完成某一功能即称为系统，如呼吸系统、消化系统、循环系统等。组成人体的这些细胞中某些细胞能继续增殖，它们将不断地进行新陈代谢，死亡的细胞被新生细胞迅速代替。但在人体衰老过程中，这些细胞的增殖周期延长，老年个体的细胞增殖率下降，衰老个体的细胞更换时间延长，老年人比年轻人增殖的细胞群体具有更大异质性。细胞增殖周期延长和增殖率下降，就意味着新生细胞的数量不足以及时更换已衰老的细胞，这会造成该器官的重量和机能下降，同时也加重了其余细胞的负担，从而加速了细胞功能耗竭，这必将导致器官功能的减退及紊乱。另外，由于老年人的新生细胞群体具有更大的异质性，这就使老年人器官功能的退行性变化和癌变的可能性比年轻人大，这也是衰老过程往往与疾病交织在一起的原因。

组成人体的另一些细胞，在任何情况下都不再增殖，如脑细胞、心肌细胞、骨骼肌细胞和肾脏的细胞，它们在人体发育的早期就丧失了分裂能力，在完成生长期后就开始有细胞死亡而不能被更替。随着年龄增长，这些细胞的衰老（细胞内各种细胞器、核内染色体、核膜与质膜等结构的变化使细胞功能衰退）和死亡必然会损害器官的功能，这很可能是老年人感到许多身体衰老变化的原因。

细胞水平上的衰老变化都离不开原生质成分及其生物化学反应的改变，特别是原发性的衰老变化同蛋白质、核酸等生物大分子在衰老中的各种变化分不开。在衰老过程中，蛋白质的合成各步都有变化，包括蛋白质的修饰、信使核糖核酸（mRNA）水平的改变、脱氧核糖核酸（DNA）的结构与功能的变化、DNA在损伤时的修复能力随年龄增长而可能下降，等等。目前，分子水平上的衰老研究正在不断扩展，步步深入。这是探索衰老机理的关键所在。

四、组织器官与整体水平的衰老

随着年龄的增长，人体内各器官及组织细胞的结构与功能出现退行性变化，这必然导致整体水平构成成分的衰老变化和生理功能的下降，结果使老年人出现如下机能变化特征。

第一，储备能力下降。正常情况下人体各器官均有一定的机能储备以应付各种紧急情况，老年人的肌肉、心、肺等储备能力较年轻人低，故快步行走或活动量较大时会出现气短、心悸等不适感。老年人的心血流出量减少，直接影响到冠状动脉的流量。据估测，60岁老年人通过各冠状动脉分支的最大血流量较年轻人低35%，因此，当老年人遇到一些额外负荷时（如寒冷、发热、疲劳、感染等），常可发生心绞痛、心肌梗死、心力衰竭等严重后果；而在同样负荷下，年轻人则完全可以承受。所以，老年人的机能储备减少是机体疾病易感性增高的原因之一。

第二，适应力降低。老年人对内外环境的适应能力大大降低。在正常情况下，机体在神经—体液调节下维持正常生命过程必不可少的内环境稳定，如体温、血压、血糖、血脂、体液pH、离子浓度等常能保持比较恒定的水平。然而随着年龄增加，老年人体内各器官系统，特别是神经内分泌系统机能衰退而导致稳定内环境的能力下降，不能有效地调整各种“不稳定因素”，往往由此而成为许多老年期疾病的诱因或原因，如老年高血压、糖尿病等，实质上是机体内环境稳定性下降的表现之一。

人体对外环境的抵抗能力包括免疫防御、自稳、监视等免疫机能和对高温、寒冷、创伤、射线、疲劳等非特异性伤害性刺激的承受力。老年人的这种抵抗力大大减弱，适应环境的能力降低，使老年人疾病的易感性增加，这是老年期感染性疾病、肿瘤等常见病的发病基础。

第三，反应迟钝，活动能力下降。老年人的各种感觉器官的结构与功能都有不同程度的衰退，记忆力下降，体力减弱，运动的灵敏性、准确性降低，从而使老年人反应迟钝、活动能力减弱，稍有不慎，跌倒、骨折、外伤等意外事故常会发生并产生严重后果。

第三节 人体各个系统的衰老与常见病

一、皮肤及其附属物

皮肤是人体中面积最大的器官，它由表皮、真皮和皮下组织构成，皮肤上还有毛发、指（趾）甲、皮肤腺体（皮脂腺、汗腺、乳腺、臭腺）等附属物。皮肤有机械屏障、保护、调节体温、分泌或排泄、感觉等功能。

1. 衰老变化

随着年龄的增长，老年人外表看起来最显著的变化是由于皮下脂肪萎缩、弹性组织减少和接近皮肤表面毛细血管停止发挥作用，皮肤开始松垂及出现皱纹，皮肤的红润丧失而变苍白，皮脂腺萎缩而使皮肤和毛发失去光泽、易裂，细胞和汗腺数目的减少致使皮肤干燥易痒，排汗能力不能自如而易于中暑或热衰竭。老年人皮肤毛细血管减少和变性，供血减少，血管脆性增加而易出血（老年性紫癜），易生褥疮，同时老年人由于动脉硬化、血管壁增厚、管腔变窄、外周血循环受阻、皮肤血管对冷热反应迟钝，因而皮肤的体温调节功能下降，使老年人容易患感冒或者中暑。

由于皮肤萎缩变薄，真皮内纤维结缔组织变性，对皮肤内血管的支持力量减弱，导致老年人皮肤毛细血管扩张及小静脉曲张，如四肢常见静脉曲张，躯干出现老年性血管瘤。随着年龄增长，皮肤神经末梢的密度显著减少，皮肤中触觉小体和压觉小体等明显减少，故老年人皮肤出现感觉迟钝的情况。老年人皮肤还会出现一种明显的老化标志，即出现在颜面、手背等处的老年斑（寿斑），这是皮肤黑色素细胞的产物，同皮肤色素代偿性增生和紫外线照射有关系，老年斑出现率及其数量与年龄成正相关，而与性别无关。

随着年龄增长，头发得不到足够营养，发根毛囊组织萎缩而出现脱发，毛发因失掉色素细胞而逐渐变白。腋毛、阴毛、眉毛、鼻毛、嗅毛、味毛、纤毛、绒毛等也随之减少或萎缩退化。指（趾）甲变脆，变薄，失去光泽，生长慢，有纵嵴等衰老变化。

皮肤及其附属物随年龄变化是老化的突出表现，但个体差异很大，也难以量化，不过皮肤的这些变化仍是判断衰老程度的直观参考指标。

2. 由衰老变化引起的常见病

老年人特有的皮肤病有老年性色素斑、老年性白斑、老年性脱发、老年疣和老年性血管瘤等。这类皮肤病随年龄增长发病率增高，在其他年龄组一般见不到，病情一般呈良性，对健康没有多少影响。据调查，60 岁以上老年人此类病的发病率为 70%～100%。除了上述老年人特有的皮肤病外，我国最常见的老年皮肤病有老年性皮肤瘙痒、湿疹、神经性皮炎、癣病等。

（1）老年性皮肤瘙痒。老年人皮肤萎缩退化，皮脂腺、汗腺分泌减少、角质层含水量减少，因此皮肤干燥而引起瘙痒。冬季气候干燥、室内温度过高，皮肤水分会失去更多，皮肤进一步干燥，所以，冬季更容易发生瘙痒。瘙痒常为阵发性，情绪变化、温度变化都可促进瘙痒发作，常以夜间为重。

（2）湿疹。该病病因尚不清楚，是与变态反应有密切关系的极为常见的皮肤病。遗传因素和内外环境因素（各种理化刺激、生活环境变化、气候条件影响、神经精神因素、体内病灶感染等）的作用也是发病的重要因素。随着年龄增长，老年人往往急性湿疹减少，慢性湿疹增多。特别是在某些特定部位，如双小腿伸侧、会阴、肛周部的湿疹较为常见，病情比较顽固，常经久不愈。主要特征为剧烈瘙痒、多形性皮损，有渗出倾向，反复发作，病程时间长。

二、肌肉与骨骼系统

人体有 206 块骨头，分为中轴骨和附肢骨两大部分。人体的肌肉有骨骼肌、平滑肌和心肌三种。骨骼和骨骼肌以及各种关节、关节间缓冲组织、弹性成分、韧带等共同构成了人体运动的结构基础。

1. 衰老变化

随着年龄增长，肌细胞水分逐渐减少，肌纤维的弹性、兴奋性和传导性减弱，肌肉收缩的持续时间、幅度和频率都减低，反映出全身活力降低。肌细胞逐渐丧失，肌腱韧带萎缩且僵硬，肌肉逐渐变得松弛无力。

据测量，35～45 岁的人骨开始损耗，且与年龄呈线性关系，老年人单位体积内骨质量减少，骨质密度降低，即发生骨质疏松，导致脆性增加，在普通应力下也可能发生骨折且骨折后不易恢复。女性在更年期以后因雌激素水平降低，骨钙的重吸收速度比同龄男性快，因而老年女性骨质疏松症和骨软化症发病率较男性高，骨折率也高于男性。

组成关节的各种结构随增龄也出现各种变化，以软骨的改变最为明显。软骨的硬度、脆性和不透明度增加，关节软骨面不光滑，容易发生钙化和骨质增生，导致老年人的颈椎、腰椎和四肢骨关节发生骨质增生性炎症。脊柱中的脊椎骨和椎间盘软骨在大小和强度上都有所减少，以致萎陷，老年人身高也随之变矮。关节囊的纤维结缔组织增生，韧带退行性变，使关节活动受到限制。关节液的润滑作用也减少，引起关节干涸。随着年龄的增大，牙齿的疾病也增多，甚至脱落。

2. 由衰老变化引起的常见病

(1) 骨质疏松症。原发性骨质疏松症为老年人的常见病，尤其在绝经后的女性中更为常见。常见的临床症状为腰酸背痛、驼背、身高缩短、易骨折。骨质疏松本身虽无明显痛苦，但由此引起的骨折及其并发症往往给老年人带来很大的危害，成为老年人发病、死亡及支付巨额医疗费用的主要原因之一。

对老年性骨质疏松症的预防应从人体的生长期就开始，因为正常的生长发育、良好的营养状况和有规律的体育锻炼等可以获得较高的骨量积累，这样可减少或避免因老年性骨丢失而发生非创伤性骨折的危险。老年人饮食外补充钙摄入量被视为一种预防和治疗骨丢失的方法。雌激素对预防绝经后女性的骨丢失有效果。骨质疏松的防治已成为世界性的医学热点问题。

(2) 老年性骨折。由于老年人普遍存在不同程度的骨质疏松、骨量减少、骨组织中有机成分的比例下降，这使骨的脆性增加，因此，在遭受不大的外力作用时也会造成骨折。老年人常见的几种骨折是：股骨颈骨折、粗隆间骨折、伸直型桡骨下端骨折。所以，老年人除了采取措施防止骨质疏松外，家庭与社会也要加强对老年人的照顾，公共设施、道路、住房结构等都应考虑到老年人的方便与安全，尽量减少不必要的意外事故。

(3) 颈椎病与腰椎病。颈椎位于胸椎和头颅之间，容易发生磨损而加速其退行性变化。随着年龄增长，逐渐形成椎间隙狭窄，椎体上下缘骨刺形成，椎体终极软骨下骨质硬化，钩椎关节部骨刺形成，椎管矢状径狭窄，颈椎生理曲度改变，前后纵韧带及项韧带骨化。颈椎病又可分为四种类型：其一，神经根型颈椎病是由于椎孔部有突出物（骨刺）压迫颈神经根所致，是各类颈椎病中最常见的。多见于 40 岁以上人群，约占颈椎病的 50%～60%。其二，脊髓型颈椎病是颈椎退变因素压迫脊髓的结果，约占颈椎病的 10%。其三，交感型颈椎病是颈椎间盘退行性变化后发生一系列的病理性变化刺激到颈交感神经所致，可引起交感神经功能紊乱，多为主观症状，常被误认为神经官能症。其四，椎动脉型颈椎病，颈椎不稳，钩椎关节增生的骨刺突向外前方时，能使椎动脉壁的交感神经末梢受刺激而引起椎动脉的痉挛，可导致椎动脉血流减少，引起大脑基底动脉的供血不足。

腰椎病是由于腰间盘退行性变化而引起腰椎一系列的病理生理变化所致，是 50 岁左右中老年人的多发病，也是老年人腰腿痛最常见的原因之一。

(4) 骨关节病。本病又称骨关节炎或退行性变关节炎，是由于关节退变、关节软骨破坏所致的慢性关节炎。具体有两种：一是髋关节的骨关节痛。随着年龄增长，关节软骨结构成分的退行性变化影响了软骨的质量，使软骨机械性能受到损害导致关节病的发生。髋关节持重面所受的力约为体重的 3 倍，长期的创伤，如老运动员、长期体力劳动者及肥胖的人等容易患此病。二是膝骨关节病，即老年性膝关节增生性关节炎，是老年人的常见病，50 岁以上肥胖型女性尤为多见。

总之，肌肉和骨骼的增龄性变化不但使人体外形有较大改变（体重减轻、身高变矮等），而且使机体活动能力下降，再加上由衰老引起的各种病理变化，严重影响了老年人劳动能力乃至日常生活。这不但使老年人自己因生活质量下降而痛苦，而且也给配偶、子女等家人带来苦恼和负担。

三、心血管系统

心脏和血管一起形成一个封闭的管道系统。心脏是一个肌性泵，通过一套精密的循环系统使循环血液带着人体所需的氧气和营养物质送到全身各细胞组织，同时运走机体的代谢产物，使机体内环境保持相对稳定，维持生命的正常功能。

1. 衰老变化

随着年龄增长，心脏会产生错综复杂的相关性变化，如心肌肥厚（主要是左心室肥厚）、结缔组织增生、类脂质沉着。心肌中特殊兴奋传导系统会发生改变（主要是窦房结起搏数目减少），所以，老年人产生病态窦房综合征的机会增多。随着增龄，心室内传导系统与心脏、纤维支架间发生纤维或钙化退行性变化，可导致心脏传导阻滞。

心肌纤维随增龄逐渐发生脂褐质沉积，使心脏呈棕色萎缩，直接影响心脏的功能。随着年龄增长，心肌收缩率减弱，心输出量和射血分数降低，使老年人心脏负荷增加，储备能力和适应能力下降，因此老年人易发生心力衰竭。

老年人的血管普遍地出现不同程度硬化，弹性减弱，管腔变窄，血管内膜增厚、不平滑或有粥样斑块产生。这些变化导致血流阻力增加、血压上升以及某些组织器官的血流量减少，甚至由于血管腔过于狭窄或血栓形成而使血流中断，导致相关部分组织细胞坏死，以致造成致命的威胁。

2. 由衰老变化引起的常见病

（1）心律失常和传导阻滞。随着年龄增长，窦房结功能及其传导组织的改变扰乱了心脏正常生理的兴奋性、节律性、收缩性和传导性，因此出现心律失常和传导阻滞。

（2）老年性高血压病。老年性高血压可分为舒张期高血压及收缩期高血压两类。根据世界卫生组织规定，60岁以上的人，收缩压大于21.3kpa（160mmHg）、舒张压大于12.6kpa（95mmHg）者，即为老年人高血压病。据国内调查统计，在65岁以上老年人群中，高血压患病率为49%～57%，80岁以上为65.6%。而且老年性高血压患者发生心、脑血管合并症的危险性很大。

（3）冠心病。冠状动脉粥样硬化，是指冠状动脉退行性和增生性的病变，引起动脉壁层增厚变硬，失去弹性而管腔缩小。胆固醇、胆固醇酯、甘油三酯等脂质在动脉内膜沉积和结缔组织增生等形成黄白色的粥样斑块，使动脉弹性减弱，脆性增加，血管腔逐渐变窄，甚至闭塞。因此冠心病是冠状动脉粥样硬化导致的心肌缺血与缺氧的心脏病。

（4）脑血管病。脑血管意外（脑出血、脑血栓、脑栓塞）是老年人的常见病、多发病。急性脑血管病的基础主要是高脂血症、高血压病、脑动脉硬化及脑血管畸形等。其诱因大多是情绪波动、过度紧张与疲劳、寒冷刺激、停服与漏服降压药等。

心脑血管疾病是老年人健康的大敌，以发病急、死亡率和致残率高为特点。不少高级领导人及著名的专家学者常因此类疾病而死亡，也有不少知识分子因心脑血管病而英年早逝。这会对本单位、本部门的事业，甚至整个国家的经济和社会发展造成不可弥补的损失。有些患者经过救治，虽然保住了生命，但常留有偏瘫、失语等后遗症，甚至成为植物人，不但丧失劳动能力，本人十分痛苦，而且生活不能自理，给家庭和社会增加负担，引起许多社会问题。因此，积极而有效地防治心脑血管疾病是我们迫切需要解决的问题。

四、消化系统

消化系统包括消化道（口腔、食管、胃、小肠、大肠）和消化腺（唾液腺、胃腺、肠腺、胰腺和肝脏等）。摄取的食物经各种消化腺分泌的消化液逐渐消化分解为可吸收的小分子物质，然后在消化道中被吸收，不能吸收的食物残渣由肛门排出。

1. 衰老变化

随着年龄增长，口腔内牙齿渐渐脱落，残留的牙齿、牙釉质磨损，颜色发黄无光泽，牙龈逐渐萎缩，牙根显露等，这些衰老变化使老年人咀嚼困难，妨碍食物的消化吸收。

消化道黏膜和各种消化腺随年龄增加有不同程度的萎缩，例如，胃黏膜萎缩，胃液分泌减少，肝细胞减少，肝脏各种功能下降，胆囊、胰腺等功能降低，使消化能力大大减弱，所以老年人容易消化不良。小肠黏膜萎缩减少了小肠吸收面积，导致老年人吸收障碍而营养不良。食管和胃肠道平滑肌的运动能力降低，食物通过速度减慢，胃排空时间延长，直肠肌、提肛肌萎缩，收缩力降低，常会导致排便困难及便秘，高龄老人由于肛门外括约肌松弛而往往出现大便失禁。

2. 由衰老变化引起的常见病

（1）反流性食管炎。由于老年人食管下括约肌的生理性退行性变化，防止胃食管反流的生理屏障作用减弱，使胃液反流进入食管，对食管下段的黏膜造成损害。

（2）慢性胃炎。慢性胃炎的发病机理仍不清楚，据临床统计，年龄越大，胃炎发病率越高，特别是萎缩性胃炎所占比例逐渐增高。

（3）消化性溃疡。老年人胃酸分泌多偏低，容易发生溃疡病，其原因可能有：老年人常患有胃黏膜萎缩及萎缩性胃炎；胃蠕动较慢，食物郁积，使胃泌素释放增多，间接使胃酸分泌增多；老年人易有动脉硬化，胃黏膜供血不足，黏膜抗溃疡病能力下降；肺功能低下，产生低氧血症，导致继发性胃酸增高或间接使胃黏膜屏障功能低下。

（4）便秘。便秘虽然不是一种独特的疾病，但却是老年人最常见的肠道症状。老年人会产生胃肠道运动能力降低等衰老变化，再加上老年体弱或久病卧床、多坐少动等特点，就更易导致便秘。

为了防治和减少老年人消化系统疾病，除了老年人自己注意科学的生活方式、合理的营养外，家庭和社会各有关部门（如养老院、老年社区服务中心、街道服务站、食品供应站等）都要根据老年人消化道的特点，做好饮食卫生等服务工作，使老年人能少吃多餐，多吃营养丰富而易消化吸收的食物，严格把住食品卫生关。

五、呼吸系统

人体中专门行使与外环境之间交换气体功能的系统，被称为呼吸系统，包括上呼吸道、下呼吸道、肺脏、胸廓和呼吸肌。

1. 衰老变化

呼吸系统是人体功能衰退出现得最早的系统。随着年龄增长，呼吸系统各组成部分的衰老变化比较明显，例如鼻咽部的气流线向上凸起，使气流通过的阻力增加，鼻咽部黏膜退行性萎缩。喉软骨气管环状软骨钙化，气管及各级支气管的黏膜、管壁都有不同程度的退行性变化，纤毛运动度降低，排除异物和痰的能力下降，巨噬细胞吞噬能力下降，因此老年人上呼吸道防御功能降低，易于感染和患老年性支气管炎。

肺脏中肺泡所占比例随年龄增加而减少，肺泡壁弹性纤维变性，生理无效腔气体容量增加，肺泡内气体潴留量增多，促进老年性肺气肿发生。尘埃、烟雾等的长期吸入会导致肺纤维化和支气管炎发生。肺动脉壁的粥样硬化普遍发生，胸廓随呼吸运动的可变度明显缩小，呼吸肌活动能力显著下降，导致呼吸运动明显减弱。

总之，老年人的肺生理功能如肺容量、通气功能、换气功能及免疫功能均逐渐减低，使肺部及呼吸道极易受外界因素刺激而受损，或发生感染性疾病。

2. 由衰老变化引起的常见病

（1）慢性支气管炎和肺气肿。感染、空气污染、吸烟、流感、过敏、植物神经功能紊乱、气象因素等是我国慢性支气管炎和肺气肿发病的主要因素。

（2）慢性肺源性心脏病。因呼吸系统结构和功能上的慢性病变引起肺循环阻力增加，并使右心室扩大、右心室肥大，最终发生心力衰竭的心脏病为慢性肺源性心脏病。我国慢性肺心病最常见的原因是慢性支气管炎与肺气肿，患者年龄都较高，是一种老年性疾病。

（3）肺炎。肺炎在老年人中发生率较高，主要是由于某些因素长期作用的综合结果，如长时期的吸烟或吸入空气污染物会减弱呼吸道内纤毛清除异物的能力，降低肺泡吞噬细胞的吞噬、灭菌功能，使老年人呼吸道净化作用减弱；肺泡弹性随年龄增加而降低、黏液分泌过多使呼吸道不够通畅；咳嗽反射与肌肉收缩力减弱使咳嗽无力等，这些情况都有利于细菌生长、繁殖，从而致病。

对老年人呼吸系统疾病的防治，除了加强自我保健措施，延缓衰老、增强自身的抵抗力外，还要积极治理社会环境和自然环境。

六、泌尿系统

泌尿系统由肾脏、输尿管、膀胱、尿道构成，它是排出代谢的最终废物和机体多余物质的主要器官，泌尿系统代谢功能正常是维持机体内环境稳定的基本保证。

1. 衰老变化

多数学者认为肾脏重量和肾小球数量随增龄而减少，人到 70 岁时，肾小球数目只有年轻时的二分之一，且因玻璃样变性而退化，肾小球和肾小管基底膜增厚，肾重量和体积减小，肾小管细胞出现脂肪变性，肾小动脉硬化，肾血流量随增龄而明显递减。肾清除率降低，肾小管重吸收功能下降，膀胱的充盈扩张能力和排空能力也随增龄而下降，膀胱容量变小，容易发生尿频及膀胱炎。

总之，肾脏的结构和功能随着增龄发生了不同程度的退行性变化，导致肾脏功能明显衰退。但因肾脏的代偿功能和储备能力都很强，因此在一般情况下仍能维持正常生理活动，不会引起明显病状，如果伴有其他改变，如肾脏缺血或并发其他疾病等导致肾脏负荷加重，肾功能就会出现异常。

2. 由于衰老变化引起的常见病

（1）老年人水和电解质紊乱，如脱水、低钠血症、高钠血症。

（2）老年人原发性肾小球疾病，如急性肾小球肾炎、急进性肾小球肾炎、老年人肾病综合征。

（3）泌尿系统感染。

（4）急性肾衰竭。

（5）高血压肾脏病。

（6）老年人药物性肾损害。

七、内分泌系统及生殖系统

内分泌系统由分泌激素的内分泌腺体（松果体、脑垂体、甲状腺、甲状旁腺、胸腺、胰岛、肾上腺、睾丸、卵巢）和分散于全身各处的内分泌细胞（分泌多种神经肽的一些神经元、分泌心钠素的心房肌细胞、分泌胃肠道激素的胃肠道内分泌细胞、分泌肾素的球旁细胞）组成。机体的正常生长发育、生殖能力、全身的代谢和内环境稳定的控制都与内分泌系统密切相关。

1. 衰老变化

随着年龄增长，各种内分泌腺体的重量有不同程度的减轻，组织学方面有不同程度的退行性变化。例如，脑垂体体积略有减小，随着增龄，垂体纤维组织和铁沉积逐渐增多。嗜碱性和嗜酸性细胞均减少，而嫌色细胞相对增多；胸腺退化，甲状腺重量减小，滤泡缩小，滤泡间的结缔组织增生，出现纤维化或细胞浸润现象；随年龄增长肾上腺皮质和髓质细胞均减少，肾上腺重量逐渐减轻；胰腺中胰岛细胞减少，对葡萄糖刺激的应答能力降低；睾丸的曲细精管间质细胞减少，生精能力逐步下降；卵巢萎缩等。与此同时内分泌功能也有显著变化，不但激素水平普遍降低，而且某些靶组织对特异激素的应答能力也会下降。激素活力下降会导致代谢功能降低或引起代谢紊乱和多种代谢病。

2. 由于衰老变化而引起的常见病

（1）糖尿病。本病病因及发病机制尚未完全明确，是由多种环境因素与遗传因素联合作用引起的、以高血糖为主的一组内分泌代谢病，表现为多尿、多食、多饮、疲乏无力、体重减轻，属多基因遗传病。

（2）男性老年人性功能障碍。老年人性激素水平下降使性欲减退、性活动减少并且不能达到最佳状态。阴茎勃起功能障碍是唯一与年龄有关的性功能障碍，在50岁以后阳痿发病率明显增高，而且心理因素也起着重要作用。

（3）前列腺增生。前列腺是位于男性膀胱口周围，约胡桃大小的腺体，射精过程中的润滑液就是由它产生的。老年人由于性激素平衡失调，导致前列腺体和间质的细胞增多，即前列腺增生，这是老年人常见的疾病之一，80岁的男性80%存在前列腺增生病变。

（4）子宫颈癌。子宫颈癌是妇女中最常见的恶性肿瘤，发病高峰在60～69岁，是老年期妇女因恶性肿瘤而死亡的重要原因之一。子宫颈癌病因不明，流行病学调查表明它与早婚、多产、宫颈糜烂、宫颈裂伤、性生活紊乱等因素有关，此外还与病毒感染、社会经济状况和精神创伤有关。

（5）子宫内膜癌。这是绝经期后老年妇女最常见的恶性肿瘤，发病高峰在60岁左右，流行病学发现，肥胖、糖尿病、高血压为子宫内膜癌发病的高危因素。

（6）子宫脱垂。患者的子宫从正常位置沿阴道下降，严重者子宫完全脱出于阴道口外。分娩时产伤是本病的主要原因，卵巢功能减退、雌激素减少或缺乏也是绝经后子宫脱垂发生率上升的重要原因。

（7）卵巢肿瘤。这是妇科常见病，有良性及恶性两种，卵巢癌的发病率占女性生殖系统恶性肿瘤的第三位，但死亡率却占首位，对中老年妇女的健康和生命威胁极大。卵巢癌的病因不明，可能与内分泌有一定关系。

对于老年人的疾病，一定要对症下药、及时防治。对于社会心理因素导致的疾病，也要采取适当的社会措施，给予心理治疗。例如，由于老年人本身对老年期性行为的合理性认识不足而导致的性功能障碍，使老年人的生活质量降低，加速了衰老进程。有的老年人因性生活不和谐而导致夫妻不和以至离婚。年轻人由于不理解老年人的性生理和性心理，往往反对和阻止丧偶老人的再婚，把一些老“鸳鸯”活活拆散，使老年人得不到美满幸福的晚年，甚至为此而造成许多家庭纠纷，增加社会不安定因素。为此，要在社会上大力开展性科学教育，使人们既具有高尚的道德观，又有性科学知识。

八、免疫系统

免疫系统由免疫器官（骨髓、胸腺、淋巴结、脾、黏膜相关淋巴细胞组织）、免疫细胞（造血干细胞、淋巴细胞、单核巨噬细胞、粒细胞及肥大细胞）和免疫分子（胸腺激素和各类淋巴因子）组成。它是人体内一个复杂而重要的系统，在维持机体的统一、内环境稳定等方面起着重要作用。免疫系统不仅能增强人体的抵抗力，防御病原体入侵，还能识别体内突变细胞，起到免疫监护作用。

1. 衰老变化

随着年龄增加，免疫系统也趋于衰老。在免疫器官中，胸腺的衰老最为明显。胸腺在12岁以后逐渐萎缩，20岁时胸腺急剧减重，老年期胸腺显著萎缩，其重量仅为儿童的1/10，所以老年人血液中胸腺素浓度极度下降，使T细胞分化，成熟和功能表达均相应极度降低；受骨髓调控的B淋巴细胞功能及其分泌的免疫因子、各类免疫球蛋白分子数量也都下降。与此同时，衰老的免疫系统对自体成分的反应性却异常增高，这些衰老变化使老年人对外来抗原的免疫功能下降，对突变抗原监视功能减弱，而对自身抗原产生高反应性，这就导致老年人易患感染性传染病、肿瘤、自身免疫性疾病以及免疫缺损症等疾病。总之，衰老与免疫功能降低程度同时发生，死亡率与免疫功能呈负相关。

2. 由衰老变化引起的常见病

（1）感染性疾病。老年人细胞免疫功能低下，对外来抗原的应答反应降低，所以细菌、病毒等感染是老年人常见的疾病，例如肺炎、球菌性肺炎、流行性感冒、破伤风等是老年人的多发病，且死亡率高。

（2）肿瘤。老年人免疫系统退化，免疫机能减退，尤其是免疫监视机能减退，致使恶性肿瘤发生率增加。

（3）自身免疫性疾病。主要承担细胞免疫功能的T淋巴细胞是骨髓干细胞在胸腺微环境作用下分化成熟的淋巴细胞。由于老年人胸腺衰老退化，T细胞的数量和功能也随之发生变化，老年人T抑制细胞（Ts）减少，免疫稳定功能降低，易患自身免疫性疾病。例如，恶性贫血、良性单克隆丙种球蛋白病、淀粉样变性病等疾病发生率增加。

老年人除了全身免疫功能低下外，局部免疫（黏膜免疫）功能也降低，因此容易发生消化道、呼吸道感染。

人体的免疫功能状态与心理因素密切相关。医学研究表明，许多疾病的发生、发展与不良的情绪感情状态有关。心情长期压抑，充满心理矛盾、不安全感和不愉快情绪体验的人易患各种慢性病。这种人由于大脑长时间处于紧张状态而使中枢神经系统、内分泌系统混乱，使激素的分泌发生了变化，降低了人体的免疫功能而导致疾病。在治疗疾病方面，心理因素也很重要，对生活充满希望，对治愈疾病抱有坚定信心的人，能增强自身的抵抗力，在医药治疗的配合下，较易战胜疾病，恢复健康。但是目前我国还是一个文盲、科盲比例较大的国家，不少人由于文化水平及心理素质低下而致病，甚至致命。因此，必须尽快提高全民文化素质，同时要对全社会加强“健康科学”普及教育工作，使公众能理解科学，掌握这方面的科学知识，提高心理素质。对于老年人，我们不仅要做好物质赡养工作，也要做好“精神赡养”工作，让他们愉快、幸福地安度晚年。愉快幸福的金秋，更可能伴之以健康长寿。

九、神经系统

神经系统由中枢神经系统和周围神经系统构成。脑（大脑、小脑及脑干）和脊髓是神经系统的中枢部位，称为中枢神经系统。脑和脊髓所发出的神经是神经系统的周围部分，被称为周围神经系统。

1. 衰老变化

随着年龄增长，人的神经系统的结构与功能的变化是相当明显的，40岁以后脑细胞数量明显减少，每天大约要丧失数以千计的神经细胞，到80岁时，神经细胞数减少约25%。成人脑神经细胞不能再分裂增殖，丧失后得不到补充，致使脑体积缩小，重量减轻。神经细胞体及树突出现退行性变化，脂褐素沉积，细胞颗粒空泡变性，神经原纤维缠结，神经轴索斑（即老年斑）增多；树突分支减少、树突侧刺脱落消失，大大缩小功能性突触后膜的面积，树突的肿胀及断裂使处理信息的结构基础受到破坏，从而使脑功能出现障碍。在衰老过程中，血管周壁钙盐的沉积和颈动脉顺应性降低是使脑血流量调节机制出现障碍的因素。脑动脉逐渐硬化，组成脊髓的神经细胞也发生变性，这些形态方面的改变必然引起功能的衰退。老年人的脑电图出现与脑波成熟过程相反的某些变化。外周神经中运动与感觉纤维的传导速度均随年龄增高而减慢，波幅逐渐降低。一般老年人深部腱反射减弱，少数人腱反射甚至消失，睡眠节律和其他生物节律也有改变。

2. 由衰老变化而引起的常见病

（1）脑血管病。本病的发病率与年龄的增长呈正相关，脑血管病不仅发病率高，死亡率及致残率也相当高。脑血管病有以下几种主要类型：一是出血性脑血管病。包括脑出血和蛛网膜下腔出血两类，脑出血的原因主要是高血压及脑淀粉样血管病。二是缺血性脑血管病。主要指脑血栓形成、脑栓塞及短暂性脑缺血发作。脑血栓形成及脑栓塞的后果都是发生脑梗死，脑梗死大多由于动脉硬化造成，高血压是一个伴发因素。

脑血管病与心血管病、肿瘤为我国老年人的三大死亡原因，脑血管病对患者、家庭及社会都会带来极大的痛苦和损失，但到目前为止尚无有效的治疗办法。因此，预防脑血管疾病的发生显得更为重要。

（2）帕金森（Parkinson）症。本病发病率在老年神经系统疾病中仅次于脑血管病，也是60岁后老年人最常见的疾病之一。帕金森症的发病机理也并不完全清楚，可能和神经元的老化过程有关，尤其与黑质部位的细胞老化有关。原发性帕金森症又称震颤麻痹，典型的症状为震颤、肌强直、少动、姿势及平衡障碍、自主神经失调。继发性或症状性帕金森综合征症状基本上与帕金森症相似，仅有细微差别，老年人多为动脉硬化性帕金森综合征。所有类型的帕金森症总是呈进行性发展直到不能运动，但病程与预后也与类型及治疗情况有关。合理的治疗可以延长患者的生存期，使致残期延后，但不能阻止病程的进展。

（3）老年期痴呆综合征。其一，阿尔茨海默病（Alzheimer disease）。这是一种原发性退行灰质脑病，此病潜隐起病，病程呈进行性发展，最后导致痴呆。由于病情发展缓慢，当早期出现记忆障碍时，易被误认为是老年性健忘。主要症状是记忆障碍，记不住新近发生的事。记忆障碍进一步发展，出现远记忆障碍，记不清自己的经历，记不清亲人的姓名、关系和称呼，出门不知方向而迷路。随着记忆障碍加重，可出现虚构症状。大脑皮层高级功能障碍是另一主要症状。较早出现抽象思维能力、概括力、综合分析力、判断力、计算力等障碍，对已有的知识不能再有效利用，看不清事物的变化及其内在特征，不能判断安危正误。人格多变，变得孤僻、自私，行为与原本的性格特点不相符合，情绪易波动、易激惹。随着痴呆加重，情绪变得冷漠、焦虑、抑郁，晚期智力障碍更严重，常卧床不起，生活不能自理，丧失与人交往能力。本病病因尚不清楚，其危险因素可能与遗传、社会心理因素、躯体疾病、脑外伤、免疫与中毒有关。其二，脑血管性痴呆。这是由脑血管病变所致的痴呆综合征。大脑中可见不同程度的梗死灶或大脑出现广泛性萎缩以及弥散性血管性白质广泛病变。起病较急，从卒中开始，出现程度不等的意识障碍。随着卒中反复出现，痴呆症状日益明显，呈阶梯状发展。多数伴有程度不等的偏瘫或颅神经障碍等。失语、失用与失认比阿尔茨海默病多见。

十、感觉器官

人的视觉、听觉、味觉及痛觉等感觉器官随年龄增长都发生退行性变化。

1. 听觉

随着年龄增加，组成耳蜗的毛细胞减少、萎缩、变性，鼓膜变薄及混浊逐渐加重，耳蜗神经节变性，听神经纤维数目减少，听觉皮层神经细胞数量也减少，听神经功能减退，致使老年人听力逐渐减退，语言辨别能力出现障碍。老年聋是老年人普遍出现的老年性疾病。

2. 视觉

视觉功能的完成需要眼球、视觉传导通路、有关的神经核团和大脑皮质视觉中枢等部位参与。随着增龄，这些部位都发生退行性变化。例如，眼球内陷，老年环出现，角膜实质混浊，角膜直径变小或扁平化，瞳孔缩小，视力下降，调节睫状肌的神经机能、睫状肌和连续晶状体的睫状小带本身退化等原因导致老视眼产生。晶状体及角膜对光的散射性强，视网膜内感光细胞的变性以及视觉中枢的变化导致视敏度下降。视网膜血液供应不足、视神经纤维数目减少及中枢视皮层细胞数下降等使老年人视野缩小。

50 岁以上的老年人，由于促使人体老化的各种因素，例如晶状体硬化、脱水、营养代谢障碍、内分泌混乱、辐射损伤等均有可能引起晶体蛋白变性进而发生白内障，白内障已成为我国老年人致盲的主要疾病。

青光眼是由于眼内压升高而引起视盘损害及视野缺损的一种常见的致盲眼病，多发生在老年人，50～70 岁为最多，女性多于男性，发病比例约为 3∶1，发病前常有各种诱发因素并有明显的遗传倾向。

3. 味觉

人的味觉感受器味蕾随增龄而数目减少，青年人每个舌乳头的味蕾有348～295个，而74～84岁老人仅有约88个，其中半数处于萎缩状态。酸、甜、苦、咸四种原味觉阈值均随增龄而提高。

4. 嗅觉

随着年龄增加，鼻腔上部的嗅觉感受器数量减少，80岁以后的老人约有四分之三嗅觉纤维萎缩，还可能因为中枢神经元的减少以及信息处理功能的降低而导致老年人嗅觉敏感性下降。

5. 躯体感觉

触觉、温度觉、振动觉及两点分辨觉的感觉阈值大约从40岁开始就缓慢增高。躯体的感觉功能随增龄有逐渐减弱的趋势。

本章要点

1. 衰老是人类在生命过程中整个机体的形态、结构和生理功能逐渐衰退现象的总称。衰老具有普遍性、内因性、进行性、有害性和单向性五个特征。

2. 人体随着年龄的自然增长，机体的生理机能和形态学方面出现一系列具有上述特征的退行性变化，对内外环境适应能力逐渐减退，直至生命活动终止，这被称为生理性衰老。一些内因和外因使人体与外在环境之间失去平衡，引起人体发生病理性变化，促使生理性衰退现象提前发生而缩短人的寿命，这种衰老被称为病理性衰老。

3. 衰老学说总的来讲可以归纳为两大类：遗传程序说和随机性损伤说。遗传程序说主要有衰老基因假说、修饰基因假说、密码限制学说、重复基因利用枯竭假说、DNA分子修复能力下降说、端粒缩短说等；随机性损伤说主要有消耗学说、生活速度学说、内分泌学说、大脑衰退学说、体细胞突变学说、细胞代谢失调学说、自由基学说、差错灾难学说、交联学说、生物膜损伤学说等。

基本概念

生理性衰老、病理性衰老

复习思考题

1. 衰老的生物学标志是什么？研究衰老的生物学标志有何意义？
2. 由衰老引发的常见病主要有哪些？

推荐阅读书目

1. 李澈，主编．老年生物学．北京：中国人口出版社，1995.
2. 吕维善，主编．机体衰老概论．北京：中国医药科技出版社，1994.
3. 陶国枢，何慧德，主编．现代老年医学答疑．北京：军事医学科学出版社，1996.

第六章
老年人口学

第一节　老年人口学的形成

对人口规模和年龄结构的研究是人口学的核心研究内容之一。人口老龄化是20世纪后半叶以来最突出的年龄结构变化，因而受到了人口学者日益广泛的关注。与此同时，伴随着人口老龄化的发展和老年人口数量的不断增多，作为亚人口的老年人口也逐渐成为一个重要的人口学研究领域。20世纪50年代初期以后，对人口老龄化和老年人口的研究日益形成一个相对集中的人口学分支学科，到1960年，在国际上已经出现了一个专业名词——老龄化人口学（demography of ageing），在我国又常常被称作老年人口学。

在人口学对老龄问题的研究中，最基本的问题是了解老年人口的构成与变化、老年人口数量的变动趋势、老年人口的现状、人口老龄化的原因和过程及其对社会经济各个方面的影响，由此产生了老年人口学这一专门的研究领域。

一、老年人口学的产生与初期发展

老年人口学的产生起源于第二次世界大战后全球人口年龄结构的迅速变化。早在20世纪50年代，发达国家的人口学家就已经认识到人口老龄化将成为人类社会发展的必然趋势，社会经济发展的成就加速了人口老龄化的进程，例如，人民生活水平的稳步提高和医疗卫生事业的发展促进了人口死亡率的持续下降。人类平均预期寿命不断延长，导致老年人口占总人口的比例不断上升，老年人口规模持续扩大，人口老龄化与老年人口问题逐渐成为影响社会稳定与发展的重要问题。

欧洲国家是最先关注人口老龄化的地区，早在1865年，法国65岁以上人口比例就已经超过7%，进入了老龄社会，瑞典在1890年也进入了老龄社会。到1950年，发达国家60岁及以上的老年人口比例已经高达11.7%，65岁及以上人口比例达到7.9%。大多数发达国家都已经建立起社会保障制度，老年人口的增长与构成变化开始对社会经济发展产生越来越大的影响，而且人口老龄化在不断向更高程度发展，已经可以预见到老年人口比例超过少儿人口的前景，这引起了人口学家和各国政府的广泛关注。

在上述背景下，1951年联合国人口委员会开始组织学术力量对人口老龄化与老年人口进行专门的研究，1956年联合国出版了《人口老龄化及其社会经济影响》① 一书，系统地总结了人口老龄化的成因与老年人口的构成状况，确立了划分年轻型、成年型和老年型人口的数量标准，以静止人口模型为基础对多方案的生育率与死亡率变动后果进行了对比研究，提出在生育率、死亡率与人口迁移等各个人口学因素中，生育率下降是人口老龄化的主要影响因素，探讨了人口老龄化的社会经济影响。它全面反映了当时人口学对人口老龄化的研究水平和看法，为此后的老年人口学研究奠定了扎实的基础。

联合国出版的《人口老龄化及其社会经济影响》一书中有一些主要观点现在已经成为老年人口学的基本共识，这些观点包括：

(1) 世界各国人口老龄化程度存在巨大的差异。1950年时，人口老龄化程度在65岁以上老年人口比例最高的国家已经高达11%（例如，法国、比利时），而最低的非洲国家只有1.5%。迄今为止，这种巨大差异依然存在。

(2) 该书提出，如果将各国人口按照65岁及以上人口占总人口比例划分成三类，低于4%的是“年轻型”人口，4%～7%是“成年型”人口，7%以上的为“老年型”人口，那么，1950年时，只有极少数国家是老年型人口国家，绝大多数国家都是年轻型或成年型人口国家。这反映了20世纪中期的人口老龄化状况。值得一提的是，这种划分标准此后成为被广泛使用的标准。

(3) 人口老龄化与经济发展相联系。1950年时，大多数老年型的国家都是经济发达的国家，主要是西欧、北美和大洋洲国家。在过去半个世纪里，这种趋势更加明显，所有的发达国家都已经成为老年型人口国家，中国等部分发展中国家也已经进入老年型人口阶段，现在也称之为进入老龄社会。

(4) 针对人口年龄结构变动过程中老年人口比例与年轻人口比例可能会同时上升的现象，该书提出了人口年龄结构的顶部老龄化（aging at the apex）和底部老龄化（aging from the base）概念。顶部老龄化是指老年人口比例提高，底部老龄化是指年轻人口比例下降。

(5) 生育、死亡和迁移是直接影响人口老龄化的三个人口因素，宏观的社会经济因素的作用要通过这三个人口因素来体现。死亡率的下降对人口年龄结构的影响相对较小，它直接导致底部人口增加，使人口年轻化，而人口金字塔顶部基本不变；但从长远看，死亡率的下降最终会影响到生育率的下降，发展中国家的人口年轻化会导致未来人口的严重老龄化。生育率的下降对人口老龄化有很大影响，使顶部和底部都趋向于老龄化。

---

① United Nations, *The Ageing of Populations and Its Economic and Social Implications*, Population Studies, No. 26, Department of Economic and Social Affairs, New York, 1956.

（6）各国人口老龄化进程存在多方面差异，这包括性别差异、民族差异、城乡差异等。

1960年，国际上正式出现老年人口学这一专业名词，标志着老年人口学的确立。

20世纪60年代，在一些发达国家持续了十多年的婴儿激增期陆续结束，总和生育率从50年代初的2.8下降到更替水平，发达国家人口再次呈现迅速老龄化的形势，人口老龄化引起世界人口学界的进一步关注。1965年世界人口大会以后，联合国又组织大批人口及相关学科的学者对人口研究的成果进行了系统的分析与整理，于1973年出版了《人口趋势的决定因素与后果》[①] 第二版，在“性别与年龄结构”一章中，专有一小节总结了学术界对人口老龄化与老年人口的研究成果，书中列举的许多老年人口问题至今仍然是研究的热点问题。例如，人口老龄化是否会使劳动生产率下降？劳动力的老化是否会导致结构性失业？人口老龄化是否会减弱社会发展动力，阻碍经济文化进步？老年人口的增多为社会保障与社会服务、医疗服务设施带来的压力如何解决？还有人口老龄化与老年人数量的增长对政治的影响、老年人的住房与休闲设施问题、老年人的医疗保健问题和心理调适问题等。应当说，这时的老年人口学研究已经全面触及老年人口问题的各个基本方面；从另一个角度也可以说，人口老龄化对社会经济与老年人个人生活的影响已全面地显露出来了。

1975年，国际老年学会开始在每四年召开一次的国际老年学大会上设立老年人口学专题，人口学家开始与老年学家共同探讨老龄问题，人口学与老年学的交叉研究日益深入。

二、老年人口学在中国的产生

老年人口学是一门新兴的学科，产生于人类认识个体和群体老龄化的需要。老年人口学首先出现在发达国家，随着人口老龄化进程的加快而加速发展。相比之下，中国的人口老龄化出现较晚，老年人口学的产生与发展也晚于发达国家。

新中国成立以前的较长时期，我国的人口再生产类型是高出生率、高死亡率、低增长率；新中国成立以后，人民生活得到改善，死亡率迅速下降，人民寿命普遍大幅度延长，但在相当一个时期内出生率仍维持在很高的水平，一个妇女仍生育5～6个孩子，人口再生产类型是一种高出生、高增长率的类型，人口类型属于年轻型人口，65岁以上人口比重很低，很长时期处于4%～5%，根本认识不到会出现人口老龄化，充其量只是开始认识到要研究老年病的问题。

从20世纪70年代初期开始，社会经济的发展和我国全面推行的计划生育政策，有效地降低了人口生育率，其必然后果之一就是加快了中国人口老龄化的进程，这就为我国老年人口学的建立与发展创造了一个必要的前提。到1982年第三次人口普查时，我国总和生育率已经降低到2.31（20世纪60年代平均是5.8），60岁以上老年人口已占总人口的

---

① United Nations, *The Determinants and Consequences of Population Trends*, Population Studies, No. 50, Department of Economic and social Affairs, New York, 1973.

7.6%，中国人口老龄化初露端倪，老年人口学的产生与发展已经具备了必要的条件。

老年人口学的产生与发展还需要人口学和老年学的发展，更需要有利于科学发展的社会环境。1978年中共中央十一届三中全会确定的思想路线和政治路线、1982年我国派代表团参加维也纳老龄问题世界大会和随后成立中国老龄问题全国委员会等都为中国老年人口学的发展提供了充分条件。

1982年中国老龄问题全国委员会成立以后，许多从事社会科学研究的专家学者和老龄工作者加入了老龄科学研究队伍，使得我国老年学多学科研究的格局开始形成。1986年中国老年学学会的成立标志着老年学这一研究领域在我国的正式确立。一批著名的人口学家也成为中国老年学学会的重要力量，可以说，老年人口学在中国的产生应当可以定为1986年。

第二节　老年人口学在20世纪80年代以后的发展

在20世纪70年代以后，发达国家的生育水平进一步下降到更替水平以下，预期寿命提高到70岁以上，全面进入老龄社会。这使发达国家在20世纪初建立的与老年人口密切相关的制度，如社会保障制度、医疗保险制度等面临越来越大的压力。20世纪80年代以后，发展中国家的死亡率与生育水平也在迅速下降，人口年龄结构也开始老龄化，大家庭和传统的家庭养老方式正在衰退，对于像中国这样的发展中国家来说，不得不在大力发展经济的同时，应对人口老龄化的挑战，这一变化促进了中国等发展中国家老年人口学的发展。

从1985年开始，美国人口委员会举办了一系列的针对人口老龄化与老年人口问题的研究活动。1994年，该委员会组织美国高校的人口学家编辑出版了《老年人口学》[①] 一书，对人口老龄化与老年人口问题进行了多角度的分析，关注的焦点是老年人口特点与经济和健康状况，内容涉及人口老龄化与代际财富转移、老年人口的退休与劳动参与、收入财富与代际经济关系、老年人的照料、老年人的死亡率与健康状况、老年人的迁移与地理分布、发展中国家的老年人口学研究等十个方面，拓宽了人口学对老年人口问题的研究视野，丰富了老年人口学的研究内容。

从1982年至今，针对人口老龄化和老年人口问题，联合国先后举办了三次大型国际会议，包括1982年在维也纳召开的联合国老龄问题世界大会、1994年在开罗召开的联合国人口与发展问题国际会议、2002年在马德里召开的第二次联合国老龄问题世界大会，客观上对老年人口学的发展产生了显著的推动作用。例如，1994年联合国人口与发展问

---

① Linda G. Martin and Samuel H. Preston (Eds.), *Demography of Aging*, National Academy Press, Washington D.C., 1994.

题国际会议确认人口老龄化及其社会经济影响对所有国家既是机遇也是挑战，2002年第二次联合国老龄问题世界大会要求各国必须正视人口老龄化的重大后果等，都促使老年人口学家不断地关注人口老龄化的发展趋势、分析人口老龄化的影响因素及其后果，判断人口老龄化对社会稳定和持续发展带来的积极和消极影响，提出对相应社会经济政策的调整建议。

在2002年联合国老龄问题世界大会召开之后，联合国人口司系统地总结了在人口老龄化方面已经形成共识的一些看法，这也可以看作是今后老年人口学研究的基础，这些共识包括：

（1）人口老龄化现象是前所未有的，在人类历史上没有发生过类似的情况。60岁以上老年人所占比例的增加伴随着15岁以下少儿人口比例的减少。1998年，发达国家的老年人口比例已经超过了少儿人口比例，这一变化具有历史意义。到2050年，世界上老年人的数量将在历史上首次超过少儿的数量。

（2）人口老龄化是有普遍性的，是影响每个人的一种全球现象。从绝对数和相对于工作年龄人口的比例而言，各国的老年人口都在稳步增加，这对作为社会基础的代际和世代内的平等与团结有着直接的影响。

（3）人口老龄化是深刻的，对人类生活的所有方面都有重大的影响。在经济方面，人口老龄化将影响经济增长、储蓄、投资与消费、劳动力市场、养老金、税收和代际经济关系。在社会方面，人口老龄化影响保健和医疗、家庭结构、居住方式、住房和迁移。在政治方面，影响投票模式与代表性。

（4）人口老龄化将是长期存在的。在20世纪里，老年人口比例一直在提高，在21世纪仍然会持续增长。例如，世界65岁及以上的老年人口比例在1950年是8%，2000年是10%，预计到2050年将达到21%。①

在上述判断的基础上，老年人口学可以对人口老龄化对社会经济影响的方式与程度进行广泛和深入的研究，为及时发现问题和解决问题提供科学依据，为社会经济的稳定发展和代际和谐做出贡献。

纵观国际社会人口学界对人口老龄化与老年人口的研究演变，还可以看出两个发展趋势，一是在传统人口学或者是正规人口学研究领域对人口老龄化与老年人口进行深入研究，全面应用人口研究方法，分析人口老龄化发展趋势及其社会经济影响、老年人口死亡率的变动方式等专题；二是越来越多地进行交叉学科研究，老年人口学的许多研究课题都与对策建议有着密切的联系，真正的解决办法不可能只从人口学领域产生，必须结合经济学、社会学、医学和生物学等众多学科进行综合研究，才能提出针对人口老龄化的社会经济影响具有可操作性的对策建议。

---

① See United Nations, *World Population Ageing 1950—2050*, ST/ESA/SER. A/207, New York, 2002, p. 48.

第三节　中国老年人口学研究的发展

中国是世界上人口数量最多的国家，也是老年人口数量最多的国家。2001年底，中国的总人口已经达到12.76亿，60岁及以上的老年人口已经占总人口的10.3%左右。根据联合国的预测，再过二三十年中国可能将不再是世界上人口最多的国家，但仍将长期保持老年人口第一大国的地位。如此众多的老年人口和中国迅速发展的人口老龄化为中国老年人口学的发展提供了充足的动力。

在中国人口科学的发展过程中，老年人口学是起步较晚而又方兴未艾的分支领域。起步晚是因为在长时期内人们只关注人口总量的控制，而忽视生育率下降和死亡率下降对人口结构的影响，担心谈论人口老龄化会影响到人口控制的实践。人口老龄化的决定性因素是社会经济发展和生育率的下降，控制人口增长、实行计划生育是我国的一项基本国策，国情决定了我国必须推行控制人口增长、稳定低生育水平的政策。过去一个时期，我国曾一度对人口老龄化讳莫如深，而解放思想、实事求是的思想路线使我国能对生育率下降和人口老龄化的相互关系做出科学的解释，这就排除了各种思想上的干扰，促进了我国老年人口学的发展。

1982年发生的两件事对人口老龄化的研究起到了推动作用：一是第三次全国人口普查，二是老龄问题世界大会在维也纳的召开。前者为中国人口老龄化研究提供了丰富的数据基础，促进了人口学领域对人口老龄化趋势和老年人口状况的深入分析；后者对中国政府和学术界重视研究人口老龄化及其相关问题产生了深远的影响。

一、中国老年人口学研究的主要内容

在过去的十几年时间里，中国人口老龄化研究的重点已经从传统的人口学研究日益向交叉学科发展，从最初的关注人口老龄化发展趋势和老年人口状况、中国人口政策对于人口老龄化的影响、人口老龄化对抚养比的影响、人口转变与中国人口老龄化的关系等比较传统的人口研究内容，发展成对老年代际经济关系、健康期望寿命、退休与再就业、迁移与流动等多方面的交叉学科研究。

回顾这些研究成果，我们可以以研究人口老龄化的成因、影响因素以及人口老龄化的社会经济影响为核心，将这方面的研究进展概括为以下10个主要方面，在一定程度上，也可以把其中的多数看作是正在发展的老年人口学的主要内容。

（1）对人口老龄化进程和发展趋势的分析。这方面的研究包括老年人口比例和老年人口数量的变动与发展、人口老龄化对抚养比变化和劳动力老龄化的影响、人口高龄化趋势，等等。

（2）对老年人家庭的研究。包括老年人家庭规模与结构现状、家庭户主率变化、老年人居住方式变化和家庭规模与结构变化趋势预测等。

（3）老年人的社会经济状况研究。包括老年人的性别、婚姻状况、文化程度、再婚情况、在业老年人口的行业、职业分析等。

（4）老年人口退休和再就业研究。结合人口年龄结构的变动对老年人退休人数和结构的变化进行分析；研究老年人再就业人员的社会经济特点和有关问题。

（5）老年人的收入水平、主要经济来源以及老年人与子女之间的代际经济关系。

（6）人口老龄化对劳动生产率、储蓄、消费等方面的影响。

（7）研究流行病学转变对老年人死因和疾病结构的影响，老年人死亡率的变化与影响因素。

（8）在人口老龄化不断发展的情况下，分析老年人的健康状况与生活自理能力，运用健康期望寿命等概念分析长寿对老年人生活质量的影响，探讨健康老龄化的内涵与实现途径。

（9）社会保障制度的改革与老年社区服务的发展。

（10）人口迁移与流动对老年人的影响。包括年轻人迁移流动对老年人生活的影响和对老年人迁移流动的分析。

二、中国老年人口学的主要论著

中国老年人口学的研究成果与发展也体现在1984年以后陆续发表与出版的重要论文与专著上，以下是最有代表性的论文与著作。

1984年8月20日，中国人民大学人口研究所邬沧萍在《人民日报》上发表了《人口老龄化问题与我们的对策》，分析了我国面临的人口老龄化形势与老年人问题，呼吁全社会重视人口老龄化的影响。

1987年，邬沧萍在辽宁人民出版社出版了《漫谈人口老化》。

1988年，吉林大学人口研究所曲海波出版了《中国人口老龄化问题研究》（吉林大学出版社）。他在书中阐述了人口老龄化研究的基本范畴、指标体系等方法论问题，总结了新中国成立40年来人口年龄结构的变化历程，预测了未来人口老龄化的发展趋势，提出了中国人口老龄化的特点。

1991年是老年人口学专著出版最多的一年。北京大学人口所张纯元主编了《中国老年人口研究》（北京大学出版社），中国社会科学院人口所田雪原等主编了《中国老年人口》、《中国老年人口经济》和《中国老年人口社会》（中国经济出版社）。

1993年上海科学普及出版社出版了邱锋主编的《老年学向导》一书，对老年学和老年学的各个分支学科进行了介绍。邬沧萍将老年学划分为研究老年的自然科学、社会科学和交叉科学三类，老年人口学属于研究老年的社会科学的一个分支学科。田雪原在“老年人口学”一章中分析了研究老年人口学的必要性、老年人口学的形成与发展、老年人口学的研究对象和研究方法。

1994 年，中国人民大学人口研究所杜鹏出版了《中国人口老龄化过程研究》（中国人民大学出版社）。

1995 年，中国人口信息研究中心于学军出版了《中国人口老化的经济学研究》（中国人口出版社）。

1996 年，中国人民大学人口研究所邬沧萍与杜鹏出版了《人口老龄化过程中的中国老年人》（华东师范大学出版社）。

2001 年，云南大学罗淳出版了《从老龄化到高龄化》（中国社会科学出版社）。

这些著作都从老年人口学的角度对中国人口老龄化与老年问题进行了全面的研究。1996 年以后的老年人口研究则日益明显地向社会老年学和多学科的交叉研究发展，例如，复旦大学王爱珠 1996 年出版了《老年经济学》（复旦大学出版社）、北京大学人口所刘贵平出版了《养老保险的人口学研究》、中国人民大学在 1999 年出版了邬沧萍教授主编的《社会老年学》，这些专著从严格意义上讲已经超出了老年人口学的学科范畴，但是老年人口学在其中仍然是一个重要的组成部分。此外，还需要说明的是，从 80 年代中期以来，在各个人口研究机构还有数以百计的博士和硕士毕业生以老年人口学研究题目撰写了学位论文，其中有许多优秀的研究成果。应当说这些论文和著作都为中国老年人口学的成熟与发展奠定了良好的基础。

从老年人口学的研究方法上看，老年人口学大量运用人口统计分析方法，与老年学相结合对人口老龄化发展趋势及其社会经济影响进行定量研究，注重通过不同时期统计指标系的对比提示人口老龄化将会产生的影响并积极探索对策。

三、中国老年人口调查研究的进展

中国是世界上老年人最多的国家，又是老年人情况和老龄问题最复杂多变的国家，对中国老龄问题的研究首先要搞清老年人的情况，老年人口学的发展也要依靠人口普查和老年人口调查数据。在我国的老龄研究成果中，一些老年人调查在这方面做出了重要贡献，下面以几个大规模的调查来说明。

1987 年中国社会科学院进行了一次中国老年人口和老年社会保障改革调查研究，在全国 28 个省、市、自治区共抽样调查了 36 755 人。这是国家“七五”社科重点课题，由国家统计局调查队执行。调查结束后出版了一本数据资料集和关于老年人口、老年经济、老年社会的三本著作，并就调查结果召开了全国学术讨论会。这项调查是迄今调查老年人数最多、覆盖范围最广的一次，这样大规模的调查在世界上也是少有的。

1991 年，中国老龄科研中心开始实施中国老年人供养体系调查研究，在全国 12 个省、市、自治区城乡开展调查，调查样本多达 20 083 人。这项调查是联合国人口基金援助项目，抽样设计、调查实施、资料整理和分析报告等阶段都是在国外专家指导下完成的，参加调查的人员都经过一定的培训。调查后出版了《中国老年人供养体系调查数据汇编》，并专门召开了调查资料分析会，使人们对20世纪90年代中国老年人的情况有了基本的了解。

2000年12月，由中国老龄协会领导、中国老龄科研中心组织的中国老年人状况一次性调查开始实施，这一调查是为了揭示我国21世纪面临的老龄问题和挑战，并为制定宏观对策提供依据。这次调查完全由我国政府出资，在全国20个省、市、自治区进行调查，由中国老龄科研中心培训有关地区的调查人员并监督实施，样本数量为2万人。

除了万人以上的大规模调查之外，我国调查样本数在5 000人以上的专门调查还有近十个，最有特点的是1998年北京大学人口所与中国老龄科研中心合作开展的中国高龄老人健康长寿调查，调查对象为80岁以上的高龄人群，实施难度很大，世界上也还没有如此大规模的高龄老人调查。2000年他们又对1998年的调查对象进行了跟踪调查，调查结果已经出版了一本数据集并召开了一次学术研讨会，论文刊登在《中国人口科学》2000年增刊上。

另一个非常值得关注的研究项目是北京宣武医院北京老年病中心从1992年开始的对3 000多位老年人的多维纵向调查，迄今已经进行了五次调查。这项调查最初是联合国人口基金资助中国开展的项目之一，由国外专家担任顾问并指导调查设计。在调查过程中，针对老年人健康状况的问题不但进行问卷调查，同时还有专业医护人员进行现场测评。在这一调查的基础上，研究人员已经发表了大批研究报告和学术论文，极大地促进了我国老龄问题纵向研究和多学科综合研究的发展。

第四节　老年人口学的前景

一、中国老年人口学研究的优势与面临的困难

在中国人口老龄化研究方面，老年人口学现在仍然保有一些比较有利的条件，表现在以下几个方面：第一，研究人员在以往的人口普查数据分析和大规模抽样调查数据的分析中得到了锻炼，一般都有比较扎实的统计分析能力。第二，人口老龄化往往被看作是人口问题的一个重要部分，老年人口学的许多内容都是以往人口研究领域的延伸，与其相关的死亡率、家庭、迁移流动等问题对于许多研究人员来说并不是陌生的研究内容，开展人口老龄化方面的研究并没有很大的知识障碍。第三，多年以来，人口学领域积累了雄厚的研究力量，许多人口研究机构的研究人员来自多个学科，并不都是清一色的人口统计学者，许多人有着经济学、社会学、社会医学、心理学等方面的学科背景，在老年人口学这样的交叉领域都有用武之地。第四，除了人口普查之外，全国还有许多以老年人为对象的人口调查，出版了大量人口老龄化和老年人口数据集，从而使老年人口学者可以将理论研究和实证分析相结合。

当然，在老年人口学研究方面，也还有许多困难有待克服。首先，人口老龄化问题并

不是单纯的人口学问题，它具有多学科的复杂性。从已有的研究成果看，描述性的分析多，而理论研究和可操作的应用型的对策分析少，迫切需要加强理论研究，加强多学科合作和与政府、研究机构的合作研究。

其次，与其他人口学研究领域相比，人口老龄化研究的课题少，经费支持也少，因而更应当充分利用已有的调查数据。在中国老年调查数据收集与研究方面，从 20 世纪 80 年代中后期开始，中国开展了一系列大型的老龄调查项目，如中国社会科学院人口研究所开展的 1987 年老年人口调查、中国老龄科研中心开展的 1992 年老年供养体系调查、北京老年病研究中心开展的 1992—2000 年老年人多维纵向研究等，形成了人口老龄化与老年人口研究的一个高潮，极大地促进了老年人口学研究的开展。但是，由于部门之间合作较少，跨学科与跨部门利用数据的合作研究活动极少，难以充分利用这些资源，并且形成了一种偏向时效性的描述性分析而忽视深入开发数据和进行理论研究的倾向，这一问题亟待加以解决。在传统的人口学研究领域，除了人口普查和人口抽样调查外，还有许多专门调查可以提供数据资料，例如人口生育率调查、外来人口调查等，而在人口老龄化方面不容易得到相应的专门资料，不利于进行深入的分析。

再次，以往的人口学研究基本上都是横向的研究，而人口老龄化研究更加需要纵向研究资料，因为老龄化本身就是一个进行性的变化过程，纵向调查可以更好地揭示老年人的观念、行为、态度、健康、生活自理能力等方面的变化及影响因素。但是，现在的人口研究机构很难进行这种需要持续投入的纵向调查。目前，一些医学研究机构开展的纵向调查已经取得了一定进展，人口研究机构可以主动参与有关数据资料的分析研究，发挥人口学的优势，充分发挥这些调查资料的作用，使老年人口学研究真正成为多学科的交叉领域。

二、老年人口学的发展前景

在未来的半个世纪里，我国的人口老龄化必然加速发展，由人口老龄化引发的各种老年人问题和社会经济发展问题必将越来越多、越来越复杂，这些问题都需要老龄科学来解决。老年人口学在认识老年人口规模与结构变化规律以及人口老龄化的社会经济影响方面大有用武之地。

老年人口学的发展一方面表现在学科的发展上。2003 年 4 月，中国人民大学在人口研究所正式建立老年学专业，招收老年学博士生和硕士生，这标志着我国老年人口学的发展正在进入一个新时代。按照中国人民大学老年学专业的发展计划，2004 年将出版《老年人口学》教材，老年人口学将成为老年学专业的必修课程。老年人口学专业人才将越来越多，逐步满足国家和社会的人才需要。

另一方面，我国的老年人口学研究仍将迅速发展。我国现在已经具备了发展老年人口学的良好社会环境，有一批致力于老年人口学的老中青学者建立了对外交流的渠道。第五次全国人口普查中国人口老龄化与老年人口国际比较研究和中国城乡一次性老年人抽样调查研究等课题的完成，都将使我国的老年人口学研究取得大批新的成果。中国老年人口学的发展将为正确认识中国人口老龄化及其影响、解决中国的老龄问题做出自己的贡献。

本章要点

1. 在人口学对老龄问题的研究中，最基本的问题是了解老年人口的构成与变化、老年人口数量的变动趋势、老年人口的现状、人口老龄化的原因和过程及其对社会经济各个方面的影响，由此产生了老年人口学这一专门的研究领域。

2. 老年人口学的产生起源于第二次世界大战后全球人口年龄结构的迅速变化。早在20世纪50年代，发达国家的人口学家已经认识到人口老龄化将成为人类社会发展的必然趋势，社会经济发展的成就加速了人口老龄化的进程，人口死亡率的持续下降，人类平均预期寿命不断延长，导致老年人口占总人口的比例不断上升，老年人口规模持续扩大，人口老龄化与老年人口问题逐渐成为影响社会稳定与发展的重要问题。

3. 老年人口学是一门新兴的学科，产生于人类认识个体和群体老龄化的需要。老年人口学首先产生于发达国家，随着人口老龄化进程的加快而加速发展。相比之下，中国的人口老龄化出现较晚，老年人口学的产生与发展也晚于发达国家。

4. 中国人口老龄化研究的重点已经从传统的人口学研究日益向交叉学科发展，从最初的关注人口老龄化发展趋势和老年人口状况、中国人口政策对于人口老龄化的影响、人口老龄化对抚养比的影响、人口转变与中国人口老龄化的关系等比较传统的人口学研究内容，发展成对老年代际经济关系、健康期望寿命、退休与再就业、迁移与流动等多方面的交叉学科研究。

5. 在未来的半个世纪里，我国的人口老龄化必然加速发展，由人口老龄化引发的各种老年人问题和社会经济发展问题必将越来越多、越来越复杂，这些问题都需要老龄科学来回答。老年人口学在认识老年人口规模与结构变化规律以及人口老龄化的社会经济影响方面大有用武之地。

基本概念

老年人口学、人口学、人口老龄化

复习思考题

1. 什么是老年人口学？
2. 人口学在老龄问题研究中有哪些基本问题？
3. 为什么说老年人口学是一门新兴的学科？

4. 中国老年人口学研究的重点有哪些?

推荐阅读书目

1. 邬沧萍．人口老龄化问题与我们的对策．人民日报，1984－08－20.

2. 邬沧萍．漫谈人口老化．沈阳：辽宁人民出版社，1987.

3. 邬沧萍．调整人口年龄结构是计划生育的社会职能．中国人口科学，1987（2）.

4. 曲海波．论老年人口学的基本范畴及其理论框架．中国人口科学，1988（1）.

5. 曲海波．中国人口老龄化问题研究．长春：吉林大学出版社，1990.

6. 张纯元．中国老年人口研究．北京：北京大学出版社，1991.

7. 田雪原，胡伟略．中国老年人口经济．北京：中国经济出版社，1991.

8. 杜鹏．中国人口老龄化过程研究．北京：中国人民大学出版社，1994.

9. 于学军．中国人口老化的经济学研究．北京：中国人口出版社，1995.

10. 邬沧萍，杜鹏．人口老龄化过程中的中国老年人．上海：华东师范大学出版社，1996.

11. 罗淳．从老龄化到高龄化．北京：中国社会科学出版社，2001.

第七章

老年心理学

老年心理学既是心理学研究的一个重要方面，又是老年学关注的一个重点。随着社会的发展以及人类寿命的延长，老年人的心理活动不断丰富，心理问题不断增多，发展老年心理学是解决老龄问题和提高老年人生活质量的必然要求。

第一节　老年心理学的研究对象、学科特点及研究方法

一、老年心理学的研究对象

老年心理学主要是研究老年期个体的心理特点和规律的科学。它涉及老年期的心理活动、心理状态和心理特征三个方面：老年心理活动包括认知活动、情绪活动和意志活动，其中认知活动又包括感觉、知觉、记忆、思维、想象和言语等；老年心理状态是指心理活动在一定时间里出现的相对稳定的持续状态，它既不像心理活动那样动态和变化，也不像心理特征那样持久和稳定；老年心理特征包括个性心理特征和个性心理倾向性，其中个性心理特征包括能力、气质和性格，反映老年人精神面貌的稳定的类型差异，而老年个性倾向性包括需要、动机和价值观，决定着老年人对周围世界的认识及态度的选择和趋向。

人的发展和衰老不仅是一个生理过程，同时也是社会环境作用的结果，因此，老年心理学还研究老年人的社会心理和社会行为，并透过行为来研究心理。另外，老年心理学的研究范围也不完全局限于老年期，个体的老化不是突变，而是一个渐变的过程，所以老年心理学除了主要研究老年期外，对于进入老年期以前开始老化或衰退的某些心理现象也同样要进行研究。

二、老年心理学的学科特点

老年心理学与心理学和老年学有着密切联系。心理学包含基础心理学和应用心理学两

个部分，其中基础心理学又包括普通心理学、实验心理学、发展心理学、生理心理学、认知心理学和社会心理学等。发展心理学是研究个体心理发展规律的科学，按照人生发展的各个阶段，又可分为婴幼儿心理学、儿童心理学、青年心理学、成年心理学和老年心理学。由此可见，老年心理学是心理学领域中的一门基础学科，它主要研究老年期各种心理特点及其形成规律。

老年心理学同时又是老年学科群中的一个分支。老年学是一门由自然科学与社会科学相互交融而形成的边缘学科，它包括老年生物学、老年医学、老年社会学、老年心理学、老年经济学和老年人口学等。由此可见，老年心理学是老年学和心理学的一个交叉学科。

三、老年心理学的研究方法

老年心理学的研究方法包括研究设计和具体的研究方法两个方面。在研究设计中主要包括横向研究设计、纵向研究设计和连续研究设计。纵向设计和横向设计是两种最基本、最常用的研究设计类型；连续研究设计将横向和纵向两种研究设计形式结合起来，这种设计既可以在较短时间内了解各年龄段老年人心理特点的总体状况，又可以从纵向发展的角度认识老年人心理特征随年龄增长而出现的变化和规律。老年心理学具体的研究方法主要包括观察法、访谈法、问卷法、测验法和实验法。

（一）观察法

观察法主要是指人们根据一定的目的或要求，利用各种感觉器官，从周围环境中感知客观事物的现象及其发展变化的特点，从而获得信息的研究方法。它分为参与观察和非参与观察，前者是研究者参与到被观察者的活动中，成为被研究团体的一个成员，在不引人注目的情况下，获得关于被观察者真实、自然的材料；后者是研究者不参加被观察者的活动，借助一些仪器如单向玻璃或单向镜，或使用录音、录像设备来观察。观察法使用简便，但只能说明“是什么”，而不能解释“为什么”。

（二）访谈法

访谈法是通过与被调查者面对面地进行交流、讨论来搜集资料的一种方法。它可分为结构式访谈和非结构式访谈、个别访谈和集体访谈。它的优点在于整个访谈是访谈者和被访谈者相互作用的过程，能收集到比较全面、深入的资料；它的不足在于比较费时，被调查者在集体访谈中容易产生从众心理，而且集体访谈无匿名性可言，对于一些敏感性问题难于收集到真实的资料。

（三）问卷法

问卷法是通过由一系列问题构成的调查表来收集资料的研究方法。它分为开放式、半开放式和封闭式三种类型。问卷法的主要优点是经济省时，能在短时间内调查很多研究对象，取得大量的资料，并能对资料进行量化处理；其缺点是发出去的调查表难以全部回收，而且被调查者由于各种原因可能对问题作出虚假或错误的回答。

（四）测验法

测验法是采用标准化的题目，按照规定程序，通过测量的方法来收集数据和资料的方法。按测验的功能可分为智力测验和人格测验，如韦克斯勒成人智力量表、艾森克人格问卷等；按测验材料的性质可分为文字测验和操作测验，如老年抑郁量表和瑞文测验；按测验的方式可分为个别测验和团体测验；按测验材料的严谨程度可分为客观测验和投射测验，如罗夏墨迹测验。在心理测验的使用上要慎重选择测验量表，正确解释测验结果，以及注意测验的保密性。测验法的优点主要是测验量表的编制十分严谨，结果处理方便，量表有现成的常模，可以直接进行对比研究；不足之处是灵活性差。

（五）实验法

实验法是创设一定的情境，对研究的某些变量进行操纵和控制，以探求心理活动发生的原因和规律的研究方法。根据研究目的的不同可分为探索性实验和验证性实验；根据实验情境的不同可分为实验室实验和现场实验；根据实验中自变量数量的多少可分为单因素实验和多因素实验等。为确保实验结果的科学性，实验法在被试选择、测量工具、实验程序和设计上都有严格要求。实验室实验的最大优点是对无关变量进行了严格控制，对自变量和因变量作了精确测定；缺点是研究情景有人为性。

从上述内容可知，老年心理学的研究方法是多种多样的，每一种方法都有优点和缺点。研究者可以根据研究需要，以某种方法为主，辅之以其他方法，这样才能获得丰富和客观的数据资料。

第二节　老年心理学的基本范畴、理论

一、老年心理学的常用概念

老年心理学的常用概念有感觉、知觉、记忆、智力、情绪、动机和人格等。感觉是刺激作用于老年人的感觉器官，经过神经系统的信息加工所产生的对该刺激物个别属性的反映，它包括视觉、听觉、嗅觉、味觉、皮肤觉、运动觉、平衡觉和内脏觉等。知觉是直接作用于感觉器官的事物的整体在脑中的反映，是老年人对感觉信息的组织和解释的过程，它包括对物的知觉和对人的知觉，以及空间知觉、时间知觉和运动知觉等。记忆是老年人对经验的识记、保持和再现的过程，从信息加工的观点来看，记忆就是信息的编码、贮存和提取的过程，它包括感觉记忆、短时记忆和长时记忆三个子系统。智力是人学习、记忆、思维、认识客观事物并运用知识解决实际问题的潜在能力。智力是一个多维概念，它包括一般智力和特殊智力、晶体智力和液体智力。从信息加工的角度来看，智力包括成分智力、经验智力和背景智力三部分。情绪是老年人对客观事物的一种特殊的态度，它具有独特的主观体验、外部表现并且伴有植物性神经系统的生理反应，它包括快乐、悲哀、恐惧和愤怒等情绪，还包括情调、激情、心境和应激等情绪状态。动机是激发和维持老年人进行活动，并导致该活动朝向某一目标的心理倾向或动力，它包括外在动机和内在动机、生物性动机和社会性动机等。人格是具有一定倾向性的心理特征的总和，它包括能力、气质和性格等特征，还包括活动的倾向性特征，如需要、动机、兴趣、理想、信念和世界观等。

二、老年心理学的理论

（一）人生八阶段理论

现代精神分析学派的代表人物之一艾里克森（Erikson，1980）以“自我”的发展变化为标准，以“危机”性质的变化为标志提出了著名的“人生八阶段”的理论。他认为，人生每一阶段都有自我成长的任务和可能遇到的危机。这八个阶段为：婴儿期（0～2岁）、婴儿后期（2～4岁）、幼儿期（4～7岁）、儿童期（7～12岁）、青年期（12～18岁）、成人前期（18～25岁）、成人中期（25～60岁）和成人后期（60岁以上）。在每个阶段中，如果人的心理、社会发展课题得到完成，危机得到解决，就会产生积极的品质；反之，就会产生消极的品质。他认为完善感与失落感的冲突是老年期生活的主要问题。如果老年人能很好地解决前面几个阶段的危机，那么他们在回顾往事时就没有遗憾，内心就有一种完美感；如果以前的危机还没有解决，愿望还没有实现，那么老年人就会有挫折感、绝望感和自卑感。艾里克森在分析人生阶段时，不仅强调了生物基础决定不同阶段的出现和持续的时间，而且突出了社会环境对不同阶段的危机能否得到积极解决的决定作用，从而建立了生理、心理、社会的关系分析模式。[①]

（二）选择、完善和补偿理论

选择、完善和补偿理论（theory of select，optimization & compensation）是辩证研究的一个较新的范例。辩证研究认为人作为活跃的、变化的有机体，始终与活跃的环境处于持续的互动之中。辩证研究心理学家既关注“中年危机”导致的抑郁、退缩和心理伤害，同时也会关注此时的成长潜力。选择、完善和补偿理论认为，在人生的每个阶段，人们都会发生心理上的得与失，虽然在老年期，失去的远大于得到的，因为在这一时期，社会支持不足以补偿老年人在心理结构上的衰退和行为机能上的缺损，但是老年人通过选择、完善

---

① See E. H. Erikson, *Identity and the Life Cycle*, Norton, New York, 1980.

和补偿等策略也可以驾驭生活，并能获得一种积极的晚年生活。①

（三）老化认知理论

Salthouse（1999）把老化认知理论（cognitive theories of aging）分为远距理论（distal theory）和邻近理论（proximal theory）两类。远距理论主要把认知老化归因于生命中较早时期所发生的影响因素，或是那些直接影响认知表现的社会文化变迁。他们认为逐渐增强的同期群效应（cumulative cohorts effects）导致了老年人的退化。邻近理论则重视一致性的影响因素，它认为这些影响因素可以决定认知表现中与年龄相关的差异，它所关注的变量主要是以认知策略为基础的年龄差异、各个信息加工阶段的效率差异（这种差异说明了特定阶段的缺损）以及一个或更多个基本认知过程的变化。②

（四）社会情感选择理论

社会情感选择理论认为老年人社会网络和社会参与的减少应该看作是老年人对资源的重新分配。③ 他们认为老年人不是简单地对社会情境做出反应，而是积极活跃地对自己所参与的社会领域进行管理。老年人参与社会的一个重要功能就是帮助自己调节情绪和情感，他们可能会越来越多地选择那些最可能产生积极情绪体验的社会接触，而越来越避免涉及消极情绪，或是那些只有极少的积极情绪回报却要消耗过多个人精力的社会接触。

第三节　老年人的一般心理特征

一、老年人的心理特点

生理上的衰老和社会环境的变化导致了老年人在感知觉、记忆、智力、情绪和性格等方面发生了一系列的变化。

---

① See P. B. Baltes and J. Smith，"Multilevel and Systemic Analyses of Old Age：Theoretical and Empirical Evidence for a Fourth Age"，In V. L. Bengston and K. W. Schaie（Eds.），*Handbook of Theories of Aging*，Springer Publishing Co.，New York，1999，pp. 153 – 173.

② See T. A. Salthouse，"Theories of Cognition"，In V. L. Bengtson and K. W. Schaie（Eds.），*Handbook of Theories of Aging*，pp. 196 – 208.

③ See M. M. Baltes and L. L. Carstensen，"Social-psychological Theories and Their Application to Aging：From Individual to Collective"，In V. L. Bengston and K. W. Schaie（Eds.），*Handbook of Theories of Aging*. pp. 209 – 226.

（一）老年人感知觉的变化

老年期的心理变化是从感知觉的渐变开始的。老年期感知觉变化的一般特征是：各感知觉系统如视力、听力、味觉、嗅觉和皮肤感觉等出现普遍的退行性变化，对外界刺激反应的敏锐度下降，感知时间延长。随着年龄的增加，老年人眼睛晶状体弹性变小，调节力逐渐下降，看不清近物，出现“老花眼”。老年人对弱光和强光的感受性明显下降，对颜色的辨别力也有所下降。此外，老年人对物体形状、大小、深度和运动物体的视知觉都比年轻人差，对视觉信息的加工速度也有较大下降。老年人视力严重受损会缩小其活动空间并会导致不良的情绪反应。尽管有上述种种退行性变化，但是由于老年人有长期的视觉经验，可以弥补视觉能力下降的不足。

和视力问题一样，听力随年龄增长呈现同样的变化趋势。听力损失主要表现为高频听力困难[①]，所以老年人听女高音比听男低音困难，听女声比听男声困难，听高音喇叭放出的声音比低音喇叭的困难。男性在各个年龄阶段听高频音的能力都不如女性，因此随着年龄的增长他们也会出现更多的听力损失，到 70 岁以后，男性已经丧失了大部分高频音的听力能力。听力损害会导致老年人在理解别人讲话时出现困难，产生严重的社会隔离感，甚至会导致抑郁和其他情感障碍。而那些有偏执倾向的老人，在听力受损后，往往会误解听不清的话语，误认为别人对自己怀有敌意。当然大多数老年人能够利用眼镜和助听器来弥补视力和听力损失。

老年人的味觉、嗅觉、皮肤觉和平衡觉也发生了变化。由于味觉的感受器味蕾随着年龄的增长而减少，因而味觉的敏感性也随着年龄的增长而下降。花草香和饭菜香对他们已不再那么诱人，这在无形中剥夺了他们很多的生活乐趣。嗅觉也随年龄增长而下降，这导致了老年人丧失了觉察威胁生命事件发生的能力，如煤气泄漏或火灾，因为这些往往都是通过嗅觉来及时辨别的。老年人对温度的敏感性下降，身体的体温也随增龄而降低，因此有些老人在室温降低时也往往不觉得冷，不知道及时增添衣服。老年人平衡觉的降低导致他们姿态和步态的不稳，容易摔跤而导致骨折。老年人由于害怕摔跤而限制了自己的身体活动和社交，这增强了他们的社会隔离感。正因为老年人的感知觉发生了一系列退行性变化，所以家人要给予他们细心的照顾和护理。

（二）老年人记忆的变化

记忆加工要经过编码、贮存和提取三个阶段。老年人的记忆有这样的特点：在编码阶段，许多老年人可能因为不能很好地加工新信息而导致后来的记忆问题；如果给予老年人一定的指导，告诉他们使用某种编码策略，那么老年人和青年人在记忆表现上的差异就会减少或消除。

---

① See L. J. Brant and J. L. Fozard，“Age Changes in Pure-tone Hearing Thresholds in a Longitudinal Study of Normal Aging”，*Journal of the Acoustical Society of America*，1990（88），pp. 813 – 820.

在贮存阶段，工作记忆受年龄差异和年龄变化的影响。工作记忆在信息存储的同时，对信息进行处理和操作，从而使信息能够以适宜的形式存储在永久性的长时记忆中。工作记忆对于完成学习、推理、心算、语言理解等复杂的认知活动起关键作用，也是日常生活中必不可少的一种基本能力。老年人记忆缺损可能发生在存储过程中，因为他们一次只有较少的信息能够得以处理；老年人记忆缺损也可能发生在对信息的加工或处理过程中，当记忆任务较为复杂时，老年人可能难以应用有效的加工技巧，而且老年人工作记忆的加工速度也在减慢。

在提取阶段，老年人提取已存储的信息时，也会有很大的难度。再认和回忆都是从长时记忆中提取信息的过程，再认是指过去经历过的事物再次呈现在面前时仍能被认识，回忆是指过去经历过的事物不在面前而在头脑中再次重现并加以确认的过程。老年人的再认保持较好，而回忆则明显减退。虽然老年人比青年人更难以从记忆中提取信息，但老年人从有关记忆的线索中可以获得比青年人更多的帮助。

除了在记忆的编码、贮存和提取上存在年龄差异外，对自身记忆能力的信念即记忆的自我效能上也存在年龄差异。老年人对自身记忆能力的评价要低于青年人，并对自身的记忆有更多抱怨。一些疾病也会影响老年人记忆，如老年痴呆症患者，在发病初期主要表现为记忆力减退。所以老年人对记忆的抱怨更多的是由于抑郁和不良的健康状况导致，而非实际的记忆缺失。总之，老年人记忆变化的总趋势是随着增龄而减退，但同时也要看到每个人记忆衰退的速度和程度并不相同，存在很大的个体差异。

（三）老年人智力的变化

智力与年龄的关系非常复杂，一方面随着年龄的增长，老年人的智力有所衰退；另一方面，老年人的智力并非全部衰退。卡特将智力分为晶体智力和液体智力两种，晶体智力主要是后天获得的，它与知识、文化、经验积累和领悟能力有关。由于老年人阅历广、经验多，这种智力不但不会减退，反而有所增长。液体智力主要与人的大脑、神经系统、感觉和运动器官的生理结构和功能有关，如思维敏捷性和反应速度等，液体智力在成年早期达到峰值后，随年龄增长会逐渐下降。

西雅图的研究者进行了一项有关智力的纵向研究，他们试图探寻有多少人随着年龄增加而出现显著的智力下降。[①] 研究对象从32岁到88岁，每隔7年测一次。研究发现：至少有75%的研究对象将言语意义、演绎推理、词语流畅性、数字能力和空间定向五种基本智力保持到了60岁；到74岁时，仍有70%的个体的智力在过去7年间没有显出任何变化；甚至到了81岁，至少有60%的研究对象还保持了先前稳定的智力水平。

正常的生物衰退，即脑和神经系统的衰退以及心血管等方面的疾病，会影响老年期的智力。而退休导致的社会隔离、家庭成员和朋友的死亡、长期抑郁，也可能使老年人智力

---

① See K. W. Schaie, “Perceptual Speed in Adulthood: Cross-sectional and Longitudinal Studies”, *Psychology and Aging*, 1989 (4), pp. 443 - 453.

下降。但那些保持积极生活方式的老人，可能直到80岁甚至更高年龄才会出现智力下降。所以长寿并不是获得智慧的必要条件，长期的经验积累才是拥有智慧的必要条件。

（四）老年人情绪的变化

情绪是人对客观事物是否符合自己的需要而产生的态度和体验。老年人对于自己的情绪表现和情感流露更倾向于控制，这是由于老年人形成了比较稳定的价值观以及较强的自我控制能力。但由于身体机能的下降，老年人很容易受到疾病的困扰，而且疾病持续的时间也较长，再加上社会环境和家庭环境的变化，老年期消极悲观的负性情绪逐渐开始占上风，如失落感、孤独感、疑虑感、抑郁感和恐惧感等增多。

（五）老年人性格的变化

性格是个人对现实的稳定的态度和习惯化了的行为方式。就大多数老年人来说，个人的性格特点是其年轻时性格的延续。但人到老年，性格也会发生一些变化。美国的一项纵向研究曾对40～80岁的个体进行了长达10年的跟踪，结果发现老年人的个性心理特征既有变化的一面，也有稳定的一面。他们的个性结构和所属的类型都基本上保持稳定，但随着年龄的增长，他们对待周围环境的态度和行为方式，则表现出由主动向被动、由朝向外部世界转而朝向内部世界的变化趋势。[①] 菲德曼（Feldman）等人的研究表明老年女性比老年男性有更多的男性化倾向，但老年男性也同时表现出男性化特征的增加。偏执症、精神分裂症、精神衰弱和躁狂症随着增龄而减少，但抑郁症随增龄而增加。[②]

年龄差异对性格的影响可归因于代际差异，因为不同时代的人所参照的行为标准是不一样的。年龄并不是影响性格变化的决定性因素，智力、教育、社会地位、健康以及环境的重大变化对性格均有重要影响。

二、老年人的心理测量指标

心理测量是根据一定的心理学理论，使用一定的操作程序，给人的行为确定出一种数量化价值的研究方法。目前针对老年人的心理测量主要有智力量表、人格量表和心理卫生评定量表。

（一）智力量表

智力量表主要有修订韦氏成人智力量表（WAIS-RC）和瑞文测验。

1. 修订韦氏成人智力量表（WAIS-RC）

修订韦氏成人智力量表（中国版）由湖南医学院龚耀先于1982年修订完成。WAIS-RC

---

① See B. L. Neugarten (Ed.), *Personality in Middle and Late Life*, Atherton Press, New York, 1964.

② See S. S. Feldman, Z. C. Biringen, S. C. Nash, "Fluctuations of Sex-related Self-attributions as a Function of Stage of Family Life Cycle", *Development Psychology*, 1981 (17), pp. 24 – 35.

内容包括：常识（29项）、理解（14项）、算术（14项）、类同（13项）、背诵（19项）、词汇（40项）、数字符号（90项）、填图（21项）、积木图案（10项）、图片排列（18项）和拼图（4项）等。它有两个量表，一个适合城市居民，另一个适合农村居民，年龄在16周岁以上的男性和女性都可采用。

2. 瑞文测验

“瑞文标准推理测验”和“瑞文测验—联合型”（CRT）是目前国内常用的两种智力测验修订版。其中，“瑞文标准推理测验（中国城市修订版）”是张厚粲于1986年主持修订的。试题的形式是非文字式图形，被试根据图形的规律进行推理并填补。这套测验共60道题目，包括五个系列，主要测验知觉辨别力，图形比较、组合、整合、互换等抽象推理能力。这套测验对幼儿和成人都适用。

“瑞文测验—联合型”（CRT）是李丹于1988年主持修订的。它由瑞文彩色型（三个系列）和标准推理测验的后三个系列组成，共六个系列72题。这套测验适用于5～75岁的幼儿、儿童、成人和老人，有城市常模和农村常模。

（二）人格测验

目前国内常用的人格测验主要有艾森克人格问卷（EPQ）、卡特尔16项人格因素量表（16PF）和明尼苏达多相人格量表（MMPI）。

1. 艾森克人格问卷（EPQ）

艾森克人格问卷是由英国心理学家艾森克编制的，陈仲庚1982年进行过修订，共有85个题目。EPQ是一种自陈量表，目前有成人问卷和青少年问卷两种。EPQ由四个量表组成，即内外向量表（E）、神经质量表（N）、精神质量表（P）和效度量表（L）。前三个量表主要测验被试人格的三个维度，即内外倾向性、情绪性和精神质性，L量表主要测验在回答问卷时的掩饰性。

2. 卡特尔16项人格因素量表（16PF）

卡特尔16项人格因素量表是由美国心理学家卡特尔编制的，16PF英文原版共有A、B、C三个复本，于1956—1957年相继出版，每本各有187题，每一种人格因素由10～13个试题组成。

这16种人格因素是：乐群性（A）、聪慧性（B）、稳定性（C）、持强性（D）、兴奋性（F）、有恒性（G）、敢为性（H）、敏感性（I）、怀疑性（L）、幻想性（M）、世故性（N）、忧虑性（O）、实验性（Q1）、独立性（Q2）、自律性（Q3）、紧张性（Q4）。这些人格因素是各自独立的，它们的不同组合，构成了一个人的个性特征。

3. 明尼苏达多相人格量表（MMPI）

明尼苏达多相人格量表是由美国明尼苏达大学的哈撒威（S. R. Hathaway）和麦金利（J. C. Mckinley）于20世纪40年代初编制的。国内目前使用的MMPI是宋维真于1984年修订的。MMPI共有566个自我报告形式的题目，内容涉及身体、心理状态和态度等方面。MMPI的临床分量表有10个：疑病症量表（Hs）、抑郁症量表（O）、歇斯底里量表（Hy）、精神病性量表（Pd）、性度（男性化—女性化）量表（Mf）、妄想狂量表（Pa）、精神衰弱量表（Pt）、神经病症量表（Sc）、躁狂病症量表（Ma）和社会内向量表（Si）。此外，MMPI还有四个效度量表，主要用来检查被试反应的有效性。MMPI适用于年满16岁以上的被试。

（三）心理卫生评定量表

心理卫生评定量表主要有老年抑郁量表（GDS）、幸福度量表（MUNSH）和老年心理健康量表。

1. 老年抑郁量表（GDS）

老年抑郁量表由布瑞克（Brink）等于1982编制，是专用于老年人的抑郁筛查表。GDS共有30个条目，包含以下症状：情绪低落、活动减少、易激惹、退缩、痛苦的想法和对过去现在与将来的消极评价。每个条目都是一句问话，要求被试以“是”或“否”作答。GDS是专为老年人编制的，并在老年人中进行了标准化。在对老年人的临床评定上，它比其他抑郁量表有更高的符合率，在年龄较大的老年人中这种优势更加明显。

2. 幸福度量表（MUNSH）

纽芬兰纪念大学幸福度量表（MUNSH）由阿伯特·考兹玛（Albert Kozma）在1980年编制。MUNSH由24个条目组成，10个条目反映正性和负性情感，14个条目反映正性和负性体验。MUNSH作为老年人心理卫生的评定指标已被许多国家广泛使用。

3. 老年心理健康量表

老年心理健康量表是由吴振云、许淑莲等人于2001年编制。共50个条目，包括5个分量表：性格量表（8条），情绪量表（9条）、适应量表（12条）、人际量表（12条）和认知量表（9条）。量表得分与流调中心抑郁量表得分、生活满意度、健康满意度、慢性疾病患病数和遭遇重大生活事件数等因素显著相关。该量表适用于中国老年人的心理健康调查，并建立了北京城区老年人心理健康常模。

第四节　老年人的心理问题及其疏导

一、老年人心理问题的表现

老年人常见的心理问题有退休后适应问题、焦虑和抑郁的情绪问题，以及智力退化问题。

（一）退休后的适应问题

退休是人生的一个重要转折，也是老年期开始的一个标志。很多人都盼望着退休后能过上清闲的日子，但有些人对退休后的生活适应不良。离退休综合征是指老年人由于离退休后不能适应新的社会角色、生活环境和生活方式的变化而出现焦虑、抑郁、悲哀、恐惧等消极情绪，或因此产生偏离常态行为的一种适应性的心理障碍，这种心理障碍往往还会引发其他生理疾病，影响身体健康。

常见的未能适应退休生活的现象有：有的老年人只顾缅怀往昔，对眼前的事情不感兴趣，整日以打牌、睡觉来消磨时间，生活显得很沉闷；有的老年人退休后常常待在家里，不愿结识新朋友，或为了减少开支，谢绝任何社交活动，造成与社会的隔离；有的老年人将大部分时间用来做家务或照顾亲人，但同时与家人（或照顾者）的冲突与日俱增，弄得自己烦恼、郁闷。

对退休的认识与准备不足会影响退休后的适应，因为退休是从职业角色过渡为闲暇角色，从主体角色退化为配角，从交往范围广、活动频率高的动态型角色转变为交往圈子狭窄、活动频率低的静态型角色。如果老年人不能很好地适应这些角色的转变，就会导致生活习惯、人际关系、认知和情感的不适应。当然那些退休前就有广泛爱好，心情比较开朗，又善于结交新朋友的老年人会很快适应退休后的生活。

（二）焦虑、抑郁的情绪问题

我们经常看到有些老年人心烦意乱，坐卧不安，为一点小事而提心吊胆，紧张恐惧。这种现象在心理学上叫做焦虑，严重者称为焦虑症。焦虑是个体由于达不到目标或不能克服障碍的威胁，致使自尊心或自信心受挫，形成一种紧张不安带有恐惧性的情绪状态。焦虑症主要表现在身体紧张、自主神经系统反应过强、对未来无名的担心和过分机警。引起老年人心情紧张的因素很多，如对环境不适应、与家人发生冲突、担心自己的亲人及自己的财产和自己的健康。过分的焦虑会使老年人容易疲劳、难以集中注意力、易激惹，还会出现睡眠问题（入睡困难、睡眠不稳或不踏实）。

世界卫生组织的最新资料显示，到了2020年，抑郁症将成为仅次于癌症的人类第二大杀手。抑郁症是以持久的情绪低落为特征的一种情感性的心理障碍，多伴有躯体、认知和行为障碍。患抑郁症的老年人常感到周身疼痛、胸闷、心悸、厌食、反应迟钝、注意力下降，并且活动的积极性和主动性下降，自我评价低，常出现自责、自卑和厌世想法。

抑郁症的出现与老年期的各种丧失有较大的关系，这些丧失包括工作的丧失、收入的减少、亲友的离世和人际交往的缺乏等。老年抑郁症的发生也与老年人的个性有关，一般来说，性格比较开朗、直爽、热情的人，患病率较低；而性格过于内向或平时过于好强的人易患抑郁症。另外，老年人的各种身体疾病，如高血压病、冠心病、糖尿病及癌症等，都可能继发抑郁症；还有许多患慢性病的老人，由于长期服用某些药物，也易患抑郁症。

老年人的自杀和自杀企图有50%～70%继发于抑郁症。老年人对忧伤的情绪往往不能像青年人一样很好地表达，常用“没有精神”、“心里难受”等来表达抑郁的体验，家人往往以为是老年人身体不舒服，并不会给予应有的重视。而老年人一旦决心自杀，常比青壮年更坚决，行为也更为隐蔽，这要引起我们的高度重视。

（三）智力退化问题

人到老年，智力会有一些退化，痴呆是老年人常见的一种比较严重的智力退化现象。老年痴呆症是指老年人因生理、心理机能的衰老，在外界强烈刺激作用下所引起的缓慢发展的智力缺陷症，它是人体脑功能失调的表现，是以脑组织的退行性变化和智力衰退缺损为特征的一种高级神经活动功能障碍。老年痴呆症大致分为两种类型：一种为血管性痴呆症，这种类型的痴呆症多为血管病变所导致，通过药物治疗大部分的症状可获得改善；另一种为脑神经细胞退化性的痴呆症，这类痴呆症在医学上称为阿尔茨海默病，对此类病患，目前尚无特效药可治，但可在其脑神经细胞未退化前加以预防。

老年痴呆症病情呈渐进行性发展。在发病初期，主要表现为记忆力明显减退，性格变得任性、多疑、敏感、自私和暴躁。在发病中期，突出的表现是对时间、空间的辨认障碍明显加重，记忆力严重衰退。此外，患者在情绪、人格、智力等方面也出现了严重的障碍，精神日益衰退，行为紊乱，言语重复，食欲亢进，动作幼稚，生活自理能力越来越差，睡眠时间明显减少，睡眠节律发生紊乱或颠倒。在发病晚期，患者进入全面衰退状态，智能完全丧失，情绪反应迟钝，运动障碍日趋明显，大小便失禁，丧失言语能力，身体日益消瘦，生活不能自理，终日卧床。

老年期发生痴呆的病理相当复杂，一般来说，随着年龄增长，脑本身出现退行性变化，如脑细胞和组织萎缩等，使脑功能出现失调；与脑血管相关的一些脑部疾病，如帕金森氏病、脑外伤后遗症等，以及酒精中毒、营养失调等其他因素，也可能导致老年人发生痴呆；此外，还有一定的家族遗传因素的影响。对于老年痴呆症的治疗，目前在医学领域尚无特效的疗法，因此，早发现、早治疗就显得尤为重要。

二、老年心理咨询、疏导及其服务

心理咨询主要是指心理学工作者或心理咨询专家运用心理学的知识、理论和技术，通过回答问题、解释疑惑、提供建议、商量讨论等方式，为来访者解决其心理问题的一种方法。对老年人进行心理辅导，首先要把握来访者的心理问题。在初次见面时辅导者除了要与来访者建立相互依赖、地位平等的关系外，还应注意搜集信息，搞清问题的大致范围和可能性质，明确咨询目标。

其次，在对老年人进行心理辅导时，还要选用合适的心理咨询和治疗方法。常用的心理咨询和治疗方法有：精神分析法、行为疗法、来访者中心疗法和认知疗法。精神分析法是通过分析，使来访者意识到自己无意识中的症结所在，产生意识层面的领悟。来访者一旦真正了解了症状的真实意义，症状便可自行消失。行为疗法是通过对来访者反复训练，帮助患者矫正和消除不良行为，建立新的适应行为。来访者中心疗法基于人本主义理论而创立，它强调创造一种良好的环境，形成真诚相待，互相理解，彼此尊重的气氛，帮助来访者认识自身的价值和潜能，发现真正的自我，对自己的成长负责，并朝着自我实现的目标前进。认知疗法是通过改变来访者的认知过程和由这一过程所产生的不合理观念，进而纠正不良的情绪或行为。上述四种方法各有利弊，选用何种方法要针对老年人的具体情况而定，但对老年人要尽量采用短期的辅导与治疗，必要时也可结合药物治疗。

最后在对老年人进行心理辅导时，还要注意辅导者和来访者之间的转移和逆转移关系。在心理咨询和治疗中，来访者把他过去生活中所形成的人际关系和对特定对象的感情和欲望转移到辅导者身上，对辅导者形成一种不合理的非现实的感情、印象和要求，叫做转移。所谓逆转移是辅导者把他自己的人际关系、认知和情感转移到来访者身上。

比如当来访者的年纪较大，而辅导者的年纪比较小时，来访者会把他对他的子女的关系与感情转移到辅导者身上。如果来访者的子女平常对他管得太多，他会觉得年轻的辅导者对他提的建议也是在管制他，来访者无形中会产生烦恼和抵触情绪。假如辅导者能及早发现并注意这种转移关系，就会使辅导更有成效。反过来，年轻的辅导者也会把自己对父母的情感与关系转移到来访者身上。比如，辅导者在实际生活里，不喜欢自己父母过分唠叨，就容易对有唠叨倾向的来访者感到特别厌烦；而如果辅导者在实际生活里很喜欢自己的父母，或是同情自己年老的父母，就可能对年老且有残疾的来访者产生过分偏袒的心理。友好、协调和爱的转移为正性转移；敌对、攻击和否定的转移为负性转移。但不管发生哪种转移，都会偏离治疗的中性原则，影响治疗的效果。

心理咨询人员不仅应重视来访者心理问题的诊治工作，更重要的是应重视咨询过程中心理卫生知识的宣传教育，只有使预防重于治疗的思想深入人心，才能更好地发挥心理咨询在促进老年人心理健康方面的作用。

本章要点

1. 老年心理学主要是研究老年期个体的心理特点和规律的科学。它涉及老年期的心理活动、心理状态和心理特征三个方面。

2. 老年心理学的研究方法包括研究设计和具体的研究方法两个方面。在研究设计中主要有横向研究设计、纵向研究设计和连续研究设计。

3. 生理上的衰老和社会环境的变化，导致了老年人在感知觉、记忆、智力、情绪和性格等方面发生一系列的变化。

基本概念

心理活动、心理特征、知觉、人格、连续研究设计、心理测验、离退休综合征、抑郁症、老年痴呆症、心理咨询、精神分析法、行为疗法、来访者中心疗法、认知疗法、转移和逆转移

复习思考题

1. 老年心理学的研究对象和学科特点是什么？
2. 老年心理学的研究设计和具体研究方法有哪些？
3. 老年心理学有哪些主要理论？
4. 老年人的心理特点是什么？
5. 老年人主要存在哪些心理问题？
6. 如何做好老年心理咨询、疏导和服务工作？

推荐阅读书目

1. ［日］长谷川和夫．老年心理学．哈尔滨：黑龙江人民出版社，1997.
2. 程学超．老年心理学．济南：山东教育出版社，1986.
3. ［日］井上胜也．老年心理学．上海：上海翻译出版公司，1986.
4. 许淑莲．老年心理学．北京：科学出版社，1987.
5. 曾文星．老人的心理与辅导．北京：北京医科大学出版社，2001.
6. 韩布新．中老年心理健康与咨询．北京：中国林业出版社，2002.
7. James E Birren. *Handbook of The Psychology of Aging*. Academic Press，2001.
8. Ian Stuart-Hamilton. *The Psychology of Ageing*. Jessica Kingsley Publishers，2000.
9. ［美］K. W. 夏埃，［美］S. L. 威里斯．成人发展与老龄化．上海：华东师范大学出版社，2003.

第八章

老年和老龄经济学研究

老年和老龄经济学是老年学研究的一个重要领域，也是老年学学科体系的一个重要组成部分。虽然关于人口年龄结构经济含义的早期分析可以追溯到19世纪[①]，但是在老年人口和人口老龄化研究领域，经济学家却是后来者。直到20世纪30年代，欧美的一些人口学家和经济学家才开始真正关注人口老龄化的经济后果。第一个真正比较系统地对人口老龄化经济后果进行系统研究的当属1956年联合国发表的由世界著名人口学家、法国国家人口研究所所长皮撒执笔的《人口老龄化及其社会经济后果》。更近的、具有更广泛影响的研究包括：斯宾格勒（J. J. Spengler）所著《面对人口零增长》（1978）、克拉克（R. L. Clark）和斯宾格勒合著的《个体和人口老龄化经济学》（1980）、斯多尔尼茨主编的《人口老龄化的人口原因和经济后果》（1992）。在20世纪80年代初，"人口老龄化经济学对经济学家和其他社会科学家来说，还是一门新的学科"[②]。20世纪80年代中期以来，一些西方国家老年人口的增长和人口老龄化程度日益加剧，使经济增长、劳动力供给、社会保障制度、社会福利和公共财政政策以及代际关系等方面面临着挑战，这促使老年和人口老龄化经济学研究获得了进一步的发展。

在我国，20世纪80年代关于老年人口和人口老龄化经济学的研究基本上还是一项空白，直到90年代才出现了有关的研究，而到90年代末，随着我国老年人口的增长和人口老龄化进程的加速以及社会保障制度面临的危机日益凸显，我国经济学界在该领域的研究才开始逐步深入。

---

① 例如德国学者经济学家 Hans von Magoldt 在1868年出版的 *Volk Swirth Schaft Slehre* 一书中曾指出，一个国家人口的平均劳动生产率取决于劳动年龄人口与总人口的比率，而该比率与年轻人口的数量成反比。参见 Robert L. Clark and Joseph J. Spengler，*The Economics of Individual and Population Aging*，Cambridge University Press，Cambridge，1980，p. 3。

② Robert L. Clark and Joseph J. Spengler，*The Economics of Individual and Population Aging*，Cambridge University Press，Cambridge，1980.

第一节　老年和老龄经济学的研究对象及方法

一、老年和老龄经济学的研究对象

老年和老龄经济学研究的对象包括两个方面：一是个体增龄与其经济特征变化之间的关系，主要是研究老年人的经济行为和经济状况，包括老年人劳动参与率、退休、收入水平和收入来源、贫困、财产与负债状况、消费需求和消费行为、储蓄水平和储蓄倾向、生活安排、与子女（及其他后辈）的经济互动关系等；二是在宏观层面上研究老年人口增长和老龄化与经济发展之间的关系，主要是研究老年人口增长和老龄化的经济后果，包括劳动力供给与需求、劳动力价格、技术进步、社会劳动生产率、经济增长速度、产业结构、消费需求、储蓄和投资、社会负担、社会保障、转移支付、公共支出和财政政策、代际经济关系等。虽然这两个研究领域具有相对的独立性，但是它们之间仍然存在着密切的联系，前者为后者提供了微观基础，而后者为前者提供了宏观背景。在老年人口绝对和相对规模较小的条件下，老年人的经济特征和行为不会给宏观经济带来明显的影响，只有在老年人口绝对规模和相对规模较大并且迅速增长的条件下，才会产生实质性的影响，并且随着这一人口现象的发展，其影响也就更直接、更强烈、更广泛。例如，老年人的消费行为和储蓄行为将会给社会消费和储蓄带来影响，进而会影响到投资和经济增长；老年人的就业状况也会影响到劳动力的供求关系。反过来，老龄化经济学为老年经济学提供了宏观的条件。例如，一个国家的经济发展水平、产业结构、社会保障制度和其他社会转移支付制度都会影响到老年人的经济状况以及老年人的经济行为。

在人口老龄化的不同阶段，老龄化的经济意义也不完全一样。人口老龄化是由人口转变导致的必然结果，是人口年龄结构转变的必然趋势。根据人口学原理，人口老龄化有两种形态：一是底部老龄化（主要是由于生育率下降而导致的老年人比例的提高）；二是顶部老龄化（主要是由于寿命的延长和老年人规模增长而导致的老年人比例的提高）。从世界各国的人口老龄化发展的历史轨迹来看，人口的老龄化基本上是从底部老龄化启动，然后逐步转变为顶部老龄化。从经济学角度看，这两种老龄化的经济意义有很大的区别。在第一种状态下，人口年龄结构还处于“机会窗口”时期，由人口转变带来的人口红利的经济效应是积极的。问题主要是出现在第二种状态。在这种状态下，老年人口规模和人口老龄化程度一同增长，并可能给经济带来不利影响甚至冲击。其实，传统经济学并不关注老年人，因为老年人已经退出了经济活动领域，一般都把老年人纳入整个人口之中，并不做单独考虑。但是当一个国家人口的年龄结构进入了顶部老龄化进程以后，老年人及其规模的经济影响就将凸显出来。老年人在收入、消费、储蓄等方面行为特殊性的潜在经济影响，将会由于老年人口规模的增长而被释放和放大。由此可见，当一个国家人口出现顶部老龄化现象时，才具有老年和老龄经济学研究的现实需要。

二、老年和老龄经济学的研究方法

作为经济学研究的一个重要分支领域，老年和老龄经济学采用经济学的规范研究方法。但是，由于研究对象的特殊性，老年和老龄化经济学也具有自己特殊的方法论和理论基础。但是在这方面，无论是国内还是国外，都比较薄弱。

（一）老年人经济行为和经济状况研究的方法论中应该关注的几个问题

1. 行为人有限理性及代理决策假设

“经济人”或“经济人理性”是经济学分析的一个重要假设。个人的经济行为实际上是一种决策行为，这种行为是理性的。但是，当一个人进入老年后，其决策能力可能会随着年龄的增长和健康方面的原因而下降甚至丧失，这种情况一般会导致其他人代理决策的现象。因此，我们关于老年经济学的研究应该以有限理性和代理决策为前提。

2. 个人资源生命周期合理配置假设

人的一生是个人资源不断被开发和使用的过程，但是这些资源的开发和使用在生命周期各个阶段的意义有很大差别。如果我们把一个人的生命周期划分为成长期、工作期和退休期的话，那么在成长期，是以个人资源的开发为重心，在工作期则是个人资源的开发和使用并重，但随着年龄的增长，使用将超过开发，在退休期则是以个人资源的使用为主。就老年和老龄经济学而言，虽然从表面上看它是研究老年人的经济特征及其影响，但是，其本质应该是研究一个人一生中的资源配置问题，即以生命周期为基础的个人资源开发（包括生育、人力资本投资、社会资本投资）与个人资源的合理配置。从另一个角度看，一个典型的个人生命周期具有以下特征：在生命周期的第一个阶段（成长期），主要是以消费为主，当然其中很多消费具有人力资本投资的意义；在生命周期的第二个阶段（工作期），个人在消费的同时，也获取收入，并在达到一定年龄以后，其收入水平可以补偿其成长期的消费和当期消费，并为生命周期的第三阶段进行储蓄；在生命周期的第三阶段（退休期），个人已经退出劳动力市场，其消费属于纯粹的消费，并主要依靠过去储蓄的收入。

3. 社会资源代际转移假设

在现代经济条件下，一个人一生拥有的个人资源除了自身拥有的时间、人力资本、收入等资源以外，还包括家庭内部以及社会范围内的转移资源。家庭内部资源的代际转移主要通过人力资本投资、赡养、遗赠等形式实现，而社会资源的代际转移则主要通过社会保障制度等社会转移支付等收入再分配机制实现。在传统的社会中，家庭内部的资源代际流动是资源代际转移的主要形式，这是一种封闭式的代际资源转移模式。在现代经济条件下，以社会保障为基础的开放性的社会资源代际转移已经成为主导模式。因此，在老年和老龄经济学的研究中，社会代际资源转移是一个重要的理论前提。

4. 生命周期个人福利最大化原则

传统经济学中消费者行为理论、家庭效用理论的基本原则是在资源约束条件下如何实现效用最大化，但是其方法论的基础是时期分析。这个原则在老年人经济行为（特别是消费行为）的分析中依然成立。但是如果从生命周期角度考虑，基于时期分析的原则就远远不够了。换言之，老年人经济学研究的对象虽然是老年人，但是我们必须把老年人的整个生命经历考虑在内。一个人在老年时期的经济状况、经济行为与其生命周期的其他阶段的经历是密切相连的。作为一个理性的人，当其具备自主意识、自主能力的时候，老年时期的生活安排（收入、风险等）就在其决策范围之内。因此，从生命周期角度考虑，效用最大化原则就必须修正为个人生命周期福利最大化原则。这个新原则的另一个特性还包括了个人资源的开发和配置。个人资源开发主要包括本人的人力资本投资、对他人的人力资本投资（生育）和社会资本投资。而个人资源的生命周期配置包括了个人时间资源、经济资源、家庭资源在生命周期各个阶段的合理配置，以实现个人生命福利的最大化。当一个国家人口平均预期寿命比较高的时候（如超过 70 岁），人们就会更加关心自己老年时期的生活保障和生活质量，并在工作时期开始就为自己的老年生活进行准备。因此，一个人在老年时期的福利水平在很大程度上取决于其工作时期的收入水平和经济行为，而一个人对自己老年时期生活质量的预期也会在很大程度上影响其工作阶段的经济决策和经济行为。

5. 人口年轮

老年和老龄经济学虽然研究老年人的一般经济特征和经济行为，但是，应该注意的是，不同国家经济发展时期的老年人之间可能存在着差别，甚至可能是非常明显的差别。特别是在社会和经济转变迅速的条件下，更可能如此。所以，我们可以根据规范性研究来推断老年人一般经济特征和经济行为，但实际上，各个国家或者同一国家不同时期的老年人的行为方式却存在着明显的差别。例如，一个人进入老年以后，其储蓄倾向是否会降低？从目前的有关研究资料看，还没有一致性的结论。因此，在老年人经济学研究中应该注意“年轮”分析方法。其基本前提是，同时出生或者经历相同的老年人一般具有相同的经济特征和经济行为模式。例如，老年人的消费倾向、消费方式、储蓄倾向、就业模式等都与其过去的社会和经济经历有密切的联系。在这种方法中，应该注意区别的是“此时的老年人非彼时的老年人”。特别是在我国，由于经济发展与社会变革都非常迅速，人口年轮分析方法的意义就更加突出。

（二）社会代际关系：老年和老龄经济学研究方法论中应该关注的一个重要问题

老年和老龄经济学研究可以分为两个领域：一是传统经济学领域，二是政治经济学领域。在前一个领域中老年和老龄经济学并没有自己独特的方法论，基本上是以传统经济学的方法论为基础。但是在后一个领域，老年和老龄经济学有一个重要原则——社会代际关系调节原则。可以说，老年和老龄经济学在这个领域的研究可以称为老龄政治经济学。

所谓“代”在家庭层面与社会层面的含义是完全不同的。就家庭而言，“代”是指以血缘关系和婚姻关系为基准划分的辈分；就社会而言，“代”是指人们依照某一（或某些）共同的自然和社会特征，并以年龄为识别基准划分的社会群体归属。每一个人在家庭中都属于某一特定的辈分，而在社会中也至少会属于某一特定的社会代属。代际关系，在微观层面体现为一种家庭结构或家族结构，在宏观层面则表现为一种社会结构。在代际关系结构中，每一个家庭（家族）成员或社会成员都会属于一个特定的辈分或代属，并在这个结构体系中依据血缘、伦理和法律等自然和社会制度的安排形成与其他辈分或社会代属之间的社会关系，最终结构为一种稳定的社会秩序。在现代社会中，老年人与劳动力人口之间的代际关系尤其重要。

就老龄政治经济学而言，其研究重点是代际经济关系以及相应的社会和政治关系，我们的分析应该建立在以下假设基础之上：第一，不同的世代是具有各自特殊利益的社会集团；第二，代际权利均衡取决于一个国家的政治制度、经济制度、财产制度和家庭制度；第三，市场经济条件下，老年人处于弱势地位；第四，社会利他与社会资源的代际转移；第五，社会公平是一个社会和政治制度的基本价值取向。

20世纪80年代以来，随着人口老龄化程度的加剧，西方国家在第二次世界大战以后建立的高福利制度遇到了严重的挑战，甚至导致了一些国家社会保障制度的危机。但是，这场挑战和危机的本质并非资源短缺，而是资源代际转移和公平分配关系问题，因此，代际关系变得更加敏感和复杂。这种关系的表现已经不仅仅表现在伦理和道德层面上（是否承认老年人过去对社会所做的贡献、如何评价老年人的社会和经济地位、老年人的社会经济角色等），而且更突出地表现在经济利益和政治利益的矛盾和冲突上（资源和机会如何实现代际转移、权利和义务怎样均衡、老年人和其他年龄人口的公平竞争等）。此外，在一些民主选举的国家，老年人口规模的增长，使得政治家们开始把老年人作为一个重要的选票来源，因此，这些国家老年人的政治影响力有扩大的趋势。在这种政治背景下，世代之间的经济和政治力量的均衡关系也面临着新的调整。

家庭内部的代际关系中有利他与利己问题，但是从宏观层面上看，家庭内部的资源代际分配关系并不能自动地实现外在化。换言之，一个社会的代际关系与一个家庭内的代际关系并不是一回事，前者将更为复杂。在传统社会和经济形态中，社会资源的代际分配关系并不存在，或者说，这种关系虽然存在，但是大多数的情况下并不显现出来，只有在公共财产需要代际传递的时候才会凸显。在这种社会中，代际关系主要体现在家庭内部。例如，我国的孝道文化观念和社会范式强调子女与父母之间的关系准则，而在社会层面，只是停留在“尊老”的伦理上。换言之，在我国传统社会中孝道的经济学含义只是资源在家庭内的代际转移与分配，而不是社会资源的代际转移与分配。由于在传统社会中并不存在着转移支付制度，因此，老年人的生活资源是通过其子女的“反哺”而获得。

但是在现代社会中，我们所面对问题的性质则完全不同。在社会层面上，代际的利他倾向或利己倾向将如何变化？利他倾向的基础是什么？社会代际利他与家庭代际利他有何本质的区别？如果说家庭中的代际利他更多的是主观利他，那么社会代际利他则可能更多的是客观利他，因为社会利他缺乏生物学和伦理学基础。我们已经看到，在一些社会中已经出现了某些形式的代际冲突。没有一个正确的理论基础，我们根本不能构建起一个稳固和有效的社会制度和机制，以实现和保障资源在世代之间的合理流动。

社会利他的基础是什么？答案可能有二：其一，老年人过去为社会、经济、技术、文化等方面的发展做出了贡献，因此，他们有权利从这种贡献中获得社会的回报；其二，后辈人之所以获得比前人更优越的生存、生活和发展环境，是由于前人的贡献，所以后辈有义务为老年人提供资源支持。但是，这两种伦理学意义上的解释并不能解释和说明社会利他的客观基础。

社会代际利他的客观基础包括以下几个方面：

第一，在现代经济条件下，一个人为了防范老年时期的收入风险，必然将自己的一部分资源储存起来。但是对大多数人来说，未来的风险防范仅靠自己是难以做到的。因此，防范老年时期收入风险是一个人在年轻时就已经存在的需求。而这种需求将会迫使人们降低自己的消费倾向，当人们的消费倾向过低的时候就会引致有效消费需求的不足，使整个经济的增长缺乏动力。

第二，如果劳动者要求自己的现期收入必须有足够的部分用于自己的老年收入保险，必然会提高市场工资率，或者使企业的成本提高，使投资刺激下降，进而导致投资的有效需求不足，最终使整个经济缺乏增长的动力。因此，人们要求建立社会安全保障，即社会保障制度。从本质上讲，社会保障制度是一种社会资源的代际转移机制。换言之，一个人要实现利己目的，首先必须利他，这就是社会客观利他的真正含义。因此，社会保障制度是社会利他的制度体现。

但是，在一个国家的人口老龄化程度较高的条件下，社会资源的代际转移关系就可能会出现矛盾、冲突甚至危机。20 世纪 80 年代以来，一些国家在人口迅速老龄化的压力下，社会保障制度已经出现了危机。实际上，这些危机并不是社会资源的绝对短缺，而是人们权利与义务的失衡，或者说，是利他与利己关系的失衡。一般来说，在客观利他的制度中，一个人在老年时期获得的社会转移资源应该大于或者至少等于他在工作期间对社会转移资源的贡献。但是，如果情形相反，那么就会导致利他与利己关系的失衡。这就给老龄化经济学提出了一个重要的课题——社会利他与利己的均衡、权利与义务的均衡。

（三）老年和老龄经济学研究中的两个重要概念

1. 人口年龄负担

人口年龄负担是老年和老龄经济学分析的一个基础指标，它反映了一个国家或地区的人口负担状况，一般用年龄负担系数（也称人口抚养比）来表示。依据被负担的人口，年龄负担系数有三种形式：少儿人口负担系数、老年人口负担系数、人口总负担系数。计算公式分别如下：

$$D_{0\sim14}=\frac{P_{0\sim14}}{P_{15\sim64}} \tag{1}$$

$$D_{65^+}=\frac{P_{65^+}}{P_{15\sim64}} \tag{2}$$

$$D=\frac{P_{0\sim14}+P_{65^{+}}}{P_{15\sim64}} \tag{3}$$

式中：$P_{0\sim14}$为0～14岁少儿人口，$P_{65^{+}}$为65岁及以上老年人口，$P_{15\sim64}$为15～64岁劳动年龄人口。根据老年下限年龄的不同和劳动年龄的上限和下限的不同，公式（2）和（3）可以做相应的变化。

老年和老龄化经济学分析中主要使用老年人口负担系数和人口总负担系数两个指标。在老年人口增长和老龄化水平提高的情况下，老年人口负担系数就会提高，在其他条件一定的情况下，整个社会扶养或支持老年人口的负担就会加重。由于少儿人口负担和老年人口负担在性质、形式、内容和方式上有很大的差别，这两个负担的经济学意义也完全不同。首先，对少儿人口的负担虽然在形式上也需要占用原本可以用于生产活动的资源，但其实质上也是一种投资——人力资本投资，未来可以获得相应的收益；而对老年人口的负担则完全是一种消费。其次，对少儿人口的负担主要是由父母和家庭承担的，虽然国家也有公共投入（如教育和医疗保健），但以私人支出为主；与此相反，老年人负担主要是由社会负担，以政府的公共支出为主（社会保障中的养老金和医疗费用）。表8—1中的数据显示，欧美一些国家用于老年人口的公共支出是用于青少年人口的3～7倍。最后，少儿人口和老年人口在消费内容、方式和途径上也有很大的差别。从这个意义上讲，人口老龄化加重的老年人口负担对经济影响更为直接、更为现实。

表8—1　　一些国家老年人口与青少年人口人均公共支出比率（以青少年支出为1）

国家	比率
澳大利亚	6.17
比利时	5.03
加拿大	5.73
捷克	6.45
丹麦	7.27
荷兰	6.24
新西兰	6.69
挪威	5.43
瑞典	4.05
英国	3.38
美国	6.07

资料来源：Steven A. Nyce，Sylvester J. Schieber，*The Economic Implications of Aging Societies*，Cambridge University Press，Cambridge，2005。

2. 个人经济生命周期

一个人在不同的年龄阶段扮演着不同的社会角色，在其生命过程中会经历不同的人生阶段，这些阶段及其相互关系就构成了一个人的生命周期。一般而言，一个人的生命周期可以划分为三个阶段：成长阶段（青少年时期）、工作阶段（成年时期）和退休阶段（老年时期）。从经济学角度看，一个人在生命周期的各个阶段具有不同的经济特征，需要进行不同的经济决策。图8—1从终身收入与终身消费之间关系的角度表述了个人经济生命周期的模式。该生命周期模式显示，一个人在20～25岁之前，消费超过收入；在20～25岁至60～65岁之间，收入超过消费；在60～65岁以后，消费超过收入。以2000年美国的情况为例，25岁以下人口的消费支出超过其税后收入；25～65岁人口的税后收入则超过了其消费支出，其中34～54岁人口超出的比例最大；65岁及以上人口的消费支出超过其税后收入的11%。[①] 需要指出的是，虽然不同个人的生命周期的第一阶段都是从出生开始，但是由于个人、家庭和社会等方面的差异，第二阶段和第三阶段的起始年龄是有差别的。由于疾病、死亡等原因的影响，有的人可能毕生不能工作，有些人则不能经历一个完整的生命周期。

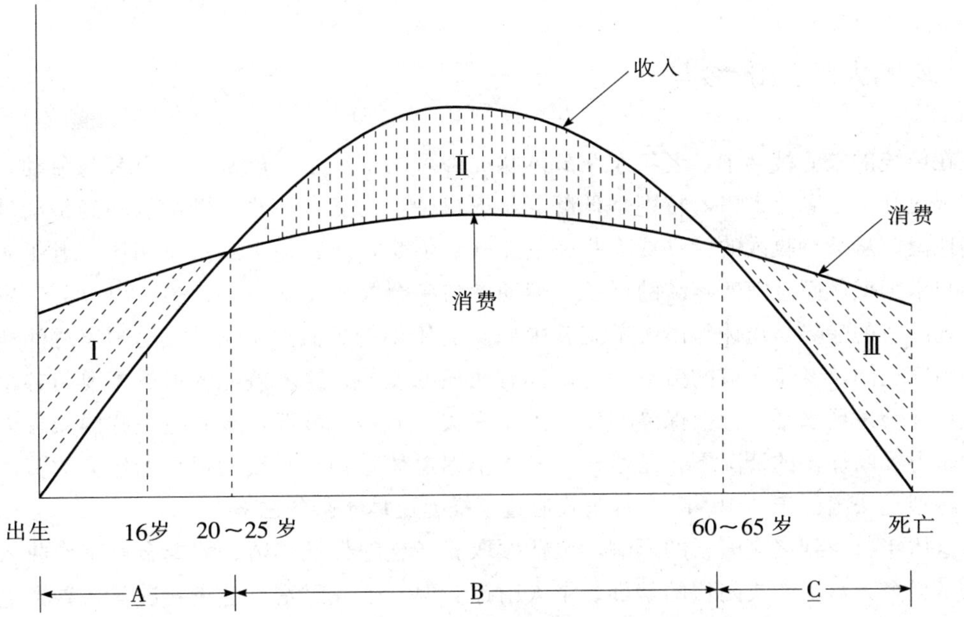

图8—1　个人经济生命周期

注：主要生命阶段.

A. 成长时期：消费超过收入（一般是在20～25岁之前）。

B. 工作时期：收入超过消费（一般是20～25岁至60～65岁）。

C. 退休时期：消费超过收入（一般是60～65岁以后）。

虽然在第一和第三个阶段，个人的消费都大于收入，但是，它们的经济含义有着本质的区别。第一阶段的消费具有投资意义，即人力资本投资，而第三阶段的消费是纯消费。需要特别指出的是，生命周期的各个阶段不仅在时间上相继相随，彼此之间也相互影响。例如，一个人如果在成长时期进行了较多的人力资本投资，虽然在这个阶段其消费更多于收入，但是，由于其人力资本存量水平高，可以获得收入更高的工作，在工作阶段的收入可以更多地超过消费，不仅可以补偿第一个阶段的投资，而且还可以为退休以后的生活做

① See Teresa Ghilarducci (Ed.), *What You Need to Know About the Economics of Growing Old*, University of Notre Dame Press, Notre Dame, Indiana, 2004, pp. 22 - 24.

出更为充裕的准备。

第二节　老年人的经济特征

老年人的经济特征是老年经济学研究的重要内容，也是政府社会和福利政策所关注的重点问题。老年人的经济特征主要体现在其经济参与和经济状况两个方面。

一、老年人的经济参与

在传统的农业社会中，老年人在身体状况许可的情况下一般都会一直参与劳动。即使是在现代社会，老年人口，特别是低龄老年人口中，仍然有一些人继续从事经济活动，更准确地说，从事有收入的劳动或有报酬的工作。但是，与其他年龄人口相比，老年人的劳动参与率很低，而且随着年龄的增长，劳动参与率会大幅度下降。1980—2000年，发达国家出现的总的趋势是退休年龄提前，其中妇女退休年龄更低。无论是发达国家之间还是发展中国家之间，老年人口的劳动参与率都有明显的差异，这些差异的形成主要与各个国家经济和社会发展水平、社会保障制度等因素有关。但是，最近几年欧盟一些国家在人口老龄化压力不断加剧的情况下，已经开始考虑推迟退休年龄，并鼓励提高老年人的劳动参与率。特别是法国已于2010年10月正式通过了推迟退休年龄的法案。

退休年龄受到诸多因素的影响，包括领取养老金的最低年龄、养老金对工作收入的替代水平、个人对工作或闲暇的偏好、个人财产状况、个人财富、健康状况等。导致老年人提前退休的主要原因是养老金制度，而造成老年人劳动参与率低的原因除了养老金制度以外，还有许多其他原因，包括老年人本身和劳动力市场条件两个方面。一方面，当一个人进入老年后，其体力、精力和反应等方面的能力会有所下降；另一方面，在经济技术条件变化的情况下，由于老年人学习和接受能力比其他年龄人口要差，劳动生产率也低于其他劳动年龄人口，因此，他们在劳动力市场的竞争中处于不利地位。此外，影响老年人劳动参与率的另一个重要原因是年龄歧视（见表8—2、表8—3、表8—4）。

是否退休是一种经济决策。经济学假设，个人的决策是在资源约束条件下实现福利或效用的最大化。我们可以用一个简单的模型来说明影响退休决策的因素：

$$U=f(i, I) \tag{4}$$

式中：i 为用于购买商品和服务等消费的家庭收入；I 为非工作时间，通常为闲暇时间。

每一个人或家庭要在以下限制条件下实现效用最大化，即

$$i=wh+rk \tag{5}$$

和

$$I=T-h \tag{6}$$

式中：w 为工资率；h 为用于工作的时间；r 为资产收入率；k 为家庭总资产；T 为全部时间，即一天 24 小时。

当工作收入超过闲暇的价值时，一个人就会将时间配置在劳动力市场上，继续从事工作。如果闲暇时间价值超过了配置于劳动力市场上的价值，他就会选择退休。

表 8—2　　2000 年一些国家 50 岁及以上人口分年龄劳动参与率（%）

年龄（岁）/国家	劳动参与率			
	50～54	55～59	60～64	65^+
阿根廷	70.6	63.2	46.9	14.0
澳大利亚	75.8	60.7	34.7	5.8
巴西	65.1	65.1	32.3	32.3
加拿大	78.8	63.0	36.5	5.8
智利	66.4	57.3	42.3	14.1
中国	78.5	65.2	45.8	19.3
埃及	58.4	58.4	34.8	18.0
法国	82.2	58.8	14.5	1.3
德国	81.1	66.0	21.7	2.6
匈牙利	68.7	34.7	8.0	2.6
印度	65.7	65.7	46.9	35.2
冰岛	93.7	88.6	81.3	20.9
爱尔兰	67.0	54.7	36.5	8.0
意大利	61.9	38.7	19.2	3.3
日本	82.3	76.1	55.5	22.7
马来西亚	67.6	52.2	42.2	—
墨西哥	63.6	58.5	47.6	31.7
荷兰	74.6	56.5	19.5	3.0
波兰	66.5	41.0	22.4	7.9
南非	74.9	48.4	48.4	11.8
西班牙	63.9	51.5	28.9	1.6
瑞典	87.8	81.5	52.3	—
瑞士	87.2	65.1	65.1	9.5
土耳其	45.1	38.9	31.6	19.8
英国	79.5	66.1	37.8	5.1
美国	80.3	68.8	47.1	12.6

资料来源：Steven A. Nyce，Sylvester J. Schieber，*The Economic Implications of Aging Societies*，p. 21。

表 8—3　　1980 和 2000 年一些经济合作组织国家的男女平均退休年龄（岁）

年份/国家	男		女	
	1980	2000	1980	2000
澳大利亚	62.4	62.0	58.2	59.1
奥地利	60.1	59.2	59.3	57.0
比利时	61.1	58.1	57.5	55.5
加拿大	63.8	61.7	60.5	59.3
丹麦	64.5	61.6	61.0	59.8

续前表

国家＼年份	男		女	
	1980	2000	1980	2000
芬兰	60.1	59.9	59.6	59.6
法国	61.3	58.8	60.9	58.4
德国	62.2	61.0	60.7	59.3
冰岛	69.3	67.2	65.8	65.2
爱尔兰	66.2	62.9	66.0	58.5
意大利	61.6	59.7	59.5	57.0
日本	67.2	66.6	63.9	64.6
卢森堡	59.0	58.2	60.8	56.3
荷兰	61.4	59.9	58.4	56.8
新西兰	62.9	63.8	58.7	60.7
挪威	66.0	64.4	61.5	63.1
葡萄牙	64.7	64.7	62.9	62.7
西班牙	63.4	61.0	63.6	57.0
瑞典	64.6	64.4	62.0	63.1
瑞士	65.5	64.5	62.4	—
土耳其	64.9	61.4	67.6	65.1
英国	64.6	62.9	62.0	60.1
美国	64.2	63.6	62.8	62.5

资料来源：Steven A. Nyce，Sylvester J. Schieber，*The Economic Implications of Aging Societies*，p. 21。

表 8—4　　世界各地区 65 岁及以上老年人劳动参与率和人均收入水平

地区[①]	国家数	收入[②]（美元）	劳动参与率（%）	
			男	女
非洲	45	705	64.6	33.8
东非	14	419	71.8	44.0
中非	7	949	67.6	38.5
北非	4	1 342	29.2	8.6
南非	5	1 524	49.7	17.3
西非	15	415	70.8	34.3
亚洲	29	4 994	42.9	14.1
东亚	4	10 885	32.9	12.1
中南亚	7	614	57.4	20.4
东南亚	7	2 548	45.2	21.7
西亚	11	7 196	35.9	5.8
欧洲	26	14 004	11.0	4.7
东/中欧	7	2 527	14.9	7.9
北欧	7	20 369	14.9	5.9
南欧	5	9 162	10.1	3.4

续前表

地区①	国家数	收入②（美元）	劳动参与率（%）	
			男	女
西欧	7	22 576	3.8	1.3
拉丁美洲和加勒比海	27	2 319	44.3	10.9
加勒比海地区	7	4 326	40.8	14.0
中美洲	8	1 405	52.6	10.6
南美洲	12	1 758	40.7	9.4
北美洲	2	21 060	13.5	6.2
大洋洲	5	6 578	36.7	21.2

①根据地理区域划分，东欧和中欧地区除外。

②收入和劳动参与率为该地区所有国家的平均数。

资料来源：Robert Clark，Anne York，Richard Anker，"Economic Development and Labor Force Participation of Older Persons"，*Population Research and Policy*，*Review*，Springer，Netherlands，1999，18（5），pp. 411－432。

总体而言，发展中国家的老年人劳动参与率要高于发达国家，其原因主要是社会养老保障制度不完善甚至缺乏、老年人终生收入水平比较低、经济转型的冲击等。根据第五次人口普查，2000年中国60～64岁老年人劳动参与率①为50.05%，其中男性为60.35%，女性为38.42%。65岁及以上老年人的劳动参与率为25.06%，其中男性为33.76%，女性为17.27%。相比之下，我国老年人口的劳动参与率高于发达国家，但低于其他发展中国家。并且，男性老年人口劳动参与率依然高于女性老年人口。老年人口劳动参与率的另一个特点是农村男女老年人口的经济活动参与率都处于非常高的水平上，与之形成强烈反差的是城市男女老年人口的劳动参与率已经降到比较低的水平。老年人口劳动参与率降低是社会、经济进步的结果和标志，我国老年人口经济活动参与率之所以存在城乡差异，主要是由于我国城乡之间的劳动力就业形态和社会保障制度有差别（见表8—5）。

表8—5　2000年中国老年人口劳动参与率（%）

劳动参与率	全国		城市		镇		乡村	
	60～64岁	65⁺岁	60～64岁	65⁺岁	60～64岁	65⁺岁	60～64岁	65⁺岁
总参与率	50.05	25.06	16.80	6.90	30.92	14.32	65.85	32.90
男性	60.35	33.76	24.14	10.16	40.64	20.47	76.32	43.98
女性	38.42	17.27	9.67	3.92	20.58	8.79	54.06	23.05

资料来源：根据国务院人口普查办公室、国家统计局人口和社会科技统计司编：《中国2000年人口普查资料》（中册）中有关数据计算。

从老年人口的在业率看，在1990—2000年期间我国老年人口的在业率出现了三个重要变化：第一，与1990年相比，2000年我国老年人口的总体在业率水平呈现上升趋势，60～64岁老年人口和65岁及以上老年人口的在业率分别从45.76%和19.27%，提高到49.97%和25%。第二，虽然男性老年人口的在业率仍然高于女性老年人口，但是，与男性老年人

① 老年人口经济活动参与率在此是指就业老年人口和失业老年人口占全部老年人口的比例。

口在业率相对稳定的状态相比，女性老年人口的在业率出现了明显的上升趋势，60～64岁女性老年人口的在业率在10年期间提高了11.59个百分点，提高幅度达到42.49%，65岁及以上的女性老年人口在业率提高了9.18个百分点，提高幅度则达到了1.14倍。阿根廷、智利、墨西哥、新加坡、韩国和乌拉圭等发展中国家在20世纪70年代末至90年代末期间也曾发生这种情况，其60～64岁妇女劳动参与率在此期间大都提高了一倍。第三，由于女性老年人口在业率提高幅度远远大于男性老年人口，因此，老年人口在业率的性别差异正在缩小。

二、老年人经济状况及其贫困化问题

（一）收入来源

老年人的收入来源结构可以反映出老年人的经济状况以及国家的社会经济发展水平。老年人的收入来源可以分为两类：直接收入来源和间接收入来源。直接收入来源是指从工作、各种社会保障福利、养老金、资产（储蓄、证券、不动产）收入等途径获得的货币收入；间接收入来源则是指通过各种公共和私人项目获得的物品和服务。从发达国家情况看，除日本的情况比较特殊外，老年人的收入主要是来自社会转移支付和资产收入。而在大多数发展中国家，老年人的收入来源主要是自己的劳动收入、子女供养和社会救助（见表8—6、表8—7）。

在中国，60岁及以上未工作的老年人口中，生活来源主要是退休金和家庭其他成员供养。但是在男女老年人口之间及不同年龄的老年人口之间，生活来源分布显现出很大的差别。我们可以从表8—7中看到，在男性老年人口生活来源中，退休金的比例和家庭其他成员供养的比例大致相同，基本上是在47%左右。但是，女性老年人口的生活来源则主要是靠家庭其他成员的供养，其比例高达78.4%，比男性老年人口高出31个百分点，而有退休金的女性老年人口比例还不到17%，比男性老年人口低将近30个百分点。无论男性老年人口还是女性老年人口，享有退休金的比例都随着年龄的增长而下降，而靠家庭其他成员供养的比例则随着年龄的增长而提高。由此可见，当前我国的老年人的经济来源主要还是靠子女供养的传统方式，而退休金也开始成为我国老年人口，特别是男性老年人口的重要收入来源。

表8—6　　一些国家65岁及以上老年人可支配收入的来源分布（%）

国家	20世纪80年代中期			20世纪90年代中期		
	劳动收入	资产收入	社会转移支付	劳动收入	资产收入	社会转移支付
加拿大	22.9	41.1	36.0	20.7	44.1	35.2
芬兰	22.4	11.4	66.2	13.7	6.8	79.6
德国	18.2	11.5	70.4	10.3	16.7	73.0
意大利	45.8	2.3	51.8	33.0	1.8	65.2

续前表

国家	20 世纪 80 年代中期			20 世纪 90 年代中期		
	劳动收入	资产收入	社会转移支付	劳动收入	资产收入	社会转移支付
日本	85.3	5.0	9.8	63.9	6.3	29.7
荷兰	18.0	41.1	40.9	12.7	47.0	40.3
瑞典	10.3	12.2	77.6	8.1	10.1	81.7
英国	19.1	34.9	46.1	14.1	43.0	42.9
美国	27.0	44.8	28.1	29.6	39.8	30.6

资料来源：Steven A. Nyce，Sylvester J. Schieber，*The Economic Implications of Aging Societies*，p. 22。

表 8—7　2000 年中国未工作老年人生活来源分布（%）

年龄（岁）	退休金		领取基本生活费		家庭其他成员供养		财产性收入		保险		其他	
	男	女	男	女	男	女	男	女	男	女	男	女
60～64	66.34	28.73	2.23	1.87	27.74	67.29	0.43	0.29	0.09	0.04	3.05	1.78
65～69	54.22	20.46	2.64	2.00	39.74	75.21	0.34	0.28	0.07	0.04	3.00	2.04
70～74	40.55	13.10	2.92	2.18	52.97	82.02	0.28	0.24	0.06	0.04	3.23	2.43
75～79	30.46	8.84	2.90	2.41	62.93	85.87	0.27	0.22	0.05	0.04	3.39	2.62
80～84	23.55	6.02	2.75	2.59	69.93	88.48	0.25	0.17	0.05	0.04	3.48	2.70
85^+	20.68	4.12	2.68	2.55	73.04	90.62	0.23	0.15	0.06	0.04	3.31	2.52
合计	46.56	16.93	2.69	2.15	47.19	78.40	0.32	0.25	0.06	0.04	3.18	2.24

资料来源：根据国务院人口普查办公室、国家统计局人口和社会科技统计司编：《中国 2000 年人口普查资料》（中册）中有关数据计算。

（二）收入水平

一般而言，由于老年人基本上退出了经济活动，其收入主要来源也发生了变化，所以，老年人的收入水平一般要低于其退休前的水平。图 8—2 表明，在一些发达国家中，老年人的收入一般处于全国中位收入水平或以下，特别是寡居的老年妇女的收入水平明显低于全国中位收入水平。以美国为例，2000 年的个人收入分布中，45～54 岁组的收入水平最高，而 65 岁及以上的老年人收入水平最低，其中 75 岁及以上的老年人收入水平更低；在最低收入组的各年龄人口中，老年人口占了将近 40%。①

中国老年人的收入水平也明显低于其他劳动年龄人口。2000 年中国城市享受离退休金的老年人的年平均领取的离退休金水平为：男性 7 641 元，女性仅 3 606 元。而当年全国城镇职工年平均工资为 9 371 元。农村老年人的收入水平更低，其中男性老年人的年收入为 2 178元，女性老年人的年收入仅为 1 487 元，而当年的农村居民家庭人均纯收入为 2 253

① See Robert C. Atchley and Amanda S. Barusch, *Social Forces & Aging: An Introduction to Social Gerontology*, 10th Edition, Wadsworth, Thomson Learning, INC., Belmont, 2004.

元①（见表8—8、表8—9）。

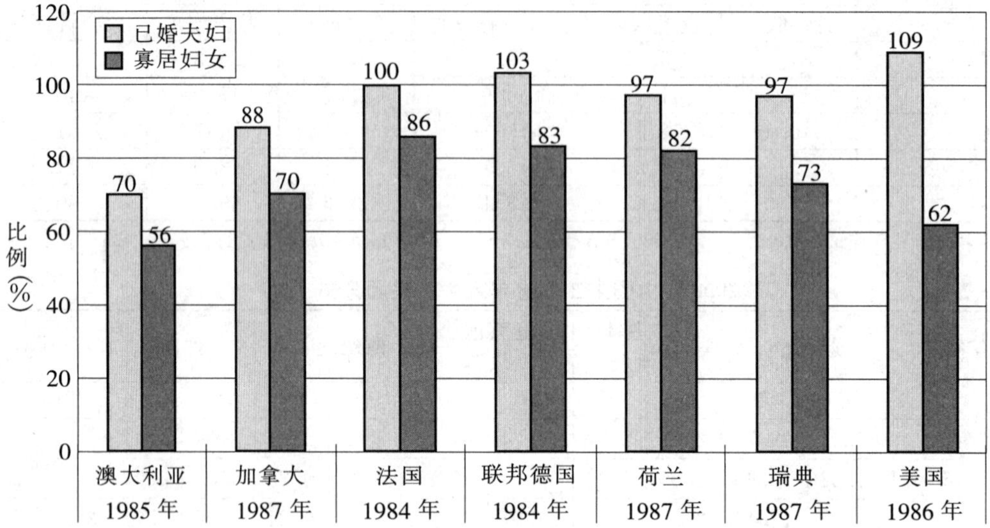

图8—2 一些国家老年人家庭中位收入占全国家庭中位收入的比例

资料来源：Leslie Morgan and Suzanne Kunkel，*Aging*：*The Social Context*，Second Edition，Pine Forge Press，Thousand Oaks，2001。

表8—8　　2000年中国城市老年人月收入状况

	收入水平（元）		收入来源结构（%）	
	男	女	男	女
退休金	636.73	300.50	67.23	61.32
家庭	43.38	63.98	4.58	13.06
保险	78.74	42.86	8.31	8.75
经济活动	153.34	60.72	16.19	12.39
救助	2.06	3.34	0.22	0.68
其他	32.86	18.49	3.47	3.77

注："家庭"包括：子女支持、孙子女支持和亲属支持；
"保险"包括：社会保险、商业保险和企业补贴；
"经济活动"包括：就业收入、生意收入、分红、利息、租金和其他经济活动收入；
"救助"包括：社会救助和集体救助。

资料来源：中国老龄科学研究中心：《中国城乡老年人口状况一次性抽样调查数据分析》，436～440页，北京，中国标准出版社，2003。

① 参见中国老龄科学研究中心，《中国城乡老年人口状况一次性抽样调查数据分析》，441页，北京，中国标准出版社，2003。

表 8—9　　2000 年中国农村老年人月收入状况

	收入水平（元）		收入来源结构（%）	
	男	女	男	女
退休金	29.36	2.44	16.17	1.97
土地收入	50.42	46.58	27.78	37.58
家庭	40.25	38.45	22.17	31.01
保险	1.05	0.35	0.58	0.29
经济活动	35.76	25.18	19.70	20.32
救助	2.83	1.49	1.56	1.21
其他	22.09	9.54	12.17	7.69

资料来源：中国老龄科学研究中心：《中国城乡老年人口状况一次性抽样调查数据分析》，436～440 页。

（三）贫困

老年人贫困是发达国家和发展中国家都普遍存在的现象，甚至形成了老年人贫困化的趋势。表 8—10 中的数据表明，如果把全国中位收入水平的 40%或 50%作为贫困线标准的话，美国、英国和澳大利亚的老年人贫困发生率都处于较高的水平。老年人妇女的贫困问题尤为突出，我们从表 8—10 中可以看到，老年妇女，特别是独居的老年妇女中，贫困发生率大大高于老年人贫困发生率的平均水平。根据人均可支配收入的 50%为贫困线计算，2000 年我国城市有 28.1%的老年人、农村有 39.3%的老年人生活在贫困线以下。[①] 老年人贫困问题的另一个突出表现，是老年人更容易陷于长期贫困，而更难摆脱贫困。

表 8—10　　根据相对贫困标准计算的老年人贫困发生率（%）

国家	中位收入的 40%	中位收入的 50%
65 岁及以上老年人		
美国	13.4	22.7
英国	11.0	23.9
澳大利亚	7.2	28.6
加拿人	1.3	6.1
德国	4.9	8.7
荷兰	3.2	4.4
瑞典	1.5	6.4
65 岁及以上老年妇女		
美国	16.7	27.5
英国	13.4	34.8
澳大利亚	8.0	34.1
加拿大	1.4	8.3

① 参见于学军：《老年人贫困问题研究》，见中国老龄科学研究中心：《中国城乡老年人口状况一次性抽样调查数据分析》，445～452 页。

续前表

国家	中位收入的40%	中位收入的50%
德国	5.7	10.7
荷兰	2.9	4.0
瑞典	1.9	9.1
65岁及以上独居的老年妇女		
美国	26.9	43.1
英国	23.3	50.1
澳大利亚	12.4	62.1
加拿大	2.5	16.2
德国	9.3	15.9
荷兰	2.1	3.4
瑞典	3.0	14.7
75岁及以上独居的老年妇女		
美国	27.7	46.6
英国	25.2	51.8
澳大利亚	12.3	64.5
加拿大	2.4	14.8
德国	9.9	17.8
荷兰	1.6	3.1
瑞典	3.1	17.4

注：贫困定义为居家生活的老年人调整后的可支配收入低于社会可支配收入中位水平的40%或50%。

资料来源：Robert L. Clark，Richard V. Burkhanser，Marilyn Moon，Joseph F. Quinn，Timothy M. Smeeding，*The Economics of an Aging Society*。

收入贫困是老年人面临的最主要的经济问题，老年人收入贫困产生的原因是多方面的，主要包括：第一，社会养老保障制度不完善或者缺位；第二，一些老年人过去没有工作，或者从事的是低收入工作，个人缺乏养老储蓄积累，这种情况在老年妇女中更为普遍；第三，丧失了劳动能力。在发展中国家，包括中国的农村，子女供养是老年人收入的重要来源，一旦子女因各种原因不能够继续提供经济支持，那么，老年人就很容易陷入贫困。老年人的收入贫困不仅仅是经济问题，从本质上讲，还是社会问题和政治问题。老年人贫困问题的解决只能依靠国家建立以社会保障为核心的公平、有效的社会转移支付制度。一些发达国家的经验表明，社会养老保障制度在很大程度上可以防止老年人陷于贫困。

在过去的30年，我国的经济、政治、社会、人口等方面都经历了迅速而深刻的变革。处于转型期中国的老年人自身的特点和社会、经济变革的冲击，使得他们乃至整个社会都面临着诸多方面问题的“首次性”挑战。

三、社会和经济转型期中国老年人面临的主要问题

（一）转型期我国的社会经济特征

在过去的30年，我国的社会和经济的转型体现在四个主要方面。

1. 经济转型

我国进入转型阶段是以经济转型发轫，并一直主导着中国社会的发展。中国经济转型主要表现在：第一，从计划经济体制向市场经济体制的转变；第二，经济高速成长，增长方式正在发生重大变化；第三，产业结构迅速变化；第四，劳动力就业结构变化；第五，个人收入水平和消费水平大幅度提高；第六，收入差距扩大等。这些变化，特别是市场经济的发展给老年人带来了十分重要的影响。

2. 社会转型

我国社会的转型与经济的转型是互动的，而社会的转型对老年人的影响也同样深刻。中国的社会转型主要体现在：第一，传统的社会组织形式和功能受到强烈的冲击，一些新的组织正在出现；第二，传统文化和道德观念受到巨大的挑战；第三，社会阶层分化；第四，家庭、婚姻以及两性关系出现了重要变化；第五，老年人的社会、政治和经济地位下降。

3. 制度转型

在新的社会经济条件下，作为协调社会、政治和经济关系的制度也在发生着变化。这种变化的总趋势是：非正式制度的作用增长弱化，正式制度的作用正在强化；旧制度正在破除，新制度正在成长。旧制度已经失效而新制度尚未建立，正是老年人面临的最大困境。

4. 人口转型

我国是世界上人口转变最为迅速的国家之一，特别是生育率的转变是在“婴儿潮”中出生的人口中完成的，他们与父母辈生育水平的巨大落差，启动并迅速推进了中国的老龄化进程。另一方面，人口转型也导致了家庭的核心化和小型化，使我国在未来的几十年中面临着老年人口高峰和老龄化高峰的双重挑战。

（二）转型期中国老年人的经济状况

虽然生活在任何一个时代或国家的老年人都面临着一些同样的问题，但是，对于生活在不同国家或不同时代的老年人而言，他们还会面临着许多特殊的问题，而解决问题的方法和效果也会存在着很大的差异。对于处于社会、政治和经济转型期的我国老年人而言，他们面临的问题更为特殊，也更为突出。转型期的我国老年人经济状况具有以下特点。

1. 收入水平低

我国个人收入水平的提高是在1978年以后出现的，特别是在20世纪90年代才出现了持续的增长，而转型期我国的老年人在收入大幅度提高的时期已经退休或退出经济活动领

域。在他们的工作时期，劳动收入水平是很低的，并且增长非常缓慢。即使是享有社会养老保障的老年人可以获得养老金，并且养老金给付水平随着人民生活水平的提高和物价水平的上涨也不断地提高，但是，老年人仍然属于低收入群体。2000年城市老年人的平均收入为5 824元，其中包括子女和亲属供养费684元，而同期城镇居民家庭人均可支配收入为6 280元。农村的老年人经济收入基本上是靠自己劳动和子女供养。

2. 社会养老保障和医疗保障水平低

1991年，城市60岁及以上的老年人没有退休金的比例为26.3%，而城市60岁及以上的女性老年人没有退休金的比例则高达45.2%。2000年仍有将近30%的城市老年人没有享受退休金，而农村的老年人享受养老保险的比例不到5%。与男性相比，女性老年人的社会养老保障覆盖面更小。2000年中国城市老年人医疗支出平均为1 786元。从来源的构成上看，将近一半的费用是由公费医疗支付，其次是本人负担，平均595.16元，大约占总支出的三分之一，子女或亲属负担比例占第三位，平均为229.49元。农村老年人2000年医疗总支出平均为614元，其医疗费用支付来源构成与城市老年人有明显的差别，农村老年人看病和住院费用主要是由子女或亲属负担，比例达到56.74%，其次是由本人负担，比例为36%，公费医疗支付的比例仅有5.44%。这表明中国医疗保险制度对老年人的覆盖率还处于较低的水平，医疗费用对于老年人及其子女来说，都是一项较重的经济负担。

3. 储蓄水平低

由于在工作期间收入水平很低而孩子数量又较多，转型期中国老年人的个人储蓄水平也很低（见图8—3）。1991年城市60岁及以上的老年人中有银行存款的比例为42.2%，其中有银行存款的女性老年人的比例仅为37.2%；而在农村有银行存款的老年人比例更低，仅为13.8%。2000年城乡老年人中有存款的比例仍然比较低。与城市老年人为自己存了养老金的比例相比，被调查的农村老年人中为自己存了一笔养老金的比例更低，尚不足11%。同时，他们当中只有23.4%的认为自己存的这笔钱足够养老所需。此外，被调查的农村老年人负债率为19.86%，平均负债3 922元，而城市老年人收入水平尽管高于农村老年人，但是其负债现象却非常普遍，平均负债4 482元。

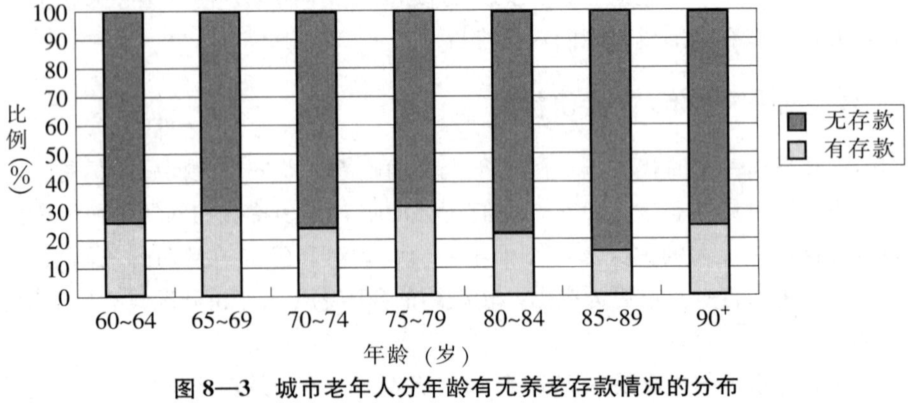

图8—3 城市老年人分年龄有无养老存款情况的分布

资料来源：中国老龄科学研究中心：《中国城乡老年人口状况一次性抽样调查数据分析》，439页。

4. 市场劳动参与率水平较低

处于转型期中国的老年人，特别是老年妇女，在其工作生命周期期间市场劳动参与率比较低，在城市地区她们就业的主要领域是非正式部门。根据中国老龄科研中心 2001 年进行的“中国城乡老年人口状况一次性抽样调查”的结果，在被调查的 60 岁及以上的城市老年人中过去从未工作过的老年人比例为 22.58%，而女性老年人中从未工作过的比例则高达 37.28%，在从未工作过的老年人中，女性老年人占 75.2%。并且，年龄越高，过去劳动参与率的水平就越低（见图 8—4）。

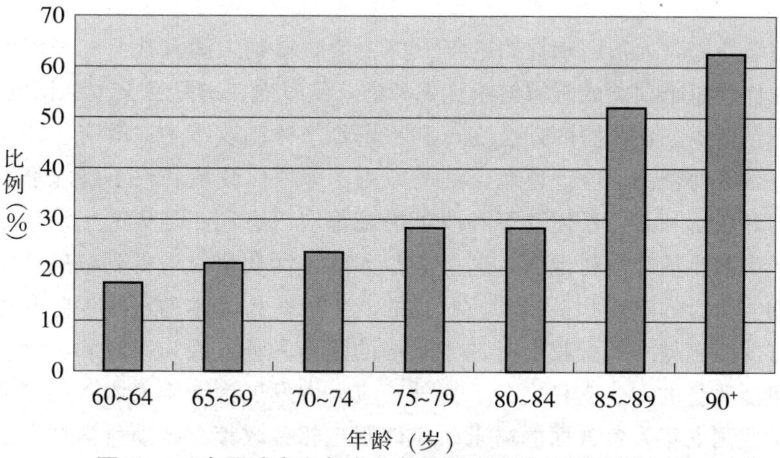

图 8—4　中国城市老年人分年龄过去从未工作过的比例

资料来源：中国老龄科学研究中心：《中国城乡老年人口状况一次性抽样调查数据分析》，439 页。

5. 工作生命周期短

中国城市老年人进入劳动力市场较迟，而又较早地退出劳动力市场，从而使他们的工作年限短于其后代。根据中国老龄科研中心 2001 年“中国城乡老年人口状况一次性抽样调查”，过去曾经工作过的城市老年人第一次工作的平均年龄为 21.7 岁，而离休和退休时的平均年龄为 54.8 岁，平均工作年限为 33.1 年。如果以15～60 岁作为劳动年龄区间的话，那么这些老年人的工作年限仅占其劳动年龄区间的 74%左右，其中女性老年人工作的平均年限更短，这对于平均预期寿命更长的妇女来说，将会对其一生产生非常重要的影响。导致老年人这种情况的原因很明显，一是中国 20 世纪 50 年代劳动力市场、就业形势和劳动力供给行为的特殊性；二是 80 年代以来中国经济体制改革和提前退休政策。

上述情况表明，虽然改革开放以来，随着中国经济的迅速发展，老年人也与其他年龄的人一样分享着社会、经济和科学技术发展的成果，但是，我们也看到，在经济结构转变、经济体制改革和社会变革过程中，老年人更容易陷于弱势地位，他们的生存状态、生活质量也处于波动之中，特别是在中国社会养老保障和医疗保障重建时期，城市和农村都在一定程度上出现了老年人贫困化、边缘化和弱势化的现象，而农村老年人、女性老年人和高龄老年人面临的挑战更加严峻。

四、老年人经济问题的解决途径

在现代社会，老年人生活质量的提高需要多支柱的社会体系的支持，其中，国家和政府负有不可替代和不可推卸的责任。这些责任主要包括：构建充分确认和维护老年人权益的法律体系，建立有效的老年社会保障和社会福利制度，建立协调代际利益关系的社会机制，构筑为老年人服务的社会公共服务体系，积极营造尊老、敬老、助老的社会伦理道德环境。

第一，将防止老年人贫困和提高老年人口生活质量纳入国家社会和经济发展的总体战略和规划，并作为一个独立的领域给予优先考虑，使政府在国际社会上承诺的“不分年龄、人人共享”真正落实。在我国的社会变革和市场经济体制改革中，政府应该充分关注老年人的利益。在政策协调中，应该遵循正确的原则：即任何政策和改革措施都不能损害老年人的目前利益和长远利益，任何政策和改革措施都应该有利于老年人生活质量的提高。我国的老年人大多数生活在农村地区，这些老年人的生活质量应该得到政府的特别关注。政府应该制定切实可行的政策和措施，使农村的老年人获得基本的医疗保障和生活保障。政府应该采取必要措施鼓励子女履行对老年父母的赡养义务，因为家庭和子女在未来仍然是保障老年人生活质量的主要支柱之一。另外，应大力发展为老年人服务的产业，吸引社会资源，以满足我国老年人各方面的需求。应该制定相关政策，鼓励科学技术积极和顺利进入为老年人服务的领域。

第二，投入人力和物力，积极构筑为老年人服务的社会和公共服务体系。城镇和农村的老年人服务公共设施和服务体系的建设应该成为我国提高应对老龄化挑战能力建设的优先领域，应该使老年人得到最基本的公共服务。近年来，我国政府已经开始高度重视社会和公共服务体系的建设，出台了一系列旨在提高老年人生活质量的社会政策。

第三，建立协调代际利益关系的社会机制，促进人人共享。应该在制度上充分保证老年人过去的劳动对社会贡献的价值。因为，老年人分享的不是他人的劳动成果，而是分享他们过去劳动的果实。这就需要政府构建一个合理、公平的社会转移支付制度，以保证财富和资源在代际、在个人生命周期不同阶段之间的合理流动。

第四，建立覆盖全体公民的养老保障制度、医疗保险制度和其他社会福利制度，消除和避免老年人贫困现象，并保障老年人能够及时充分地分享社会、经济、科技发展的成果。政府应该充分调动国家、地方政府和社会资源，投入到老年事业。近年来，我国政府在不断完善城镇居民社会保障制度的同时，已经开始在农村建立社会保障制度。2003年起实施的新型农村合作医疗制度已经基本覆盖全体农村居民，2009年9月国务院发布了《国务院关于开展新型农村社会养老保险试点的指导意见》，并开始在农村建立最低生活保障制度。这些基本的社会保障制度安排为防止老年人贫困和提高老年人生活水平提供了基本的保障。

第五，构建充分确认和维护老年人权益的法律体系，保障老年人的人身权利、财产权利，以及其他方面的一切权利，保障老年人享有充分平等的政治、经济和社会活动的权利。

积极倡导和营造尊老、敬老、助老的社会伦理道德环境，消除和避免老年人的边缘化现象。

第三节　人口老龄化与经济发展

随着老龄化程度的迅速提高，发达国家的经济增长已经开始受到老龄化的冲击，主要体现在劳动力供给短缺和社会保障压力等方面。作为一个发展中国家，我国人口老龄化水平的迅速提高形成了“未富先老”的局面，对经济发展的负面影响也将会逐步显现。

一、人口老龄化对经济的影响

人口转变是社会经济发展的结果，而作为人口转变结果的老龄化与社会经济发展有着密切的关系。人口老龄化会给一个国家的经济带来深刻的影响，虽然这些影响的方向和程度不尽相同。而人口老龄化与经济增长的关系也是复杂的（见图 8—5）。2006 年 2 月在布鲁塞尔召开的欧盟财长会议警告欧盟国家人口老龄化现象严重，到 2010 年，人口老龄化会使原欧盟 15 国每年经济增长减少 2.2%。一般来说，人口老龄化对经济的影响主要有以下几个方面。

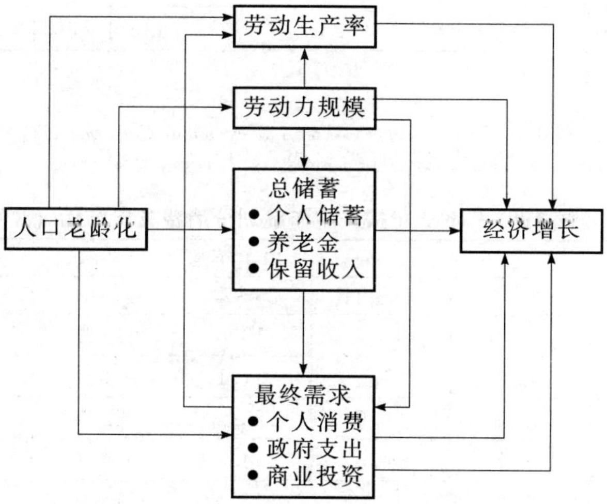

图 8—5　人口老龄化与经济增长的关系

（一）对私人消费的影响

人口老龄化对消费的影响途径是多样的，例如老年人的需求和偏好不同于其他年龄的人。在研究人口年龄变化对消费的影响时，一般采用“标准消费单位”方法。该方法把人口划分为三个年龄段：0～14岁、15～59（或64）岁、60（或65）岁及以上，并假设这三个年龄段人口的消费水平不同，其中以15～59（或64）岁的消费水平最高。把该年龄组的人均消费水平作为标准消费单位，并将其他两个年龄组的人均消费水平按一定比例换算成标准消费单位，最后将三个年龄组的消费单位加总可得总人口的标准消费单位数量。表8—11中的数字表明，人口老龄化对消费总量的影响并不明显。一些实证研究也证明人口老龄化对私人消费总量的影响是有限的。一般的观点认为人口老龄化对私人消费的影响更多地体现在对消费结构的影响上。从表8—12中我们可以看到，户主为老年人的家庭的支出中酒类、服装、交通、娱乐等方面的支出比例低于其他家庭，而在健康、照料等方面的支出比例明显高于其他家庭。

表8—11　　欧洲经济委员会（ECE）国家人口年龄结构和消费构成

地区	年龄结构（%）			标准消费单位①（每千人）				标准消费单位②（每千人）			
	0～14岁	15～59岁	60⁺岁	总计	0～14岁	15～59岁	60⁺岁	总计	0～14岁	15～59岁	60⁺岁
ECE											
1950年	27.2	61.2	11.6	883	190	612	81	868	163	612	93
1980年	23.7	61.3	15.0	884	166	613	105	875	142	613	120
2000年	22.0	60.7	17.3	882	154	607	121	877	132	607	138
其中：西欧											
1950年	23.9	61.7	14.3	884	167	617	100	874	143	617	114
1980年	20.9	60.8	18.3	882	146	608	128	879	125	608	146
2000年	17.9	61.2	20.9	883	125	612	146	886	107	612	167

①假设相对需求：0～14：0.7；15～59：1.0；60^{+}：0.7。

②假设相对需求：0～14：0.6；15～59：1.0；60^{+}：0.8。

资料来源：G. J. Stolnitz (Ed.), *Demographic Causes and Economic Consequences of Population Aging*, U. N. Economic Commission of Europe and U. N. Population Fund, New York, 1992, p. 220。

表8—12　　美国1982—1983年按户主年龄划分消费支出结构（%）

支出类别	户主年龄						
	所有家庭	25⁻	25～34	35～44	45～54	55～64	65⁺
食品	13.8	15.8	12.4	13.6	13.4	13.6	16.8
酒类	1.3	3.0	1.5	1.1	1.0	1.1	1.0
住房	25.5	29.4	26.9	25.2	22.0	22.0	30.4
服装	4.5	6.7	4.5	4.8	4.4	4.1	3.8
交通	16.4	22.6	17.0	16.0	16.0	15.0	14.5
健康	3.6	2.6	2.3	2.5	3.0	4.3	9.0
娱乐	3.8	5.0	4.1	4.4	3.4	3.3	2.9
照料	0.8	0.8	0.6	0.7	0.7	0.9	1.2
书报杂志	0.6	0.6	0.5	0.5	0.5	0.6	0.8
教育	1.2	4.2	0.8	1.2	1.9	0.8	0.3

续前表

支出类别	户主年龄						
	所有家庭	25⁻	25～34	35～44	45～54	55～64	65⁺
烟草	0.9	1.2	0.8	0.8	0.9	1.0	0.9
杂项	1.2	1.0	1.0	1.2	1.1	1.3	1.5
捐助	2.5	0.9	1.2	2.3	3.0	3.1	4.9
保险	1.1	0.6	0.9	1.2	1.4	1.3	1.1
养老金	6.0	5.7	6.4	6.2	6.5	7.5	1.8
纳税	11.1	10.8	12.2	11.0	13.2	10.6	6.2
其他储蓄	5.7	−10.9	6.9	7.2	8.5	9.7	2.9

资料来源：U. S. Bureau of Labor Statistics，*Consumer Expenditure Survey*：*Interview Survey*（*1982—1983*），Bulletin No. 2246，U. S. Government Printing Office，p. 28。

（二）对公共消费支出的影响

与对私人消费支出的影响相比，人口老龄化对公共消费支出的影响要大得多，特别是在卫生医疗和养老金支出上。在许多国家，用于老年人的公共支出均超过了其他年龄组。例如，荷兰政府用于80岁及以上老年人的公共支出是20～44岁年龄组的七倍。政府公共支出用于各年龄人口的数量变化呈“U”形。人口老龄化对公共支出的影响主要体现在养老金给付和医疗卫生两个方面。2004年欧盟国家退休金占国民总产值的比例平均为10%；根据日本政府发表的2010版日本老龄化社会白皮书，在日本政府2010年度的预算案中，社会保障方面的支出规模占到了整个预算案的30%左右。根据预测，到2055年日本人口的老龄化比率将达到40%左右。日本财政在养老金、医疗等社会福利方面的支出每年要增加1万亿日元。因此，如何防止人口老龄化危机已成为许多国家政府面临的巨大挑战（见图8—6、表8—13）。

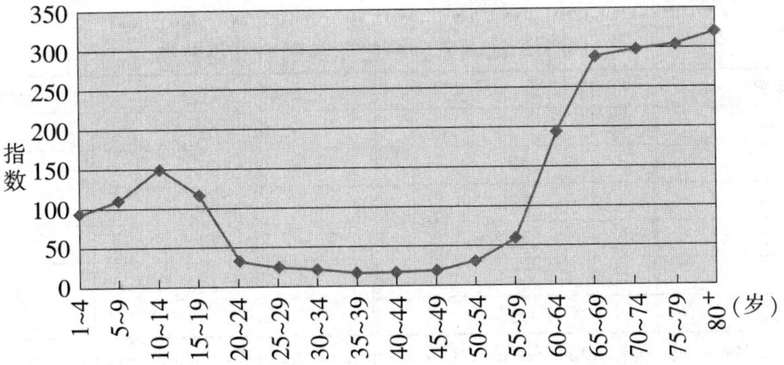

图8—6　1980年法国年龄别社会成本指数（以平均值为100）

资料来源：Stolnitz，George J.（Ed.），*Demographic Causes and Economic Consequences of Population Aging*，U. N. Economic Commission of Europe and U. N. Population Fund，Economic Studies No. 3，New York，1992，p. 32。

表8—13　一些国家老年人口相对规模及其在卫生医疗支出中所占份额（%）

国家	年份	65岁以上人口比例	65岁以上人口医疗支出比例	65岁以上人口与65岁以下人口医疗支出比
澳大利亚	1994	11.9	35	4.0
加拿大	1994	12.0	40	4.7
法国	1993	15.1	35	3.0
德国	1994	15.5	34	2.7
日本	1995	14.6	47	4.8
新西兰	1994	11.5	34	3.9
英国	1993	15.7	43	3.9
美国	1993	12.5	38	3.8

资料来源：Steven A. Nyce，Sylvester J. Schieber，*The Economic Implications of Aging Societies*，Cambridge University Press，Cambridge，2005，p. 38。

（三）对个人储蓄的影响

关于人口老龄化对个人储蓄的影响在理论和实证研究方面都显现出不同的结论，根据生命周期和持久收入理论，人口老龄化将会降低储蓄率，例如海勒（Heller，1989）对西方七国人口老龄化对储蓄影响的研究结论表明，在1980—2025年，人口老龄化将会使这些国家的个人储蓄下降5%～12%。而阿克隆（Acron）等人对美国不同年龄组储蓄率的研究（1989）却表明，退休人口的储蓄率只是略低于45～64岁年龄组，而明显高于25～44岁组的水平。这是因为当人们退休后虽然收入会减少，但同时消费水平也会下降，所以他们还是有可能把部分养老金收入储蓄起来。从表8—14中我们还可以看到，1983年，除66～69岁组以外，德国户主年龄在60岁以上家庭的净储蓄均高于年轻的年龄组。应当注意的是，人口老龄化对储蓄的具体影响将在很大程度上取决于有无养老金制度和养老金的给付水平。一般而言，在一个具有完善的养老金制度的国家中，人口老龄化对储蓄的影响要远远小于没有养老金制度的国家。

表8—14　1983年德国家庭户主年龄别净储蓄分布

户主年龄	净储蓄（马克）	户主年龄	净储蓄（马克）
30～34	605	60～62	1 423
35～39	397	63～65	1 515
40～44	393	66～69	912
45～49	907	70～74	1 496
50～54	544	75～79	2 390
55～59	1 036	80^{+}	3 338

资料来源：A. Borsch-Supan and K. Stahl，“Life Cycle Savings and Consumption Constraints”，In D. Bos，and S. Cnossen (Eds.)，*Fiscal Implications of Aging Population*，Springer-Verlag，Berlin，1992。

（四）对投资需求的影响

人口老龄化对投资的影响主要体现在对私人投资和公共投资的影响两个方面。人口老龄化对私人投资的影响是双重的，既有正面影响，也有负面影响。一般来说，投资增长与消费单位（如个人和家庭户）的数量变化有关，在其他条件一定的情况下，当人口老龄化导致家庭户数量增加时，可能会刺激私人投资。但是人口老龄化对私人投资的影响还来自心理因素方面的原因，即老年人的投资动机和行为与年轻人不同，在其他条件一定的情况下，人口老龄化可能导致私人投资的减少。实际上，与对投资水平的影响相比，人口老龄化对投资结构的影响更大。对公共投资来说，人口老龄化会导致对那些与人口数量有关的公共投资（如学校、住宅和交通等）的减少，但是人口老龄化会增加对医院和其他保健和服务机构的投资需求。在老年人口迅速增长和老龄化水平快速提高的背景下，我国的老龄产业将进入快速发展时期，并将对我国的投资结构和产业结构产生重要影响。老龄产业是指主要为老年人提供产品和服务的产业，目前我国的老龄产业已经涉及卫生、保健、康复、家政、食品、养老、教育、房地产、金融、保险、旅游等领域。

（五）对劳动力供给的影响

人口老龄化对劳动力供给既具有直接影响，也具有间接影响。在其他条件一定的情况下，人口老龄化可以直接导致劳动力供给的减少。这对于劳动力短缺的国家来说，显然是一个不利因素。许多人口老龄化程度较高的发达国家所面临的正是这种局面。而另一方面，在劳动力供给短缺的条件下，人口老龄化会促进老年人劳动参与率的提高，进而影响到整个劳动力的年龄结构。实际上，一些发达国家目前正在提高退休年龄。但是从有关资料看，至少是在 20 世纪 80 年代以前，一些发达国家老年人的劳动参与率不是提高，而是下降。

（六）对劳动生产率的影响

一般的观点认为，人口老龄化不利于技术进步和劳动生产率的提高，但是很少有实证研究证明这一点。人口老龄化之所以会给技术进步和劳动生产率带来不利影响，主要是因为以下几个方面原因：第一，当一个人体力和精力随着年龄的增长而下降时，劳动生产率就会降低；其次，当超过一定年龄时，人力资本投资就会停止，因而难以接受和掌握新的技术和知识；第三，随着年龄的增长，人的流动愿望就会减弱，因此不利于劳动力的流动。但是，老年人的经验对劳动生产率是一个有利因素。因此，更准确地说，一个人在不同年龄上的劳动生产率与其职业或工作的性质有关。

二、人口老龄化与经济可持续发展

处理好人口老龄化与经济可持续发展之间的关系，不仅是发达国家当前面临的问题，也是中国即将面临的挑战。从前文分析中，我们可以看到，老龄化对经济发展和经济增长的影响机制是非常复杂的，在不同的社会经济条件下，老龄化对消费、储蓄、投资和劳动力供给等方面的影响也是不同的。另一方面，经济的可持续发展也为实现健康、积极的老龄化提供了必要的物质条件。在老龄化背景下，一个国家要实现经济的可持续发展，必须解决好以下几个方面问题。

第一，充分利用人口机会窗口，最大限度地将潜在的人口红利转变为现实的经济发展资源，促进经济的可持续发展。虽然人口老龄化加重了老年人口负担系数，但是，这是一个相对长期的过程，而且，在人口老龄化的前期阶段，还伴随着“人口红利”。因此，我们必须制定合理的政策，特别是社会保障政策和劳动就业政策，在宏观上建立合理、有效的社会资源代际转移机制，在微观上促进个人对资源进行生命周期合理配置，从而为经济的可持续发展提供有效的投资需求和供给。

第二，激励人力资本投资，提高劳动生产率。从根本上讲，经济发展活力最终取决于人力资本的有效需求和供给，因此，人力资本投资是实现积极老龄化和经济可持续发展的重要途径。人力资本投资不仅可以提高生产效率，促进科技进步，增强经济发展的活力，缓解一些老龄化严重的发达国家的劳动力短缺问题，而且，还可以提高个人的收入能力，增加其个人终身收入，为老年时期的生活做好更为充分的准备。

第三，建立合理、有效的社会保障制度，消除老年人贫困，提高老年人的生活质量，这是实现经济可持续发展的必要社会条件。经济发展的根本目的不是物质财富的积累，而是包括老年人在内的全体社会成员的福祉的提高，如果一个国家中老年人贫困问题严重，那么，其经济发展最终也难以持续。另一方面，社会保障制度对于个人而言，是一种个人风险的社会防范机制，个人将根据社会保障制度和政策来对自己的资源在整个生命周期进行合理的配置，因此，合理的社会保障制度可以有效地调节消费与储蓄的比例，也可以有效地调节劳动力供给，为经济的可持续发展创造有利的条件。

本章要点

1. 老年和老龄经济学研究的对象包括两个方面：一是个体增龄与其经济特征变化之间的关系，主要是研究老年人的经济行为和经济状况，包括老年人劳动参与率、退休、收入水平和收入来源、贫困、财产与负债状况、消费需求和消费行为、储蓄水平和储蓄倾向、生活安排、与子女（及其他后辈）的经济互动关系等；二是在宏观层面上研究老年人口增长和老龄化与经济发展之间的关系，主要是研究老年人口增长和老龄化的经济后果，包括劳动力供给与需求、劳动力价格、技术进步、社会劳动生产率、经济增长速度、产业结构、消费需求、储蓄和投资、社会负担、社会保障、转移支付、公共支出和财政政策、代际经济关系等。

2. 作为经济学研究的一个重要分支领域，老年和老龄经济学采用经济学的规范研究方法。但是，由于研究对象的特殊性，老年和老龄化经济学也应该具有自己特殊的方法论和理论基础。

3. 老龄经济学研究可以分为两个领域：一是传统经济学领域；二是政治经济学领域。在前一个领域中，老龄化经济学并没有自己独特的方法论，基本上是以传统经济学的方法论为基础。但是在后一个领域，老龄化经济学有一个独特的重要原则——代际关系调节原则。

4. 中国经济转型主要表现在：第一，从计划经济体制向市场经济体制的转变；第二，经济高速成长，增长方式发生了重大变化；第三，产业结构迅速变化；第四，劳动力就业结构变化；第五，个人收入水平和消费水平大幅度提高；第六，收入差距扩大等。这些变化，特别是市场经济的发展给老年人带来了十分重要的影响。

5. 在经济结构转变、经济体制改革和社会变革过程中，老年人更容易陷于弱势地位，他们的生存状态、生活质量也处于波动之中，特别是在中国社会养老保障和医疗保障重建时期，在城市和农村都一定程度上出现了老年人贫困化、边缘化和弱势化的现象，特别是农村老年人、女性老年人和高龄老年人面临的挑战更加严峻。

6. 老龄化对经济发展和经济增长的影响机制是非常复杂的，在不同的社会经济条件下，老龄化对消费、储蓄、投资和劳动力供给等方面的影响也是不同的。另一方面，经济的可持续发展也为实现健康、积极的老龄化提供了必要的物质条件。

基本概念

老龄经济学、经济生命周期、人口年龄负担、公共消费支出

复习思考题

1. 老年和老龄经济学的研究对象是什么?
2. 老年人经济行为和经济状况研究的方法论中应该关注的几个问题是什么?
3. 个人经济生命周期的阶段及其特点是什么?
4. 老年人贫困的原因是什么?
5. 社会和经济转型期中国老年人面临的主要经济问题是什么?

推荐阅读书目

1. B. Pichat. *Population Aging and Its Economic and Social Implication*，New York，1956.

2. Joseph J. Spengler. *Facing Zero Population Growth*，Durham：Duke University Press，1978.

3. Robert L. Clark，Joseph J. Spengler. *The Economics of Individual and Population Aging*. Cambridge：Cambridge University Press，1980.

4. G. J. Stolnitz (Ed.) . *Demographic Causes and Economic Consequences of Population Ag-*

ing. New York：U. N. Economic Commission of Europe and U. N. Population Fund，1992.

5. Robert H. Binstock，Linda K. George（Eds.）*Handbook of Aging and Social Sciences*（3rd ed.）. San Diego：Academic Press，Inc.，1990.

6. Steven A. Nyce，Sylvester J. Schieber. *The Economic Implications of Aging Societies*. Cambridge：Cambridge University Press，2005.

7. Teresa Ghilarducci（Ed.）. *What You Need to Know About the Economics of Growing Old*. Notre Dame：University of Notre Dame Press，2004.

8. Robert Clark，Anne York，Richard Anker. "Economic Development and Labor Force Participation of Older Persons". *Population Research and Policy Review*，18（5），1999. pp. 411－432.

9. Robert C. Atchley，Amanda S. Barusch. *Social Forces & Aging*：*An Introduction to Social Gerontology*（10th ed.）. Belmont：Wadsworth，Thomson Learning，INC.，2004.

10. 中国老龄科学研究中心．中国城乡老年人口状况一次性抽样调查数据分析．北京：中国标准出版社，2003.

11. Leslie Morgan，Suzanne Kunkel. *Aging*：*The Social Context*（2nd ed.）. Thousand Oaks：Pine Forge Press，2001.

12. Robert L. Clark，Richard V. Burkhanser，Marilyn Moon，Joseph F. Quinn，Timothy M. Smeeding. *The Economics of an Aging Society*. Walden：Blackwell Publishing，2004.

13. U. S. Bureau of Labor Statistics. *Consumer Expenditure Survey*：*Interview Survey*（*1982－1983*）. Bulletin No. 2246，U. S. Government Printing Office.

14. A. Borsch-Supan，K. Stahl，*Life Cycle Savings and Consumption Constraints*. In D. Bos，S. Cnossen（Eds.）. *Fiscal Implications of Aging Population*. Berlin：Springer-Verlag，1992.

第九章

老年社会保障

老年社会保障是老年学研究和教学的一个重要组成部分，它既是当代社会老年人生活的一个主要的支持系统和影响因素，又是老年社会政策的一个重要方面。社会保障学界更多地关注老年社会保障的资金、政策管理问题，作为老年学的研究者，我们则更多地关注社会保障对老年人生活的支持和影响作用，以及如何改善和发展这一制度，使之更加符合养老保障的需求和有利于社会的良性运行。

第一节　老年社会保障的概念及特点

一、老年社会保障的概念

老年社会保障（social security for the elderly）是指人类社会区别于传统家庭养老的正式的养老保障制度，主要包括公共养老金、老年社会救济、老年医疗保障与服务、老年社会福利（包括社会服务）制度。

老年社会保障的基础是老年人经济上的社会保障，主要体现为公共养老金制度。公共养老金制度是老年社会保障的核心部分，养老保险又是其主体部分。老年社会保险制度是现代社会解决老年人经济保障或基本经济需求问题的一个主要措施或主渠道。老年人其他各个方面的社会保障（如医疗保障、贫困救助、晚年照料等）都与经济保障有着必然的联系，都是以经济保障为基础的，而经济保障的核心或主要内容是养老保险。作为公共养老金制度的补充，企业年金和商业养老保险是近些年来得到发展的两个辅助项目。

二、老年社会保障的特点

（1）老年社会保障是一种社会化的保障措施。所谓社会化是指通过社会途径，以社会制度保证的方式。社会化养老是相对于传统的家庭养老而言的。传统社会的老年保障是依靠家庭实现的，是非正规制度的养老。工业化、现代化是当代世界性的发展潮流，是每个国家都不可回避和必然要经历的社会变革过程。在这个过程中，家庭小农经济难以继续存在，必然会被社会化的大生产所取代。传统农业社会的家庭养老已经失去经济和社会基础，养老方式也就必然为社会化养老所取代。作为现代社会的一项制度安排，老年社会保障是通过社会机制完成的。作为个人，要获得这一制度的保护就必须履行必要的社会义务。

(2) 老年社会保障是工业化时代国家和社会的责任。这是因为，老年人对后代人的发展以及对社会的发展做出了贡献；家庭对老年人保障的能力不断减弱；社会财富的聚集和分配只有国家和政府才能做到。

(3) 老年社会保障是一种社会再分配的措施。这就和经济—市场领域直接的工资性的分配区别开。这种社会再分配措施是由政府管理实施的，不属于市场行为，其资金渠道是通过再分配和政府的制度措施建立和运作的。

(4) 老年社会保障是对人生晚年阶段实施的社会保护措施，又是需要个人进行终生准备的一项制度。

(5) 老年社会保障在社会保障体系中处于最重要的地位。作为社会保障的一个子系统，老年社会保障与社会保障几乎是同时产生的，老年社会保障在社会保障体系中的地位最重要，是社会保障的主要部分。

老年社会保障所预防的风险具有确定性，而且在人口老龄化的时代这种风险必然不断加大。从生命周期来说，老年是人生中劳动能力减弱的阶段。这一点与失业现象是不同的。因为失业并不意味着劳动能力的丧失，还可能重新回到工作岗位，而老年则意味着劳动能力的不断丧失，意味着永久性的“失业”。从这个意义上说，由年老导致的丧失劳动能力而使收入下降，是人生中确定性的和不可避免的风险。

老年社会保障的覆盖面是最大的。老年社会保障是为了保障人们晚年生活而设立的，其直接对象虽然是老年人，但是制度覆盖的却是全体劳动者，是每个人都需要的。其他社会保障项目，如工伤保险、残疾人保障等，所保障的情况虽然也会导致劳动能力丧失，而且丧失的程度可能比老年更严重，但是很多人不会遇到这样的风险。从全社会范围来讲，多数人都要经历老年阶段；随着人口老龄化的发展，人口寿命不断延长，老年人口数量不断增加，人的生命周期中老年期所占的比重将不断提高。

养老保障支出在社会保障的资金支出中是比例最大的。在讲到老年保障时，我们涉及的主要方面实际上是养老保险。因为在老年保障项目中，老年社会救济、福利、津贴所占的份额是较少的。而且，养老保险是一个比较复杂的管理和运行系统，涉及国家政府、每一个社会组织和每一个进入工作以及退出工作的个人。而老年救济、福利、津贴的管理和运行是比较简单的，只涉及国家政府的某些部门和一部分老年人群体。这些都导致退休金支出大量增加。其他项目需要的资金量大大少于老年保障，其社会经济的影响力是不能与老年社会保障相比的。因此，养老保险成为社会关注的一个极为重要的课题。

养老金支出占社会保障支出的大部分份额。在 1979—1983 年期间，美国和德国的养老金支出占到全部社会保障支出（包括养老金、医疗、工伤、失业保险和家庭补贴）的 50.3%～55.1%，英国和法国占到 41.3%～44.5%，意大利占到 47.1%～65.2%，加拿大占到 29.5%～32.8%，澳大利亚占到 45.1%～48.9%，巴西占到 53.7%～62.9%，马来西亚占到 94.3%～95.9%。① 1990 年统一后的德国的社会保障总支出为 7 000 亿马克，养老金即占支出总额的 1/3。②

从我国近年来社会保障资金以及人员结构来看，老年社会保障所占的比重也是最主要的。我国离退休人员的保险福利费占全国保险福利费的比重较高，1995 年为 65.30%，1996 年是 66.70%，1997 年是 67.96%。2012 年，我国城镇养老保险基金收入是 20 001 亿元，是医疗保险基金收入的 3 倍，是失业保险基金收入的 18 倍，是工伤保险基金收入的 38 倍，是生育保险基金收入的 66 倍。③

伴随着我国人口老龄化的不断加剧，退休金占社会保障乃至占国民生产总值的比重必然是快速上升的。事实上，1980—1997 年，我国离退休人口增加了 4.1 倍，同期离退休福利费增加了 41 倍，除去物价指数的上涨，按可比价格衡量，离退休人口的增长与离退休福利费的增长幅度大体相当。在这一期间，离退休保险福利费年均增长 19.1%，增长速度大大快于国民生产增长速度。中国部分年份三种社会保险项目情况的比较见表 9—1。

表 9—1　　中国部分年份养老、失业、医疗保险有关资料

项目＼年份	1997	1999	2000	2005	2006	2007	2008	2009
参加城镇基本养老保险人数（万人）	11 204	12 486	13 504	17 487	18 766	20 137	21 891	23 550
离退休人数（万人）	2 533	2 984	3 173	4 368	4 635	4 954	5 304	5 807
城镇基本养老保险基金收入（亿元）	1 338	1 965	2 279	5 093	6 310	7 834	9 740	11 491
城镇基本养老保险基金支出（亿元）	1 251	1 924	2 116	4 040	4 897	5 965	7 390	8 894
参加城镇基本医疗保险人数（万人）	1 255	2 594	4 300	13 783	15 732	22 311	31 822	40 147
城镇基本医疗保险基金收入（亿元）	52	90	170	1 405	1 747	2 257	3 040	3 672

① 参见国家统计局国际统计信息中心编：《世界主要国家和地区社会发展比较统计资料》，108～109 页，北京，中国统计出版社，1991。

② 参见顾俊礼：《德国——社会市场经济的运行机制》，220 页，武汉，武汉出版社，1994。

③ 参见劳动部社会保障管理局编：《中国社会保险年鉴（1997）》，17 页；劳动和社会保障部、国家统计局：《劳动和社会保障事业发展统计公报》（1997、1998、1999 年度）。

续前表

年份 项目	1997	1999	2000	2005	2006	2007	2008	2009
城镇基本医疗保险基金支出（亿元）	40	69	125	1 079	1 277	1 562	2 084	2 797
参加失业保险人数（万人）	7 961	9 852	10 408	10 648	11 187	11 645	12 400	12 715
失业保险基金收入（亿元）	47	125	160	340	402	472	585	580
失业保险基金支出（亿元）	36	92	123	207	198	218	254	367

资料来源：国家统计局编，各年中国统计年鉴；人力资源和社会保障部编，各年人力资源和社会保障事业发展统计公报。

第二节　现代养老金制度的特征和基本内容

一、现代养老金制度的特征

制度特征指的是制度本身的基本规定性，是区别于其他保障项目的特点。具体来说，现代养老金制度的特征主要有以下几方面。

（一）资金运行模式：现收现付制和基金积累制

现收现付制（pay-as-you-go）是指养老金的资金按照需要的多少收取，随时收取，随时发放，即现期的养老金由现期的收入来支付的办法，一般是以工薪税或专项收费的方式收取，做到收支平衡，略有结余，资金运行周期一般是一年。从人口结构上看，现收现付制度是代际赡养，即工作一代负担退休的一代。目前大多数国家的养老保险都是采用这种制度。其优点是资金管理方便、便于操作，因为资金周期很短，管理成本低；缺点是如果人口年龄结构向老龄化转变，就会加重工作人口的负担。

基金积累制（funding system）分为完全积累制和部分积累制。完全积累制（fully funded）指的是积累的养老金储备等于参与养老金计划的现有成员的全部养老金债务的现值的资金制度。资金积累的周期是计划参加者的全部工作时间，发放的周期是计划参加者的全部养老金领取时间。收费标准是根据目标替代率、参考基金的投资回报率和参加者未来的寿命水平来确定。其特点是参加者自养——工作一代人实现纵向平衡，是代内自养，他们工作时为自己未来养老做储备。优点是基本不受人口年龄结构老龄化的影响，有利于调动个人的积极性，鼓励延长退休年龄；缺点是资金运行管理——保值增值、资金安全等任务繁重、风险大，中间过程中的经济波动包括通货膨胀等对基金有很大的影响。世界上实行这种公共养老金制度的典型代表是智利。其他如各国的企业年金也是采用这种制度。部分基金积累制（partial funded）是指资金运行中一部分采用现收现付制的办法，一部分采用基金积累制的办法，出发点是要利用两种制度的优点，规避两种制度的缺点。

（二）资金权属关系：社会统筹与个人账户

公共养老金制度在处理资金的记账和权属关系上往往采取两种方式，一种是社会统筹，另一种是个人账户。社会统筹一般是采用在一定的地域内进行统一收取和发放——统一收支标准的方法，资金归政府所有。个人账户制度中的实际个人账户是将收取的资金记在个人名下，按账户实际资金支付养老金；个人账户中的名义个人账户制度只是形式上的记账，交存的资金实际并不储存，支付养老金时按照名义储存额办理。

（三）养老金给付方式：给付确定制和缴费确定制

给付确定制（defined benefit scheme，DB）是指养老金的待遇标准在工作时期就确定下来，也称为待遇确定制，资金上采取以支定收的方法，较好地体现了社会保障安全、稳定的原则。

缴费确定制（defined contribution scheme，DC）是按照缴费（在基金积累制下包括收益）的多少来确定养老金的标准，是以收定支的方法。

二、国外养老金制度的内容

国外老年社会保障的内容比较繁杂，以西方发达国家为代表的社会养老金制度发展得比较完善，构成了老年社会保障的主要内容。此外，国外的老年医疗保障制度、老年社会救助制度、老年社会福利制度也都达到了较为完善的程度。国外养老金制度的内容有政府养老金、企业年金和商业养老保险。

（一）公共年金计划

一般来讲，西方发达国家的养老金主要是公共年金计划。公共年金有以下三种。

1. 普遍年金计划

普遍年金计划（national basic pensions，NBPs，or basic-state pensions，BSPs），是某些发达国家——主要是英联邦国家实行的公民人人有份的养老金待遇，是全民平均津贴，带有福利制度的特点。具体又分为两种，一种是公民缴费的普遍年金（contribution flat-rate），另一种是获得者不缴费的普遍年金（non-con tribution flat-rate）。

2. 收入关联年金计划

收入关联年金计划（state earning-related pensions，SERPs）是将养老金待遇与原来工作时的收入水平挂钩的制度，对象是工薪收入者。因为缴费是按工资收入计算的，所以待遇也按工资计算，有强调个人贡献的意思。美国、日本、德国、法国等国家采取这种制度，这是一种比较典型的社会保险制度。

3. 普遍救助计划

普遍救助计划是生活状况调查津贴（means-test pensions），是一种对低收入或财产较少者给予年金补助的、带有社会救济色彩的年金计划，通常是通过对接受者的生活状况调查确定给付水平，通过财政转移支付的资金渠道，带有明显的收入再分配的功能。澳大利亚、英国等英联邦国家和北欧国家实行这种制度。

但是，以上三种计划往往不是单一实行的，而是相互结合在一起的，具体又有三种组合模式：

（1）普遍年金与普遍救助计划相结合，如在澳大利亚，雇主和雇员均不缴纳保险费，养老金开支全部由联邦政府从财政收入列支。

（2）收入关联（社会保险）计划与普遍救助计划相结合，既解决工薪收入者的年金保障，又解决无工作的低收入者的老年保障问题，美国、法国等实行这种模式。

（3）普遍年金、收入关联年金和社会救助计划相结合，实行这种组合方式的国家有英国、爱尔兰、丹麦、瑞典、加拿大等，反映出国家比较慷慨的养老保障制度安排。①

（二）多层次的养老金计划

公共年金、职业年金和个人投保储蓄计划是发达国家养老金计划的三个层次。公共年金是由政府主办的养老金计划。职业年金是由企业或单位主办的养老金计划，作为补充养老金计划，其资金来源是企业和员工，国家出台一定的支持政策。在美国，职业年金是养老金的主体部分。个人投保储蓄计划是商业性的养老金计划，作为个人选择的养老金计划，由国家给予一定的支持鼓励政策。职业年金和个人投保储蓄都采取个人账户制度。

三、我国养老金制度的内容

我国当代养老金制度创建于20世纪50年代初。1949年中华人民共和国成立后，我国政务院于1951年颁布了《中华人民共和国劳动保险暂行条例》。该条例规定企业职工的养老保险费由企业负担，建立了企业职工退休养老制度。1955年，国务院颁发了《国家机关工作人员退休处理暂行办法》，对国家机关、民主党派、人民团体和事业单位工作人员的退休制度给予明确规定，在这些单位中实行退休养老制度，其退休条件和待遇标准与企业的大致相同。

1957年，国家劳动部制定了《国务院关于工人、职员退休处理的暂行规定》，由国务院于1958年2月公布实施。这一规定适当放宽了退休条件，提高了待遇标准，建立起了全国统一的退休金制度。

20世纪60年代初，我国城镇集体经济得到了一定的发展。第二轻工业部和全国手工业合作总社于1964年颁布了《关于轻工业、手工业集体所有制企业职工、社员退休统筹暂行

① 参见董克用、王燕：《养老保险》，47～49页，北京，中国人民大学出版社，2000。

办法》，规定了集体所有制企业职工的退休条件和待遇标准。

从中国共产党十一届三中全会开始，我国进一步建立、改革与完善了老年社会保险制度。1978 年，我国颁布了《国务院关于安置老、弱、病、残干部的暂行办法》和《国务院关于工人退休、退职的暂行办法》。随着经济的发展和工资结构以及物价体系的变动，我国定期或不定期地对离退休人员实行了养老金补贴制度。我国计划经济时代的养老保险制度解除了城镇职工的养老后顾之忧，实现了老有所养的目标，促进了生产力的发展，保持了社会稳定。[①] 我国养老社会保险的主要内容体现在以下方面。

（一）老年社会保险的范围

1951 年的《中华人民共和国劳动保险暂行条例》只规定在 100 人以上的国营、公私合营和合作社（集体经济组织）经营的厂矿、铁路、航运、邮电及其附属单位中实行。1953 年修订后的保险条例将保险范围扩大到所有的工厂、厂矿及交通事业的基本建设单位和国营建筑公司。1955 年，国务院将老年社会保险扩大到全体国家机关和事业单位的工作人员。1956 年，我国的老年社会保险制度被扩大到商业、外贸、粮食、供销合作、金融、民航、石油、地质、水产、国营农场、造林等 13 个产业和部门。至此，全国实行老年社会保险的职工达到 2 300 万人，相当于各类职工总数的 94%。1958 年，国务院统一了工人、职员的退休管理办法。

1978 年，国务院关于安置老弱病残干部和职工退休退职的暂行办法，将工人和干部区别对待，扩大了离职休养的范围。随着我国改革开放的发展，三资企业大量涌现，为了保护这些企业中职工的利益，国务院先后颁布了规定，其基本内容是：三资企业的中方职工按国家社会保险条例，享受与国有企业职工相同的老年社会保险待遇；城镇集体企业的职工根据各自企业的情况，实行不同程度的养老保险待遇。20 世纪 90 年代以来，我国城镇养老保险覆盖范围进一步扩大，制度覆盖了城镇所有用工单位和个体以及自由职业者。

（二）养老保险的待遇标准

1951 年，我国规定的退休金标准为本人工资的 35%～60%；1953 年提高为工资的 50%～70%；1958 年国家提高了对有突出贡献职工的退休待遇；1978 年增加了对机关和事业单位人员的离休待遇规定，规定离退休金待遇提高到原工资的 60%～90%；20 世纪 80 年代初，国家规定对离休条件进一步放宽，退休金提高到原工资的 100%，并根据参加工作时间的早晚，加发一定数量的生活补贴，从事繁重体力劳动和有害健康的职业的职工可提前五年退休，高级知识分子可以推迟一定年限退休，对某些特殊行业适当提高退休金标准。

20 世纪 90 年代中后期，国家对企业实行了社会统筹与个人账户相结合的养老金制度改革，退休金标准也随之发生了变化。

---

① 参见郑功成：《中国社会保障制度变迁与评估》，87 页，北京，中国人民大学出版社，2002。

（三）老年社会保险管理体制

我国的职工养老社会保险在“文化大革命”前的较长时期内是由各级工会组织管理的。这种体制对养老社会保险实行资金统一征集、统一管理和调剂使用的办法。但是在“十年动乱”期间，由于社会保险专管机构被撤销，企业职工的养老社会保险制度被迫废除，其退休保险费用改在营业外列支，使养老社会保险失去了社会统筹调剂的职能，变成了“企业保险”。1978年以后，城镇国营、大集体企业职工的养老社会保险改由劳动部统一管理，并在全国逐步推行省级统筹养老金工作。1984年，国务院决定：集体经济组织（小集体）的养老社会保险由中国人民保险公司负责管理；国家机关和事业单位的养老社会保险由人事部统一管理。此外，离休人员由党委组织部负责管理；农村的老年社会保障由乡镇政府和村委会管理。

20世纪90年代以来的养老保险制度规定，企业的养老保险统一由劳动和社会保障部负责管理，机关事业单位的养老保险仍然由人事部门管理。我国的养老金制度基本上是单一的城镇职业养老制度，带有城乡二元结构的特点。20世纪中后期，我国城镇养老保险制度发生了彻底的变革，逐步建立了适应社会主义市场经济的新的养老保险制度。近年来，我国逐步建立了城乡居民基本养老保险制度，并着手开展全国社会统筹的工作。

第三节　我国城镇养老保险制度的改革

从20世纪90年代中期开始，我国政府适应社会主义市场经济发展的需要，改革了原有的养老保险制度，建立了新型的制度模式。同时，随着形势的发展，改革后的新制度也面临着新的挑战。

一、我国城镇养老保险制度改革的内容

（一）建立现收现付与基金积累相结合的制度，确立了新的资金运行模式

原有的养老金收支方式是现收现付，即从企业收入或国家财政收入中随时支付退休金。在收与支之间无资金积累，也谈不上增值。这种办法在退休者大量增加和老年人口寿命不断延长的新形势下，资金供给难以适应需要。因为在人口老龄化的形势下，退休金需求不断膨胀，国家或企业很难从当前的资金收入中解决不断增长的养老金需求问题。

现收现付部分考虑的是横向平衡。所谓横向平衡是指当年提取的基金总和应与其所需支付的费用总和保持平衡，即保证短期内对已退休人员支付退休金的资金平衡需要。基金积累部分考虑的是纵向平衡。所谓纵向平衡是指在未来的长时间内为参加保险的人员积累

的全部基金总和（含银行利息和投资运营收入），应与为他们所支付的费用总和保持平衡，即保证对未来退休者支付退休金的平衡。这种包含着部分积累式的混合式基金筹集方式适合我国目前的实际情况，与现收现付和基金积累制度相适应，国家建立了养老保险的社会统筹与个人账户相结合的制度。

社会统筹与个人账户相结合简称为“统账结合”。所谓社会统筹是指在一定的空间范围内，以现收现付的形式，将一部分上缴资金做统一调配，按统一标准发放。以地域作为统筹范围，最后过渡到省级地域统筹。这种方式超出了单位管理的范围，克服了单位核算的弊端。2000 年，中国大部分城镇地区养老保险实现了地、市级以上地域范围的社会统筹。社会统筹制度体现出社会保险的共济性，在一定程度上克服了企业、行业之间由于条件、发展水平和效益不同所造成的不公平问题。同时，社会统筹便于统一管理和运作，提高工作效率；可以统一发放标准，实现对个人的公平。社会统筹资金由企业上缴和政府的补贴构成。

实行个人账户制度，将个人投保与企业投保的一部分记在个人的名下，有利于落实个人的责任，与个人利益挂钩，调动个人投保的积极性，并且便于劳动者在不同体制和单位之间的自由流动。1997 年国务院颁布的《关于建立统一的企业职工基本养老保险制度的决定》，对职工工作调动办理基本养老保险个人账户转移手续做了规定：职工在同一统筹地区调动时，转移基本养老关系和个人账户档案；职工跨统筹地区调动时，转移基本养老保险关系和个人账户资金。

（二）扩大养老保险金的来源，由国家、企业和个人共同承担养老保险金费用

1997 年国务院发布的《关于建立统一的企业职工基本养老保险制度的决定》（国发〔1997〕26 号）统一了资金收缴标准，按职工本人缴费工资 11%的数额为职工建立基本养老保险个人账户，其中企业缴纳 3%，个人缴纳 8%，另外企业负责缴纳社会统筹部分的资金。社会统筹部分由企业负担，国家负担的部分是指财政补贴以及税收、利率倾斜政策等。

（三）扩大养老保险的社会覆盖面，对城镇全部劳动者实行养老保险制度

先前的城镇养老保险制度并没有涵盖所有的劳动者，私营企业、个体工商户、中外合资及外资企业、全民和集体企业中的计划外编制的职工没有完全被纳入到社会保险制度中来。经过新制度的改革，目前在我国城镇地区，临时工等非正规职工逐步被纳入养老保险的范围。2013 年，全国城乡社会养老保险参保人数达到了 49 750 万人。

（四）建立养老基金增值的机制

个人账户基金制必然要求基金保值增值。在社会经济发展的过程中，未来的养老金标准必然是逐步提高的，而且养老金的管理也需要一定的成本。因此，积累起来的基金如果不使其增值，既不能保证未来的需要，也有贬值危险。我国养老金基金增值的途径主要是银行储蓄、购买国债。

（五）建立退休金与社会经济发展挂钩和退休人员分享经济发展成果的新机制

首先是退休金标准与物价变动挂钩。目前我国正处于经济体制转轨的过程中，通货膨胀和价格波动成为不可忽视的社会问题，它们对老年人实际生活水平的不利影响更为直接。所以，近几年我国政府正在建立和完善对退休金的调整机制，对离退休人员基本养老金实行基本物价补偿制度。

其次是建立老年人分享社会发展成果的机制，也可称为分享制度或共享制度。这种做法一般是根据在职人员工资增长的情况对离退休金做出相应的调整。具体做法是随同在职人员上调工资的同时调整退休金，或者按一定时期内在职人员工资平均涨幅调整退休金。

（六）由单位管理向社会化管理过渡

我国各级政府建立了社会保险局（中心）等职能机构。社会化一是表现在管理的社会化上，二是表现在发放的社会化上，发放工作由银行、邮局等社会服务机构承担。2000年，我国城镇养老金社会化发放目标基本实现。

二、养老金资金来源不足是我国城镇养老保险制度面临的主要问题

改革以后的养老保险制度，实行现收现付与基金积累制相结合、社会统筹与个人账户相结合的制度。在这种半基金积累制度下，养老金的资金来源仍然是很成问题的。由于我国人口快速老龄化、退休人员快速增加，养老金资金来源不能满足迅速膨胀的需求。很多地区出现了养老基金收得少、发得多的局面，导致资金缺口越来越大。资金缺口由1998年的100亿元增加到2011年的2.22万亿元。据有关部门测算，2000—2025年期间的资金缺口累计将有1.8万亿元，平均每年700亿元左右，如果将每年的缺口资金纳入预算，相当于财政收入的5%。①

资金来源不足导致政府负担加重，同时也影响了退休人员按时足额地领取退休金。截至2005年6月末，全国仍有十几个省份存在养老金的历史拖欠问题。②

在资金来源方面，引起政府部门不安的是新的资金收缴制度不能顺利执行，阻力很大。各地不断出现企业拖欠养老保险费的问题，有的拖欠数额巨大。2003年5月，劳动和社会保障部公布了16家欠费千万元以上的企业。③ 企业欠缴的原因主要是保护自身利益，逃避社会责任，同时也有政府制度执行不力的原因。

职工个人承担养老保险投保的能力较低。大多数工薪阶层收入比较有限，收支相抵，

---

① 参见屠年松：《减持宜从国有控股上市公司开始》，载《中国证券报》，2001-07-12。

② 参见刘羊旸：《上半年全国发放企业离退休人员基本养老金1720亿元》，载《中国老年报》，2005-07-21。

③ 参见《劳动和社会保障部公布16家欠缴职工养老保险费大户名单》，见http：//www.molss.gov.cn，2003-07-24。

所剩不多，如果再扣除医疗、住房、子女教育等项开支，很难再有多少剩余，个人投保的经济条件还是比较有限的。虽然近些年来我国居民在银行的储蓄存款增长十分迅速，储量十分可观，但这并不能准确反映大多数工薪阶层的实际经济情况。虽然企业职工的工资几次上调，但由于基础水平低，绝大多数工薪阶层的实际收入仍然偏低。工资收入者的经济基础比较脆弱，提高个人缴费率将十分困难。

扩大养老保险覆盖面将会增加资金来源，有利于解决资金紧张的问题，但是，目前我国城镇养老保险的覆盖率并不高，截至2009年，城镇就业人员养老保险覆盖率为50%左右。[①] 原因首先是管理部门执法不够；其次是在企业转制、岗位转换的过程中，原来的某些国营和集体企业参保人员流失，中断缴费和保险关系；下岗失业、买断工龄也是造成养老保险覆盖率降低的原因之一；排斥临时工（农民工）进入社会保障制度也是一个重要原因。

解决资金来源不足是我国养老金制度面临的主要任务，具体措施应该是：第一，加大国有资产转移的力度，将过去积累的国有资产中的一部分返还给退休者；第二，扩大财政转移支付的力度，强化国家再分配的职能，补充社会保障资金的不足；第三，强化社会保障法制化管理，严格执法，扩大社会保险覆盖面；第四，建立国民养老保险制度，将不便于管理的人员全部纳入国民养老保险，形成多层次的养老保险机制。

第四节　我国农村老年社会保障的内容及存在的问题

我国农村老年社会保障也经历了一个发展过程。在20世纪50年代实现农业合作化以后，我国政府开始对农村生活困难的老人实行社会救济制度。1956年我国第一次全国人民代表大会第三次会议通过的《高级农业合作社示范章程》，以及1962年中共中央发布的《农村人民公社工作条例修正草案》，对在农村建立社会保障和生活福利制度都作了原则性的规定。

中国共产党十一届三中全会以后，我国农村实行了多种形式的联产承包责任制，大力开展多种经营和发展商品经济，极大地调动了农民的生产积极性，农村经济得到了快速发展，为社会保障制度的发展奠定了一定的物质基础。同时，农村人口老龄化也出现了加快发展的趋势，农村青壮年劳动力外出流动快速增加，土地收益下降，发展社会保障成为农村社会发展的必然要求。

一、我国农村老年社会保障的主要内容

现阶段我国农村的老年社会保障制度的内容主要有社会救济和农村社会养老保险，具

---

① 参见郑功成主编：《中国养老保险制度改革与发展战略》，4页，北京，人民出版社，2011。

体内容有以下几方面。

（一）农村老年社会救济

农村的老年人社会救济是由政府和集体组织实施的、对有特殊困难的“三无”老年人实行的社会救济制度，具体说就是“五保”制度。所谓“五保”就是由国家和集体对农村无劳动能力、无生活来源、无依无靠的老年人以及残疾人和孤儿，实行保吃、保穿、保住、保医、保葬（孤儿保教）的供养制度。我国农村的“五保”制度始建于1956年的合作化时期。在半个世纪的历史时期内，这一制度对于保证我国农村社会的稳定，提供社会化的养老功能，发挥了积极有效的作用。

在社会主义市场经济建设的新时期，中国政府继续巩固和发展社会救济制度。1996年，民政部印发了《关于加快农村社会保障体系建设的意见》，把建立农村居民贫困救助作为农村社会保障体系建设的重点。为了保证农村社会救济经费的来源，2000年中国政府开始在部分省份推行农村税费改革，依法征收农业税和农业税附加，“五保”供养经费由农业税附加和财政补贴（包括转移支付和县级财政列支）两部分构成。从2005年开始，国家政策规定农村“五保”救济的经费全部由中央和地方政府财政负担。但是，农村社会保障的社会化进展并不显著，社会保障政策的覆盖率依然较低。

中国农村老年“五保”制度有两种方式，一种是对老年人分散供养，即由村级基层组织负责给予居家照顾。另一种方式是在敬老院集中供养，住进敬老院的老年人的经济来源是由所在的村提供粮食和资金，由乡镇企业收入和地方财政给予一定的补贴。2005年开始，农村“五保户”的供养资金开始由中央和地方政府财政负担。2006年，国务院正式出台了《农村五保供养工作条例》。但是，随着目前农村经济结构的变化，随着农村年轻一代大规模迁移流动和家庭结构的变化，农村贫困老年人经济保障的问题没有得到很好的解决。“五保户”之外的老年人贫困现象有所增加，需要将传统的“五保”救济制度扩展为全面的最低生活保障制度。

针对家庭养老功能日趋弱化的现实，中国法律明确规定子女有赡养老人的义务，1996年通过的《中华人民共和国老年人权益保障法》对此作了明确的规定。有的地区基层政府鼓励和推行子女与老人签订赡养协议书的方式，在明确老人与亲属的权利义务和保障老年父母晚年生活方面进行了有益的尝试。

中国农村社会的急剧变化对于老年保障引发出多方面的不利因素。市场经济在给农民带来利益增长的同时，也把他们带入了一个风险更高、更大的市场环境之中。市场经济下，计划经济时子女收入的相对稳定性遭到破坏。波动、起伏的市场经济使一些成年子女成为新的贫困者或困难户。若是子女病残，或天灾人祸、经济困难，即他们自身收入尚无着落时，对其老年父母的赡养便无法保证。市场经济的发展使得农民外出自由择业的机会增多。从20世纪八九十年代起，大批农民进城打工经商。农村劳动力转移就业已经成为中国农村社会的一种普遍现象。从总体上看，这种转移给农民工父母的养老保障带来了极大的负面影响。[①] 中国人民大学老年学研究所2004年在安徽、河北和河南3地的调查结果表明，农村子女外出务工后，留守老人在居住方式上逐渐呈现出空巢化和隔代化的特点；留守老人的家务负担和农业劳动负担都有所加重，而且在生活和经济等方面，面临着一些新的困难。由于部分外出务工者敬老意识淡薄以及受工资支付形式的影响，其在农村的依靠子女赡养的父母有的不能及时拿到生活费用，经济拮据甚至借钱度日的现象不在少数。家庭养老资源减少，传统的安全网的作用明显被削弱，土地保障功能明显下降。在传统社会，土地是农民生活的最后一道保障，但在现代化过程中，土地的老年保障作用正在迅速减弱。集体经济的保障功能减弱。一些地方集体经济弱化，集体积累减少，社会（主要是社区）对子女养老的约束力有所下降。

农村老年人口中有较大比例经济上比较困难，而且与子女分开居住的老人比较多，他们在经济上和日常生活吃住起居方面基本上也都与子女分开，传统社会中的大家庭即使在农村地区也比较少见。虽然这一代老人的子女数量比较多，但是老年人的作用及地位的下降以及传统的尊老道德观念的减弱，加之子女一代生活和工作压力的加大，都导致老年人晚年生活保障问题增多。因此，对广大农村的低收入和无收入老年人应加大社会救助工作。

（二）农村社会养老保险制度

1. 农村社会养老保险

我国农村社会养老保险是在20世纪80年代中期至90年代初进行探索试点的。《中共中央关于制定国民经济和社会发展十年规划和“八五”计划的建议》指出：在农村采取积极引导的方针，逐步建立不同形式的老年保障制度。国务院1990年第111次总理办公会议和国务院发（1991年）第33号文件确定农村的养老保险由民政部负责，1998年移交劳动和社会保障部。我国农村养老保险的基本做法是：采取政府组织引导和农民自愿相结合的办法，建立自助为主、互济为辅、储备积累的机制。农村养老保险制度的基本运作方式是：建立农村社会养老保险管理机构，为农民设立以个人缴费为主、以集体补贴和国家扶持为辅的养老保险个人账户制度。[②] 据统计，至2006年年底，全国有5 374万农民参加了养老社会保险，有355万老年人从中受益。

2009年9月1日，国务院发布了《关于开展新型农村社会养老保险试点的指导意见》，其中指出：按照加快建立覆盖城乡居民的社会保障体系的要求，逐步解决农村居民老有所养问题。新农保试点的基本原则是“保基本、广覆盖、有弹性、可持续”。一是从农村实际出发，低水平起步，筹资标准和待遇标准要与经济发展及各方面承受能力相适应；二是个人（家庭）、集体、政府合理分担责任，权利与义务相对应；三是政府主导和农民自愿相结合，引导农村居民普遍参保；四是中央确定基本原则和主要政策，地方制订具体办法，对参保居民实行属地管理。

---

① 参见徐勤：《加速建立农村老年保障安全网》，载《老龄问题研究》，2005（12）。

② 参见《县级农村社会养老保险基本方案（试行）》，见 http：//www.molss.gov.cn，1992-01-03。

"新农保"的任务目标是，探索建立个人缴费、集体补助、政府补贴相结合的新农保制度，实行社会统筹与个人账户相结合，与家庭养老、土地保障、社会救助等其他社会保障政策措施相配套，保障农村居民老年基本生活。2009年试点覆盖面为全国10%的县（市、区、旗），以后逐步扩大试点，在全国普遍实施，争取在2020年之前基本实现对农村适龄居民的全覆盖。

"新农保"的参保范围是年满16周岁（不含在校学生）、未参加城镇职工基本养老保险的农村居民，他们可以在户籍地自愿参加新农保。

新农保基金由个人缴费、集体补助、政府补贴构成。（1）个人缴费。参加新农保的农村居民应当按规定缴纳养老保险费。缴费标准目前设为每年100元、200元、300元、400元、500元、600元、700元、800元8个档次，地方可以根据实际情况增设缴费档次。参保人自主选择档次缴费，多缴多得。国家依据农村居民人均纯收入增长等情况适时调整缴费档次。（2）集体补助。有条件的村集体应当对参保人缴费给予补助，补助标准由村民委员会召开村民会议民主确定。鼓励其他经济组织、社会公益组织、个人为参保人缴费提供资助。（3）政府补贴。政府对符合领取条件的参保人全额支付新农保基础养老金，其中中央财政对中西部地区按中央确定的基础养老金标准给予全额补助，对东部地区给予50%的补助。地方政府应当对参保人缴费给予补贴，补贴标准不低于每人每年30元；对选择较高档次标准缴费的，可给予适当鼓励，具体标准和办法由省（区、市）人民政府确定。对农村重度残疾人等缴费困难群体，地方政府为其代缴部分或全部最低标准的养老保险费。

国家为每个参保人建立终身记录的养老保险个人账户。个人缴费，集体补助及其他经济组织、社会公益组织、个人对参保人缴费的资助，地方政府对参保人的缴费补贴，全部记入个人账户。个人账户储存额目前每年参考中国人民银行公布的金融机构人民币一年期存款利率计息。

养老金待遇由基础养老金和个人账户养老金组成，支付终身。中央确定的基础养老金标准为每人每月55元。地方政府可以根据实际情况提高基础养老金标准，对于长期缴费的农村居民，可适当加发基础养老金，提高和加发部分的资金由地方政府支出。个人账户养老金的月计发标准为个人账户全部储存额除以139（与现行城镇职工基本养老保险个人账户养老金计发系数相同）。参保人死亡，个人账户中的资金余额，除政府补贴外，可以依法继承；政府补贴余额用于继续支付其他参保人的养老金。国家根据经济发展和物价变动等情况，适时调整全国新农保基础养老金的最低标准。

"新农保"养老金待遇领取条件是：年满60周岁、未享受城镇职工基本养老保险待遇的农村有户籍的老年人，可以按月领取养老金。新农保制度实施时，已年满60周岁、未享受城镇职工基本养老保险待遇的，不用缴费，可以按月领取基础养老金，但其符合参保条件的子女应当参保缴费；距领取年龄不足15年的，应按年缴费，也允许补缴，累计缴费不超过15年；距领取年龄超过15年的，应按年缴费，累计缴费不少于15年。引导中青年农民积极参保、长期缴费，多缴多得。具体办法由省（区、市）人民政府规定。

"新农保"基金的管理方法是：建立健全新农保基金财务会计制度。新农保基金纳入社会保障基金财政专户，实行收支两条线管理，单独记账、核算，按有关规定实现保值增值。试点阶段，新农保基金暂行县级管理，随着试点扩大和推开，逐步提高管理层次；有条件的地方实行省级管理。

在处理与原有制度衔接上采取了这样的办法：原来已开展以个人缴费为主、完全个人账户农村社会养老保险（老农保）的地区，在处理好老农保基金债权问题的基础上，实现与新农保制度的衔接。在新农保试点地区，凡已参加了老农保、年满60周岁且已领取老农保养老金的参保人，可直接享受新农保基础养老金；对已参加老农保、未满60周岁且没有领取养老金的参保人，将老农保个人账户资金并入新农保个人账户，按新农保的缴费标准继续缴费，待符合规定条件时享受相应待遇。

从发展情况看，2009年，全国31个省（区、市）的320个县（市、区、旗）启动了新型农村社会养老保险试点，约1 500万名60周岁以上农村老年人领到了中央财政补贴的基础养老金，农村老年人的“老有所养”有了制度性保障。全年参加农村养老保险人数为8 691万人，全年共支付养老金76亿元，养老保险基金累计结存681亿元。

新型农村养老保险制度开辟了政府承担责任的新型农村养老保险的道路，改变了原来的不公平的做法，有利于解决农村社会保障缺乏的问题，有助于解决农村家庭养老不足的问题；低水平、广覆盖的做法也适应了中国社会经济发展水平；个人账户和政府补贴相结合以及发放基础养老金，中央和地方分担资金的办法等，有利于制度的可持续开展和管理制度的执行。但是，目前这一制度推行的时间较短，其效果如何还有待于检验；特别是中央和地方资金支持的可持续性以及基金管理上的安全性、保值增值等，还存在很多不确定性，有待于从财政预算、立法、行政职能和监督各方面发展完善这一制度。此外，流动的农民工的权益转移问题仍然没有得到解决。

2. 农村计划生育养老保险

我国农村各级组织为了进一步解除农民计划生育户的后顾之忧，1985年开始在辽宁省、福建省的部分地区率先创办了计划生育养老保险。农村计划生育养老保险是针对计划生育户实行的特殊养老补贴制度，其保险对象是实行了计划生育的家庭。计划生育养老保险实施形式主要有三种：

第一种是与中国人民保险集团股份有限公司合作，由该公司主管，委托各地计划生育协会代办。

第二种是由地方政府决定或人民代表大会通过条例，成立计划生育养老基金会，将所筹集的资金存入银行，达到保值增值的目的，以备日后保证养老金的支付。2004年，国家人口和计划生育委员会发布了对农村计划生育家庭户实行奖励扶助制度的试点的通知，其中规定对计划生育户的父母在年满60周岁时每人每年发放不低于600元的计划生育津贴。

第三种是开展合作养老保险的“绿色养老保险”，即由集体和群众个人集资，由计划生育部门和计划生育协会统一组织和协调，开展投资少、风险小、见效快的种植业、养殖业、山地或草场开发等产业，将增值部分作为计划生育家庭的养老保险之用。

3. 农村集体退休金制度

我国农村集体经济发达的地区，近些年也仿照城镇企业单位的退休制度，由集体为老年人发放退休金，其标准根据当地的经济条件而定。在具体规定上，领取退休金的年龄一般为60岁，或者男65岁，女60岁；资金来源一般由集体包下来（主要来自村办工副业的利润），由集体出大头，个人和国家（通过税前列支）出小头。

这些不同形式的社会化养老方式，对于我国农村社会经济的发展和老年人晚年生活保障都起到了重要的作用，也对我国农村老年社会保障制度的建立与健全提供了示范和发展的模式，其历史意义是十分深远的。首先，从家庭规模和结构看，随着计划生育政策的推行，家庭小型化趋势不可避免，家庭人口老龄化和对老年人抚养系数也将呈急剧上升趋势，这些将使家庭养老不堪重负。历史上，农村社会已经习惯于家庭养老，由于子女人数多，个人无养老的后顾之忧。而现在的情况则急转直下。只有尽快建立农村养老制度，才能有效地预防未来农村家庭养老的危机。其次，建立起农村社会保险制度，有利于计划生育政策的落实，有利于国家和社会积累大量储备基金，有利于农村经济持续、协调、稳定发展。

二、农村社会养老保险制度存在的主要问题

由于传统农业经济条件的限制和我国实行城乡“二元”体制的管理模式，农村中的社会化养老方式基本上处于一种低水平、缓慢发展的层次上，所遇到的问题和阻力也是十分明显的，主要表现在以下几个方面：

（1）社会化水平低，目标人群的覆盖面过窄。绝大多数老年人没有被纳入社会化养老体系中。

（2）保障水平低，不能完全起到社会保障的作用。多数地区的养老金水平只能起到一种生活补贴的作用，很难起到生活保障的作用。只有在少数经济条件好、投保能力强的地区，老年人的社会保障水平才较高，大多数老年人能够享受的社会化养老程度是较低的。

（3）农村养老保险缺乏健全的法制化的管理和规范。特别是养老保险的管理和运作以及社会救济的具体实施方面，缺乏规范的法制化措施，某些方面的工作流于形式，或者受人为因素的影响，致使实际工作中漏洞较多，导致某些社会养老保障措施不能得到落实。

（4）思想观念不适应。农民群众对社会保险这个新事物认识不足，很多人持怀疑、观望态度。

（5）农村经济发展水平不高，农民投保的能力十分有限。农村地区之间发展不平衡，个人之间收入差距较大，多数人收入水平仍然偏低。收入和支出相抵之后所剩无几，个人投保能力不足。

第五节　老年医疗保障

一、发展老年医疗社会保障的必要性

老年医疗社会保障是老年社会保障的重要组成部分，它与老年经济保障一起构成老年社会保障的双翼，对于老年人来说，二者缺一不可。

（一）老年人的健康需求

从整个人类社会的发展历史过程来看，老年人的健康问题存在于历史的各个发展阶段。在工业化和现代化阶段，伴随着老龄问题的增多，老年人的健康问题在社会上更加明朗化；由于社会的进步和文明的发展，老年人的健康问题越来越引起社会的关注。

传统医疗保障是以治疗或预防传染性疾病和多发病为主，其保障对象主要是婴幼儿和劳动力成年人口。在老年人口比重很低的社会中，老年病的防治并不会成为医疗保障的重点。现在，由于人口老龄化的影响，社会医疗保障的重心有向老年人方面转移的趋势。根据一般的规律，老年人口的发病率要高于其他年龄组人口。并且随着人口年龄结构向高龄化发展，在医疗技术条件和人类健康状况未发生根本变化之前，老年人口的发病率有随着人口老龄化的发展而逐步提高的趋势，由此决定了老龄化社会中医疗保障重心向老年人口方面转移。

在医学研究中，从不同年龄组患病率的大量统计中，可以发现老年组患病率或不健康比重大大高于中青年组，而且随着年龄的增加，患病率不断提高。由于老年人个体的衰老是随年龄的增加而不断加重的，因此整个老年群体的衰老也是不可避免的。随着年龄的上升，老年人口患病率和生活不能自理的比例都有明显的上升。

老年人口所患的疾病以慢性病和疑难病为主。根据 2006 年中国老龄科研中心开展的“中国城乡老年人口跟踪调查”资料，我国城市老年人慢性病患病率为 67.3%，农村为 51.4%。①

由于老年人患病率高，患病种类多，患病的时间长，因而其就医率和住院率高，住院的时间也长，医疗费用较高，他们的健康需求和医疗需求明显高于其他年龄群体。

（二）老年人健康状况下降的不利影响

老年人的健康问题不但涉及生理学和医学领域，而且也是一个重要的社会问题，对老

---

① 参见郭平、陈刚：《2006 年中国城乡老年人口追踪调查数据分析》，465 页，北京，中国社会出版社，2009。

年人自身和社会都具有重要的影响。如果对这一问题处理得不好，老年人的生活和社会的正常发展就不能得到很好的保证。

健康状况不好对老年人生活的影响主要表现在如下几方面：第一，从生理上说，不健康直接影响老年人的寿命。这里既有由患病导致死亡的情况，也有因为健康不好而造成老年人加快死亡的情况（如家属因老年人患病问题严重而对老年人进行虐待，甚至老年人被迫自杀的情况也时有发生）。第二，从老年人的生活来说，健康下降问题造成老年人行动不便、自理能力下降，导致生活困难或限制日常活动，降低生活质量。第三，从老年人的心理和人际关系来说，健康状况下降限制了老年人的行动，改变了他们与其他人以及社会的关系，导致老年人心理孤独、精神焦虑和抑郁的情况增多。

健康问题对老年人的周围环境和社会都有一系列不利影响。首先，健康状况下降使老年人料理家务、照顾家人和参与社会活动的能力降低，对家庭和对社会的贡献减少。其次，健康状况下降使家庭其他成员的负担加重，他们可能既要支付更多的医疗费和营养费，又要付出更多的时间和精力照顾老年人，从而影响他们从事其他家务和工作。再次，老年群体健康问题的增多给国家和社会带来的负面影响也是十分明显的。一方面，越来越多的老年患病者退出社会发展过程，使社会的人力资源减少。另一方面，国家和社会需要支付更多的人力、物力和财力来解决老年人的医疗问题。

二、医疗保障制度的改革及面临的问题

我国现行医疗保障制度是新中国成立以后建立并发展起来的。在计划经济时代，医疗保障制度包括全民保健、公费医疗、劳保医疗、合作医疗。城镇退休老年医疗保障包含在职工公费医疗、劳保医疗保障范畴内。公费医疗是根据1952年政务院发布的《关于全国人民政府、党派、团体及所属事业单位的国家工作人员实行公费医疗预防的指示》而建立的一项医疗保障制度。其实施范围是各级国家机关、党派、人民团体及文化、教育、科研、卫生、体育等事业单位的工作人员和离退休人员，以及在乡的二等乙级以上的革命残废军人、大专院校在校学生。此外，军队虽然自成体系，但医疗保障问题亦采用公费医疗保障制度，不过其经费开支一般未统计在国家公费医疗经费开支之中，而是纳入国防费用。劳保医疗制度是根据1951年颁布的《中华人民共和国劳动保险条例》及此后相关的法规、政策建立并发展起来的一种医疗保障制度，它以企业为直接责任主体，面向本企业职工及其家庭成员，由企业直接组织实施，从而构成企业保障制度的基本内容。

在社会主义市场经济条件下，传统医疗保障制度与整个社会发展和国民对健康保障不断增长的需求严重不相适应。传统医疗保障制度较为封闭，助长了企业或单位内的“社会”，增强了行业间的壁垒和职业壁垒，从而阻碍了统一劳动力市场的形成。由于城镇公费医疗与劳保医疗基本上是免费型医疗保障制度，所以随着人数及一些不良做法的增多，医疗费用急剧膨胀，全国企业单位职工医疗费用支出总额在1978年为27亿元，1999年则高达322.7亿元。很明显，公费医疗对老年人健康是有很大好处的，但这种急剧膨胀的医疗

费用使国家无法负担下去。传统的医疗保障制度还导致了退休职工多的国有单位对医疗费用不堪承受，年轻型的非国有单位则基本上无负担。在人口老龄化的形势下，退休职工越多，单位对老年人的医疗费用的支付、报销就越困难。而且，传统的公费、劳保医疗制度仅限于机关事业单位和全民所有制、部分集体所有制企业职工，外商投资企业和私营企业的职工在基本医疗方面的合法权益得不到保障，这些企业的职工在进入老年、进入漫长的带病期后的医疗费用负担就成为一个挑战，不利于社会的稳定。所以，我国传统的公费和劳保医疗制度不仅不适应建立社会主义市场经济体制的需要，其自身也难于继续运转下去，必须进行改革。

针对传统医疗保险制度的种种弊端，国家建立了职工医疗保险基金，由国家、单位、个人共同筹集，原则上按工资总额的一定比例筹集，将过去通过医疗费用报销给予职工的暗补转为公开的医疗保险资金，并规定职工看病时少量负担医药费；根据医学上划分大病的种类，选择当地某些医疗费用开支较大的病种，由企业主管部门或劳动部门在一定范围内筹集大病统筹医疗保险基金，在职工患大病或有大额医疗费用支出时给予补助；建立社会统筹和个人账户相结合的职工医疗保险制度。

实行离退休人员医疗费用的社会统筹体现了社会保险的互助经济性，加强了离退休人员的医疗服务和管理，有利于社会的稳定。离退休人员医疗费用社会统筹，即就业人员缴纳一定的医疗基金，解决了年老后医疗费用支出负担过大的问题。职工基本医疗保险制度覆盖所有用人单位的职工和个体工商户，甚至农业人口，这是市场经济国家的通行做法，但是这一做法要在我国施行有很大难度。社会统筹医疗费在执行中出现了很多问题，例如统筹的面比较窄，基金的收缴率低，互济互助性、共同抵御风险的能力还不强等。没有广覆盖，就不能有效地分散风险，均衡负担。而且社会统筹在现今的中国还缺乏基金积累。特别是我国面临快速的人口老龄化，没有医疗保险基金的预筹积累，将来医疗保险基金支付困难的现象将是十分严重的。

农村老年人的医疗保障问题更为严重。农村老年人口占全国老年人口的2/3左右，由于医疗保障的覆盖面较窄，他们基本上不享受公费医疗，农村居民的医疗费用通常是自费。受农村经济发展水平及农业的收益的影响，农村居民的支付能力十分有限，再加上医疗费用的迅速上涨，农村很多老年人根本无钱看病。所以，怎样提高农村人口的收入和怎样把他们纳入医疗保险制度框架内是一个值得考虑的问题。

目前我国老年人的医疗保障水平比较低，家庭负担严重，虽然近年来有了一定的改善，但是城乡之间的差距仍然较大。根据中国老龄科学研究中心的调查[①]，我国城市老年人医疗保险的覆盖率从2000年的51.6%上升到2006年的74.1%，没有享受任何医疗保障的老年人比例从48.4%下降到25.9%。农村推行了新型合作医疗制度，老年人的基本医疗保障同

① 参见中国老龄科学研究中心：《中国城乡老年人口状况一次性抽样调查数据分析》，470页；郭平、陈刚：《2006年中国城乡老年人口状况追踪调查数据分析》，5～6页，北京，中国社会出版社，2009。

期也从 8.9%上升到 44.7%，没有享受任何医疗保障的老年人比例从 91.1%下降到 55.3%。[①] 相比较而言，农村老年人医疗保障覆盖率虽然上升很快，但是城乡之间的差距仍然比较显著。农村老年人缺医少药、看不起病的问题仍然比较严重。

缺乏医疗保障的老年人不得不依靠家庭。在农村老年人中，由子女或亲属负担医疗费用的比例仍然较高。除了医疗保障水平低，医药费上涨快也影响着老年人的看病就医。许多老年人由于经济困难存在应该住院而未住院或疾病未愈而出院的情况。

总之，老年医疗保障是现代老年社会保障的重要组成部分。老年人的医疗保障状况是影响他们生活水平的重要因素，是大多数老年人最需要解决的问题之一。大多数老年人是否得到医疗保障，其医疗保障的水平能否随同社会发展共同提高，是衡量社会进步与否的一个重要标志。鉴于目前我国人口老龄化以及社会经济的发展情况，我国老年医疗保障的问题比较明显，必须强化这方面的制度变革，以适应人口老龄化社会的需要。

本章要点

1. 老年社会保障是指人类社会区别于传统家庭养老的正式的养老保障制度，其主要内容包括公共养老金、老年社会救济、老年医疗保障与服务、老年社会福利（包括社会服务）制度。老年社会保障的基础或主要内容是经济保障，主要体现在公共养老金制度中。

2. 国外养老金制度的内容包括公共年金计划，其中又分为普遍年金计划、收入关联年金计划和普遍救助计划。

3. 我国的养老保险制度主要覆盖的是城镇职工。20 世纪中后期，养老保险制度发生了彻底的变革，建立了适应社会主义市场经济的、以社会统筹和个人账户相结合为特点的新型养老保险制度。

4. 现阶段我国农村老年社会保障制度的内容主要有社会救济和农村社会养老保险。农村人口老龄化也出现了加快发展的趋势，农村青壮年劳动力外出流动快速增加，土地收益下降，发展老年社会保障也成为农村社会发展的必然要求。

5. 老年医疗保障是现代老年社会保障的重要组成部分，对于老年人和整个社会的发展都是必需的。我国老年医疗保障制度面临的问题比较明显，必须强化这方面的制度变革，以适应人口老龄化社会的需要。

基本概念

老年社会保障、老年社会保险、养老金、现收现付制、基金积累制、社会统筹、个人

① 参见卫生部卫生统计信息中心：《国家卫生服务调查》，载《1998 年第二次国家卫生服务调查分析报告》，见 http：//www.moh.gov.cn/publicfiles/business/htmlfiles/mohwsbwstjxxzx/201009/49160.htm。

账户、农村老年社会保障、老年医疗保障

复习思考题

1. 什么是老年社会保障？现代养老金制度包括哪些内容？
2. 我国新型养老保险制度的主要特点是什么？
3. 为什么说发展农村老年社会保障是社会发展的必然要求？
4. 为什么必须发展老年医疗保障制度？

推荐阅读书目

1. 邬沧萍，主编．社会老年学．北京：中国人民大学出版社，1999.
2. 孙光德，等，编．社会保障概论．北京：中国人民大学出版社，2004.

第十章 老年人与法律

对老年人权益的关注程度是与一个国家的经济发展水平、历史文化传统以及政府所实施的政策和法律密切相关的。20 世纪 80 年代以来，国际组织和各国政府对老年人福利给予极大关注，并为老年人权益的实现提供法律上、物质上、组织上的保障，使他们能够参与社会生活，共享人类物质和精神文明的成果。

第一节 老年人权益保障的内容

一、老年人权益的基本内容

老年人的合法权益，是指老年人依据我国宪法和法律规定应该享受的各种权益。[①] 老年人权益是否得到充分保障，从表面层次上看，可以从老年人的需要是否得到满足、生活质量是否得到提高中反映出来；从深层次上看，是社会进步和文明程度的标志。老年人权益所包括的内容，可以从不同的视角进行分类。

从老年人作为社会群体一部分的视角来看，老年人合法权益包括两部分内容：一是作为公民应该享有的普遍权益，二是作为老年人应该享有的特殊权益。[②] 作为社会整体的一部分，老年人享有国家法律规定的所有公民都应当享受的权利和利益，如生存权、发展权、保障权、居住权、参与权等，作为社会中的特殊群体，老年人又享有根据其自身的特点和需要，按照国家的法律法规规定的特殊权益，如被赡养权、退休权、共享社会发展权、闲暇生活权等。

从老年人生活质量的角度，可以将老年人合法权益的维护看作是提高老年人生活质量

① 参见王舜华主编：《老年人权益的法律保障》，20 页，北京，经济管理出版社，1995。
② 参见邬沧萍主编：《社会老年学》，223 页，北京，中国人民大学出版社，1999。

的基本保证。现代老年人权益至少应包括两个方面的内容：一是保障老年人的基本生活，二是使老年人分享社会经济发展成果（公平原则的体现）。[①] 生活质量是一个复合性概念，所包含的内容十分丰富。经济保障、健康水平及精神生活，都是老年人生活质量的基本内容。老年人合法权益，既包括生存、健康等基本权益，又包括教育、文化、娱乐、体育等精神文化方面的权益。而不管是老年人的基本物质生活权益还是精神文化权益，都还包括了要分享社会发展成果的权益。

从老年人需要的角度，可以将老年人合法权益分为基础层次和发展层次的权益，体现为老年人的生存权和发展权。生存权是发展权的基础，没有生存权，就谈不上发展权，而发展权又是生存权的延续，没有发展权的生存权只是一种消极的生存权。因此，保护老年人群体应该从生存权和发展权并重这个高度去设计老年人群体的权利，并保证他们的权利得以实现。

人的需要（need）与需求（demand）这两个概念，通常人们是不加区分，混用在一起的，然而，它们是不同的概念，是有明显区别的。笔者认为，“需要”更多是指人们的基本需要，比如马斯洛的“需要层次论”，它更强调人的“权利”，是一种客观的规定；而“需求”更多强调的是人的“能力”，是一种主观意愿和能力的有机结合。因此，对“老年人需要”的探讨，是研究老年人法律保障制度的起点。法律作为一种管理措施，应当随着老年人需要结构的变化而做出相应的不同规定。[②] 正如 J. 弗兰克所言，法律现实主义者的一个主要目的就是使法律“更多地回应社会需要”[③]。

二、老年人权益保障法制化的必要性分析

现代社会是以恪守法律为基础的社会。对社会学家来说，法律首先是一种社会现象，其定义为：“法律是具有强制性的全部规定，用以确定人们的社会关系。这种关系是由所属社会集团随时随刻强加给人们的。”[④]

首先，法律的稳定性和连续性可以使老年人群体所享有的特殊权利获得一种确定性。法治国家的原则之一是要使法律获得普遍性的服从，为达到这一目的，法治国家的法律必须具有一种稳定性和连续性的品格，不能朝令夕改。通过立法，将老年人保障的各项制度以法律的形式确定下来，这些制度也就具有了可以连续实施的生命力。与此同时，透过这些稳定的、不会轻易变更的老年人权益保障法律制度，老年人对于自己的权利义务就会有明确的预期。

① 参见徐勤：《提高老年人生活质量应注意性别差异》，见赵宝华主编：《提高老年生活质量对策报告》，北京，华龄出版社，2002。

② 参见付子堂：《法律功能论》，70页，北京，中国政法大学出版社，1999。

③ ［美］诺内特、塞尔兹尼克：《转变中的法律与社会》，82页，北京，中国政法大学出版社，1994。

④ ［法］亨利·莱维-布律尔：《法律社会学》，18页，上海，上海人民出版社，1987。

根据社会弱势群体的成因不同，老年人群体被认为是生理性社会弱势群体的一部分。①弱势群体由于在经济、文化、体能、智能、处境等方面处于一种相对不利的地位，所以，法治社会应该从法治的公正性出发，对老年人群体予以公平的对待，法治的普遍性要求对所有人不能有任何歧视，对老年人群体的人权保障要给予例外对待和特别保护，最大限度地缩小弱势群体与强势群体的差距。②

其次，法律的社会公共事务功能可以预防社会冲突，解决社会问题，实现老年人权利和义务的内在一致性。法律的社会公共事务功能，是法律基于其社会性或共同性而对社会公共事务所具有的管理能力，即法律调整社会公共事务，执行社会职能的作用能力。③

在社会学的视域中，弱势群体的出现是社会结构和社会关系失调的表现。老年问题是一个重大的社会问题，它关系到代际关系和谐，关系到社会稳定和发展。鉴于此，西方许多发达国家均把解决老年问题、发展老年福利事业、保障老年人合法权益作为法律调整的重要内容，并将它看作社会发展的稳定器。因此，只有通过法制化办法，才能更好地预防社会冲突，解决社会问题，从而使老年人保障制度极大地发挥保障老年人权益的作用。

再次，基于法律的公平价值，只有通过法制化，将老年人群体吸收到社会发展中来，使其分享到社会发展成果，才能实现社会整合的目标。社会对于老年人问题的关注，每一步都离不开法律制度的支持。社会发展就是要确保老年人群体的基本权利，避免对于老年人的歧视与孤立，让老年人参与到经济增长中来，使其分享社会发展成果，实现社会整合的目标。因此，这需要以法律的形式确定下来，实现公平和正义。正如J. W. 赫斯特指出的，好的法律应该提供的不只是程序正义，它应该既强有力又公平，应该有助于界定公众利益并致力于达到实体正义。④ 老年人权益保障不仅要求法律的支持，而且还对法律观念和法制环境提出了更高的要求，并不断推动法律自身的变革和发展。

最后，只有通过法制化，才能使各项老年人保障制度有效地运作。制定法律的目的，在于使法律规范具有强制力。法律制定后，需要国家的强制力保证其有效地实施。当老年人所享有的各项合法权益被法律确定下来后，就需要借助法律的强制性来予以有效保护。老年人社会福利走向制度化是社会发展的一个重要标志，而通过相应的法律来规范福利的供给与需求，则是社会福利制度化的基本要求。⑤ 在人口老龄化不断加速的形势下，老年人合法权益保护占有越来越重要的地位。法律不仅要规定老年人享有的各项权利，还要明确管理机构、人员、服务、资金的来源与使用、受益的主体等，以及通过法律的监控和规定

---

① 参见陈成文：《社会弱者论——体制转换时期社会弱者的生活状况与社会支持》，34页，北京，时事出版社，2000。该书认为，可以把社会弱者分为生理性社会弱者、自然性社会弱者和社会性社会弱者三大类。其中，生理性社会弱者主要由残疾人（由生理上的缺陷造成的）、老年人（由生理上的衰老造成的）和处境困难儿童（由生理上的稚弱而无保护造成的）三个社会群体构成。又由于城乡差别，老年人这一社会弱势群体应分为城市特困老年人和农村老年人加以研究。

② 参见李林：《法治社会与弱势群体的人权保障》，载《前线》，2001（5）。

③ 参见付子堂：《法律功能论》，118～119页。

④ 参见［美］诺内特、塞尔兹尼克：《转变中的法律与社会》，81～82页。

⑤ 参见陈银娥主编：《社会福利》，150页，北京，中国人民大学出版社，2004。

严格的法律责任来实现。

三、老年人权益法律保障制度的概念与特征

老年人法律（elder law）是指规范与老年人有关的一组权利和义务的法律，其作用在于处理与老年人有关的法律问题，保护老年人的合法权益。① 从概念上看，老年人法律的界定应该明确以下几个问题：

一是"老年人"范畴的界定。可以说，不同的国家乃至同一国家的不同法律之间，对于老年人"初始年龄"的规定都是不同的。而这正是老年人合法权益获得的根据，因而具有重要意义。

二是与财产法一样，老年人法律调整的是"一组权利"或称为"权利束"（a bundle of rights）。因而，不能简单地将老年人权利看成是"某一项权利"，而应将其看作老年人所享有的"权利束"。"权利束"既是一个"总量"概念，表明老年人所享有的权利是由许多权利构成的，是一个"集合性"的概念，如生存权与发展权等，而且也是一个"结构"概念，即老年人所享有的不同权利的排列与组合决定了老年人法律的发展阶段和完善程度。

三是老年人法律不限于老年人问题，还包括了与人口老龄化、老年人参与社会经济发展有关的法律。

1982年老龄问题世界大会通过的《1982年维也纳老龄问题行动计划》，是第一个关于老龄问题的综合性的国际文件，该计划在理论上的重要贡献就是将老龄问题区分为人道主义方面和发展方面。② 前者主要指老年人问题，多从微观角度考察；后者主要指社会经济发展问题，多从宏观角度着眼。"与老年人有关"的法律，不仅包括为老年人制定的单独法律，而且也包括与人口老龄化有关的其他法律，涉及人口的生育和迁移法律、劳动和社会保障法律、医疗保健法律、调整家庭和社会关系的法律，等等。

老年人法律与其他法律制度相比，无论在目标、主体责任上，还是在代际关系、文化传统影响等方面都具有显著的特征。

第一，老年人权益法律保障制度具有目标特征。老年人权益法律保障制度的目标至少应包括两个方面：首先，要满足人道主义目标，即保证老年人远离贫困，让那些已经陷入贫困的老年人能够迅速地脱离贫困，使每一位老年人都能分享到社会发展成果；其次，要实现老年人个体的全面发展和社会发展的目标，激发人口老龄化的正面效应，不断提高老年人自立、自理、自尊和自强的能力，使得老年人以积极的心态，参与社会发展，从而完善老年人自身的发展。

第二，老年人权益法律保障制度具有主体责任特征。在老年人法律保障制度当中，如何处理老年人、家庭、社会和国家的关系是非常重要的。由于各国国情不同，主体之间的

---

① See Jeffrey A. Helewitz, *Elder Law*, West/ Thomson Learning, Albany, NY, 2001, p. 1.

② 参见邬沧萍主编：《社会老年学》，Ⅳ页。

责任关系也不尽相同。福利供给的综合体（mix of welfare provision）是由正式、准正式和非正式三种形式以及公共支持和私人支持两种分类组成。[①] 在我国，绝大多数老年人生活在家庭、社区中，家庭养老是养老的基础，为此，社区和政府要成为家庭养老的两个“支柱”，为家庭养老提供各方面的支持，形成老年生活保障的网络，使老年人合法权益得到全方位的保障。

第三，老年人权益法律保障制度具有代际关系特征。在老年人权益法律保障制度的调整对象，即所调整的社会关系中，代际关系是至关重要的。老年人法律保障制度保护的是老年人合法权益，但法律的出发点应该立足于社会全体成员，而不应仅仅是老年人群体。在保障老年人权益、防止老年人陷入绝对贫困和相对贫困的同时，也要避免出现由于过分倾向于老年人而影响到社会其他年龄群体利益的情况。因此，老年法律保障制度既要考虑到社会整体的利益，又要兼顾到老年人群体的利益，不但要使老年人的基本生活得到保证，而且还要让老年人能够与社会其他群体共享社会发展成果，使老年人过上体面和有尊严的生活。

第四，老年人权益法律保护制度具有文化特征。研究老年人权益法律保护问题，要把它置于一个特定的文化架构中。费孝通先生指出，在西方社会，子女对父母没有赡养的义务，而在中国，子女却负有赡养父母的义不容辞的责任。[②] 西方是一代一代的接力模式，中国是下一代对上一代的反哺模式。在东方反哺模式的框架下，我国宪法规定：父母有抚养教育子女的义务，成年子女有赡养扶助父母的义务。

所以，老年法律保障制度的重心，是解决处于贫困线边缘的老年人的最低生活保障的问题，即为他们“雪中送炭”，然后再向着“丰衣足食”和“锦上添花”的水平发展。

第二节　国外老年人权益立法保障的内容

对老年人的法律保障，离不开整个社会保障制度的建立和发展。真正具有现代意义的社会保障制度，即政府介入并通过立法形式确立的社会保障制度，最早出现在德国。[③] 应该说，德国的社会保障制度很早就已经开始以立法的形式关注人在年老时的经济保障和医疗

---

① See Isobel Allen, Elizabeth Perkins, *The Future of Family Care for Older People*, HMSO, London, 1995, p. 202.

② 参见费孝通：《家庭结构变动中的老年赡养问题》，载《北京大学学报（哲社版）》，1983（3）。

③ 德国首相俾斯麦执政期间，于1883年通过了《疾病保险法》，1884年颁布了《工伤保险法》，1889年又颁布施行了《伤残和养老保险法》。这三部法律是强制性的，保险范围也只限于有正常工作收入的工人，其目的在于维护整个社会的稳定和安宁。其后，在美国，罗斯福总统为了缓解突出的失业、老年问题等社会矛盾，于1935年签发了《社会保障法》，确立了社会保障普遍性和社会性原则，从此，社会保障作为一个基本法律制度被许多国家确立并实施。

保障问题。世界上第一部专门以老年人为立法保护对象而单独制定的法律是 1963 年日本制定的《老年人福利法》，随后，美国在 1965 年也制定了《老年人法》。时至今日，发达国家和地区的老年人法律保障制度已经发展到了一个比较完善的阶段。

一、国外老年人权益立法保障模式概况

发达国家对于老年人法律的研究，大都从属于老龄公共政策（aging public policy）范围之中。西奥多·H·考夫（Theodore H. Koff）等人认为，“公共”是指政府，包括了各个级别的政府，“政策”即为法律，“公共政策”就是指各级政府权力机构制定的法律制度。制定老年人法律的目的在于保障老年人避免因年龄而受到歧视，向老年人提供满足其基本需要（basic needs）的经济收入，以及保证老年人获得所需要的医疗健康服务，也就是说，通过一系列的法律制度（a long list of laws）为生活在社会中的老年人建立起相应的保障标准。①

从老年人法律保障的立法模式上看，其与一个国家的经济发展水平、历史文化传统以及政府政策是密切相关的，当今各国主要存在两种不同的模式。

一种是没有专门针对老年人的单独立法，将对老年人权益保护的条款分散在许多相关法律中的老年人立法保障模式，绝大多数国家都采用了这种模式。这种模式下的老年人法律保护大都从属于社会保障和社会福利制度，将老年人视为全体国民中的一个群体，老年阶段仅仅被视为人的生命历程的一个重要阶段，比如有关养老保险、医疗保险以及社会救助的立法等（见图 10—1）。

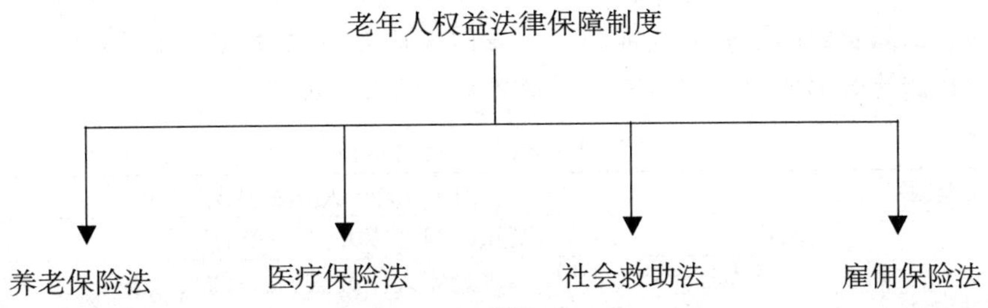

图 10—1 老年人权益保障法律体系（分散在相关法律中的老年人立法保障模式）

老年人享有的经济、健康和社会参与的权利相应地规定在社会保障制度中，作为社会整体福利的一个组成部分。老年法律保障制度所涵盖的内容是多方面的，包括以养老为主兼有遗属、残疾保障功能的年金制度，普遍的健康保险制度，具有调整雇佣状态、扩大雇佣机会、促进劳动者能力的开发与提高、增进与改善劳动者福利等综合功能的雇佣保险制度，以及关注老年群体生活需求、通过提供生活服务保障老年人生活质量的护理保险制度，

① See Theodore H. Koff, Richard W. Park, *Aging Public Policy: Bonding the Generations* (Second Edition), Baywood Publishing Company, Inc., Amityville, New York, 1999, pp. XV-XVI.

等等。

英国是第一个工业革命国家，也是“福利国家”的起源地。英国1908年颁布了《老年年金保险法》，为年满70岁、收入低于一定水平的老年人提供养老金，在历史上第一次认为政府有责任无偿地为低收入老年人提供生活保障。[①] 应该说，英国老年法律保障制度的设立初期主要是为了解决社会贫困问题，而第二次世界大战以后的立法则表现出一种追求与经济发展相结合，并以提高人民生活质量为目的的新价值观。

另一种是专门的老年人立法保障模式（见图10—2），采取这种模式的国家或地区并不是很多。该种模式下的老年人权利保护法是针对老年人群体的特殊性，直接规定了老年人所应享有的特殊权利，表现为单独的老年人法律，比如老年人权益保护法、老年人福利法、老年人保健法、护理保险法、老年人就业促进法等。显而易见，我国老年人立法就属于这种专门立法模式。

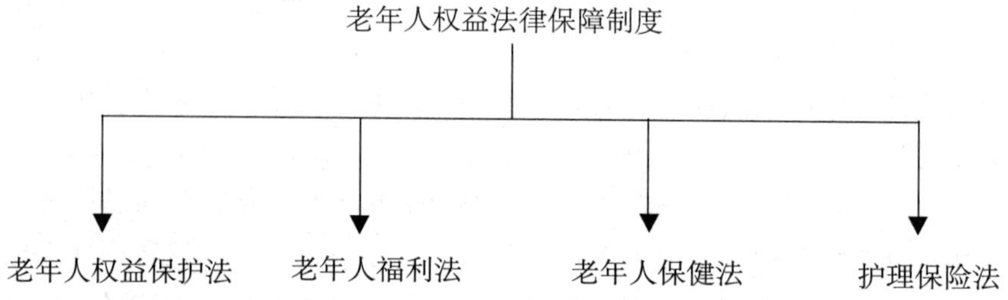

图10—2 老年人权益保障法律体系（专门的老年人立法保障模式）

虽然专门为老年人制定法律的国家或地区并不占多数（见表10—1），但可以看出，这些国家都是经济较发达的国家或地区，代表了未来老年人立法保护的发展模式。从文化传统上看，绝大多数东亚国家或地区都制定了专门保护老年人合法权益或老年人福利的单独法律，而且在法律中都体现了“孝道”等家庭养老的文化传统。

表10—1 专门的老年人立法概况

国家或地区	专门的老年人立法概况
美国	《老年人法》(1965)、《禁止歧视老年人法》(1975)
日本	《老年人福利法》(1963)、《老年人保健法》(1982)、《高龄人力雇佣安全法》(1985)、《护理保险法》(1997)
澳大利亚	《家庭与社区护理服务法案》(1985)、《老年照顾法案》(1997)
俄罗斯	《联邦老战士法》(1994)
德国	《护理保险法》(1992)
中国	《老年人权益保障法》(1996)
新加坡	《赡养老年人法》(1996)
韩国	《老年人福利法》(1981)、《老年人就业促进法》(1992)
中国台湾	《老年人福利法》(1980)

① 参见邵芬：《欧盟诸国社会保障制度研究》，7～8页，昆明，云南大学出版社，2003。

上述两种模式的选择，反映了一国的社会政策和法律习惯。“分散在相关法律中的老年人立法保障模式”是将老年人视为全体国民中的一个群体，将老年阶段仅仅视为人的生命历程的一个重要阶段，老年人所享有的经济、健康和社会参与的权利相应地规定在社会保障制度中，作为社会整体福利的一个组成部分。但它的缺点在于没有充分考虑到老年人的特殊需要，从而不能充分体现人道主义和老年人参与社会发展的权利，缺乏具体执行的程序，如果没有相关配套法律的跟进或行政执行力不强，就不利于老年人权益的保护。“专门的老年人立法保障模式”优点在于将老年人的特殊需要考虑进来，法律的可操作性强①，权利义务关系明确，法律责任清楚，缺点在于缺乏系统性，从结构上看可能比较松散，不同的法律之间可能不易协调，易产生重复立法等问题。

笔者认为，随着社会经济的发展，如果没有将老年人群体的特殊需要单独考虑进来，没有单独规范老年人特殊需要的法律制度，不论怎样由其他法律进行补充或补救，都称不上完善的老年人保护法律制度。从中国的现状看，我国有专门的老年人权益保护法，这奠定了老年人法律保护制度的基础，为未来老年人权益保护法律体系的不断完善起到了指导作用。

二、国外老年人权益立法保障内容概况

从国际社会对老年人法律保障的立法内容上看，各国的老年人法律保护大都围绕着经济保障、健康维护以及身心调适等三个方面来保障老年人的权益，这与2002年世界卫生组织提出的“积极老龄化政策框架”（即健康、参与和保障）是一致的。

首先，老年人经济保障法是指为维护老年人的收入需求、保障晚年的经济来源而制定的有关法律，这是老年人最基本的生活需要。老有所养是人口老龄化过程中必须解决的首要问题，养老最基本的是收入保障（income security），即经济供养问题。老年经济保障法主要调整的是老年收入保障，即用什么方法、通过什么途径建立起经济供养保障体系。

老年经济保障经历了由家庭养老保障向社会养老保障过渡、由非正式支持向正式支持制度过渡的过程。但这并不是说，家庭养老最终会被社会养老保障所取代，二者所起的作用是不能相互替代的。应该说，现代养老保障制度，即政府介入、通过立法建立强制性的养老保险制度，起源于1889年的德国俾斯麦首相颁布的世界上第一个《养老保障法》，建

① “专门的老年人立法保障模式”与“分散立法模式”相比，最大特点就在于立法的宗旨是专门保护老年人相关权益，所以，法律具有很强的可操作性。这点不同于我国现行的《老年人权益保障法》。1996年我国《老年人权益保障法》出台时，我国东西部地区差别大、城乡差别大，如果制定得太具体，有的地方就可能实现不了，有的地方还可能感到太保守，这样反而不解决问题，因此对许多问题只做了原则性的规定（详见张同春：《让维权盾牌更坚实》，载《中国老年报》，2005-03-03），因而缺乏可操作性也就不可避免了。因此，我们绝不能从我国现行《老年人权益保障法》缺乏可操作性这一弊端出发，就此扩展到所有的“专门的针对老年人的立法保障模式”，认为其都缺乏可操作性。从本书的讨论中，就足可见国外发达国家专门的老年人立法保障模式，是极具可操作性的，对于老年人权益的保障发挥了具体的指导作用。

立了强制缴费的公共养老金制度。①

对于老年人经济保障的法律规定，绝大多数国家都将之规定在社会养老保险制度中。国际劳工组织1995年的调查结果表明，166个国家中有160个国家实施了强制性养老保险制度。②

哈瑞斯认为："我们正在用老年保险和医疗保险的办法取代工业化以前孩子照看老年父母的制度。当这一过程完成之后，父母孩子之间真正的反哺关系的遗迹也将消失。"③ 然而，现实社会中的老年人与子女之间的关系并不会这么简单。随着社会经济的发展，从老年人收入保障的角度来说，家庭养老是社会养老方式的必要补充。

发达国家的经验已经证明，社会养老保险制度的完善和发展必须依托于法律，养老保险法是政府介入老年人生活保障领域的手段。养老保险又称作老年保险，是指国家通过立法强制建立养老保险基金，劳动者达到法定退休年龄并退出劳动岗位时，可以从养老保险基金中领取养老金，以保证其基本生活的一种社会保险制度。④

其次，鉴于老年人身体的特点，老年人健康保障法是指为满足老年人健康及照料等多方位需要而制订的维护老年人健康的法律。

在传统社会中，保证健康基本上是个人的事情。在工业化和现代化的社会中，保证公民的健康逐渐成为政府和社会发展目标中的一个重要组成部分。世界卫生组织提出了"2000年人人享有健康"的战略目标，使这一问题更具有世界意义。

关于老年人健康保障（或称医疗保健）的法律规定，绝大多数国家都将之规定在全民医疗保险制度中，也有国家为老年人制订了专门的老年人保健法、护理保险法等法律，比如日本和德国等。

基于健康保障权的老年人健康保障立法，不仅是一个法律问题，而且涉及社会、政治、经济等多个领域，特别是医疗经济领域。如今，医疗保障制度的改革成为各国面临的重大课题。

老年健康保障法的目的在于维护老年人健康。随着平均寿命的延长，将有更多的人经历较长的生活历程，甚至可以活到行动不便、生活难以自理的高龄。老年人群体的个体差异性较大，存在着多元化需求，老年人健康保障的侧重点就会存在差异。发达国家老年健康保障法的重心由疾病治疗，转向了疾病的预防、保健和疾病治疗并重，努力提高老年人的自立能力。总体上讲，老年健康保障法至少包括了对于老年人健康的社会保护（即医疗保险）以及老年保健、康复和长期护理等内容。

再次，老年人社会参与保障法则是对老年人分享社会发展成果需求的最有力的诠释，理应成为老年人权益保护法律制度中的重要组成部分。

---

① 参见杨燕绥：《劳动与社会保障立法国际比较研究》，49页，北京，中国劳动社会保障出版社，2001。

② 参见上书，179页。

③ [美] 马文·哈瑞斯：《文化的起源》，178页，北京，华夏出版社，1988。

④ 参见林嘉：《社会保障法的理念、实践与创新》，155页，北京，中国人民大学出版社，2002。

什么是老年人社会参与？目前学术界还没有一个统一严格的定义。[①] 老年人不仅参与社会经济活动（比如老年人再就业），而且还要参与文化、精神活动（比如终身学习、社区活动、志愿者活动等）。

从世界范围看，老年教育开始于20世纪70年代初期。老年教育让老年人能适应退休所带来的变化，通过教育为老年人提供再就业的技能，使其适应社会发展，从而使老年人在自我发展上得到满足，提高其生活质量。美国《老年人法》规定为即将进入退休年龄的人提供一个“届龄准备退休计划”，以协助老年人顺利适应退休后的生活。美国通过《高等教育法》、《高等教育资源及学生资助法》、《成人教育法》等来保障并鼓励老人参与教育活动。美国老年人教育的目标，已由早期的解决社会问题，演变为帮助老年人自立自助并发挥能力去参与社会服务。[②]

为了给55岁以上低收入未就业的老人提供从事社会服务的机会，美国《老年人法》修正案中特别增加了“老年人社区服务就业方案”。此外，美国还通过制定《禁止歧视老年人法》、《经济机会法》、《国内志愿服务法》、《职业教育法》、《综合就业训练法》等相关法案，以提供并保障老年人的就业机会。

至于老有所居的问题，在美国，虽然有很多老年安养服务机构，但大多数老年人仍然居住在社区里，其中又以居住在自己家中最为老年人接受，同时，美国老年人花费在住宅的费用占其总收入的比率不断提高。鉴于此，美国联邦政府和州政府专门针对中、低收入老年人实施了房屋补助方案，比如：公共住宅方案、低收入者补贴方案、低租金国民住宅方案、针对房屋开发商之利息补贴、提供房屋开发商之低贷款利率及房屋剩余财产净值转换计划（home equity conversion plan，HECP）等。以HECP为例，这是老年人将自己所拥有的房屋，按照它的剩余财产净值转卖给银行或其他投资者，变不动产为动产作为生活费的一项计划，老年人还可居住在原来的房屋中直至死亡为止。有些计划则规定在一个时限后方可转卖，并由新买主立即再与老人签署租赁契约。[③]

总之，发达国家和地区对于老年人权利的法律保护具有起步较早、保障范围较宽、项目较全、标准较高、服务较为周到的特点。经过几十年的不断制定、修改与实施，他们已建立了比较完善的老年人法律保障制度，使得老年人生活状况明显改善，同时，老年人权利得到了比较全面的实现。当然，这些国家和地区的老年人生活仍然面临着很多问题，比如老年贫困、老年孤独等社会现象仍然很严重。此外，老年人高福利措施也导致

① 《联合国老年人原则》（第46/91号决议，1991）从三个方面界定了“老年人参与”，即老年人应始终融合于社会，积极参与制定和执行直接影响其福利的政策，并将其知识和技能传给子孙后辈；老年人应能寻求和发展为社会服务的机会，并以志愿工作者身份担任与其兴趣和能力相称的职务；老年人应能组织老年人运动或协会。在世界卫生组织《积极老龄化政策框架》（2002）中，作为三支柱之一的“老年人参与”，是这样被定义的：劳务市场、就业、教育、卫生及社会政策和项目，根据个人的基本人权、能力、需要和喜好，支持老年人参与社会经济、文化和精神活动，人们在进入老年以后还可以通过收入性的和非收入性的活动为社会继续做出生产性的贡献。

② 参见周家华：《老人学研究——理论与实务》，204～205页，台北，正中书局，2000。

③ See Scholen K.，“Home-made Money：Consumer's Guide to Home Equity Conversion”，American Association of Retired Persons，Washington D. C.，1987.

了国家负担沉重，在一定程度上造成了老年人口与在职人员矛盾的加剧，政府陷入“削减开支”和必须“满足公众期望”的两难境地。因此，无论是发达国家或地区还是发展中国家，都面临着对于老年人法律保障制度进行改革的问题，即如何建立既符合老年法本意，又符合本国国情的老年人法律制度。对于发达国家来说，主要的问题是寻求在保持较高老年人法律保障水平的前提下，减少和抑制庞大的老年人福利开支对国民经济负面影响的机制和措施；对于发展中国家来说，主要考虑如何在经济发展的基础上同步地提高老年人福利水平，在完成社会变迁的同时，如何使社会保障与经济发展相互促进和协调。

第三节　我国老年人权益保障立法的内容及其完善

一、古代敬老养老思想文化

我国传统的敬老文化是历代老年政策、法律的依据，同时敬老文化又以政策、法律的形式固定下来，二者相辅相成、密不可分。概括起来，古代保护老年人权益的有关法律规定表现为以下几个方面：

首先，我国古代将尊敬老人列为法律明确规定的目标。中国最早的尊老法律是1918年在甘肃武威县出土的西汉时期“王杖诏书令”汉简。“王杖诏书令”规定，不论城乡，不分宦民，凡七十岁以上老者，由朝廷赐予“王杖”——一种顶端雕刻有斑鸠形象的特制手杖。持“手杖”者，在社会上享有优待和照顾。他们的社会地位相当于俸禄600石的官吏，出入官府可以不受礼节限制，做小买卖可以不交税等。如有人敢于污辱持“王杖”的老人，将按蔑视皇上论罪。此外，“王杖诏书令”对照顾鳏寡孤独、老弱病残也做了明确的规定。汉明帝刘庄即位之后，再次兴起了传统的敬老高潮。他于永平二年（公元59年）的诏令中即明定行“三老礼”，还令赐天下三老每人一石（120斤）酒，四十斤肉。这种对老人的礼遇一直延续下来，以后各个朝代都有类似的尊老敬老制度。

其次，古代法令还规定了子女对老年人承担的赡养义务。唐朝、明朝、清朝的律例都规定，如果祖父母、父母在世，子孙分割家产另立门户或不供养老人，按十恶大罪中的“不孝罪”论处。唐朝的法律《唐户令》规定：诸鳏寡、孤独、贫穷、老疾、不能自存者，令近亲收养，若无近亲，付乡里安恤。明朝、清朝的法律还规定：凡鳏寡、孤独及残废之人，贫穷无亲属依倚，不能自存，所在官司，应收养而不收养者，杖六十。

再次，我国古代的法律对于子女侵犯老年人权益行为的惩罚是非常严厉的。法律凭借其特有的强制力对“孝道”加以强化，它赋予父母对子女的教令权，违犯教令的子女要受到刑罚制裁。① 家庭是社会的基石，家庭美满和谐是个人幸福和社会稳定的保障。中国传统法律在有关家庭与家族领域内所贯穿的儒家伦理或者说礼教，集中体现为一个“孝”字。“孝”作为儒家伦理中一个最重要的基本范畴，具有极其丰富的内涵。家庭与家族领域内上下辈之间的各种关系都可以用一个“孝”字来概括。子女因孝而美名远扬、传颂于世；子女因为不孝而声名狼藉、不齿于人。《唐律疏议·斗讼》“子孙违反教令”规定：诸子孙违反教令及供养有阙者，徒二年。宋代以后，父母对不孝之子甚至有处死权。② 在国家法律中，“违反教令”的概念含混不清，涉及的方面十分广泛，包括不顺父母、供养有阙、赌博等。明清律中对不孝顺父母的子女，除承认父母拥有自行责罚权外，还规定父母具有送罚权，即请求官府代为惩处的权力。③

最后，古代法律还规定对老年人减刑的制度，老年人犯罪可以从轻、减轻处罚。战国《法经》中规定：年六十以上，小罪情减，大罪理减。这个原则一直为后来历代的法律所沿用并将之发展。《唐律》规定：凡年在七十以上，十五以下及废疾（痴哑、腰脊折、一肢废等），流以下，可以赎罪。八十以上，十岁以下及笃疾（恶疾、两肢疾、两目盲等），犯死罪可以上请减免，一般盗或伤人也可以赎罪。九十以上，七岁以下，虽有死罪不加刑。

此外，传统社会还从财产制度、伦理道德等方面保障老有所养。《礼记·王制》篇载：“五十杖于家，六十杖于乡，七十杖于国，八十杖于朝，九十者天子欲有问焉，则就其室以珍从。”就生活优待而言，减轻老人租调、免除征役。《礼记·王制》篇规定：“五十不从力政，六十不与服戎，七十不与宾客之事，八十奇丧之事弗及也。”意思是说50岁老人不从事繁重的政务，60岁不从事戍边防的事，70岁不迎送宾客，80岁不参加丧事。对于赡养祖辈的家庭，还减免征税。《礼记·王制》载：“八十者一子不从政，九十者其家不从政，废疾非人不养者，一人不从政。父母之丧，三年不从政。”“从政”是指被征役。就老年人的地位而言，老年人备受尊敬。《礼记·王制》篇载：“五十养于乡，六十养于国，七十养于学，达于诸侯。”孟子说：“谨庠序之教，申之以孝悌之义。颁白者不负戴于道路矣。”即学校里要用奉养父母、敬爱兄长的道理来教育学生，少者行路遇见老人，不论相识与否，应该帮助老年人携带背负重物。

二、我国现行的老年人法律保障体系

我国立法的一项重要原则就是保护老年人合法权益。目前，已初步形成了以宪法和有

---

① 参见张中秋：《比较视野中的法律文化》，177～178页，北京，法律出版社，2003。

② 参见《元史·刑法志》四，“杀伤”；《明律例·刑律》二，“殴祖父母父母”；《大清律例·刑律》，“殴祖父母父母”。明清律皆云：若违反教令而依法决罚邂逅至死者勿论；元律则云：诸父有故殴其子女邂逅致死者免罪。

③ 父母可以子孙违反教令为理由送请官府惩戒。唐、宋的处分是徒刑二年（参见《唐律疏议·斗讼》，“子孙违反教令”；《宋刑统·斗讼》，“告周亲以下”）。明、清律杖一百（参见《明律例·刑律》，“子孙违反教令”；《大清律例·刑律》，“子孙违反教令”）。

关基本法律的原则为依据，以《老年人权益保障法》（简称《老年法》）为重点，包括了国务院行政法规和部委规章、司法解释以及地方性法规等组成的老年法律法规体系，为老龄事业的发展和老年维权工作的开展奠定了坚实的法律基础。

《老年人权益保障法》是我国第一部老年人权益保障方面的基本法，是我国多年来老年人权益保障工作实践经验的升华和总结。对于保护老年人权益，迎接老龄化社会的到来，具有深远意义。《老年人权益保障法》的制定，标志着我国已基本上完成了特殊权益保障方面的立法进程，形成了妇女儿童、未成年人、残疾人、老年人特殊权益保障的完整法律体系。我国《老年人权益保障法》的立法宗旨有三：一是保障老年人的合法权益；二是发展老年事业；三是弘扬中华民族敬老、养老的传统美德。

第一，我国的《老年法》以法律的形式确立了具有中国特色的养老制度，应该说，这一法律的出台是非常及时和必要的。在我国家庭养老传统观念还相对较为浓厚时，我国用法律形式肯定了“老年人养老主要依靠家庭”的观念，同时，也强调了国家和社会的责任，并对社会养老的重要性和方向也做出了规定。当然，随着社会经济的发展，在养老责任的承担方面会发生一些变化，但可以肯定的是，在未来相当长的时间里，在我国家庭养老将始终处于基础性地位，国家和社会都应当对家庭养老予以极大的政策支持。

《老年法》的第二章中关于家庭赡养与扶养共有10个条款，规定了我国老人养老主要是依靠家庭，规定了赡养人的义务及有扶养义务的人的扶养义务。第三章社会保障共20个条款，规定了国家为实现老年人权利而建立的社会保障措施，包括国家建立养老保险制度、医疗保险制度；对无劳动能力、无生活来源、无赡养人和扶养人或赡养扶养有困难的老年人的规定，还有发展老年教育、鼓励和支持社会组织和个人兴办老年福利事业、发展社区服务以及法律援助等方面的内容。这种养老形式是从我国现阶段生产力还不很发达，社会财富还不太丰富，以及传统的家庭作用状况出发决定的。

第二，为生活有困难的老年人提供法律援助，为由于身体原因行动不便的老年人提供司法上的方便，这是我国法律针对老年人这一特殊群体所给予的特殊司法保护。很多城市开办了老年法庭、老年维权中心以及老年法律援助中心等机构，共同维护老年人的合法权益，为老年人提供法律服务上的便利。

第三，1996年《老年法》出台时，是具有超前意识的。就是在我国还没有进入人口老龄化的时候，就提前三年制定了专门的老年人法律。[①] 美国1940年进入老龄化社会，直到1965才制定第一部《老年法》。而且，我国的《老年法》将“老年人权益保障”和“推动老年事业发展”两方面有机地结合了起来。

---

① 参见张同春：《保障老年人权益的重要法律武器——老年法起草情况及有关问题的解释》，载《老年人》，1996（11）。

三、老年人权益法律保障制度实施的现状与存在的问题

1996 年《老年法》颁行后，律师、公证人员和人民调解员以及基层法律服务工作者积极围绕老年人维权工作，开展了多种形式的法律服务和人民调解工作，取得了较为显著的成效。仅 2002 年，全国人民调解组织就调解了各类涉老纠纷 40 多万件；全国基层法律服务机构为老年人代理诉讼法律事务近十万件，代理非诉讼法律事务 30 多万件，提供法律援助两万多件，上门服务 1 万多次，有力地维护了广大老年人的合法权益。据不完全统计，2000 年至 2002 年的三年中，获得法律援助的老年人总数为 11 万余人，占受援总人数的 17%。①

许多司法审判机关加大了涉老案件的审判力度，实行“优先立案、优先审理、优先执行”的“三优先”制度，对经济有困难的老年人实施司法救助。一些基层法院设立了“老年法庭”。有关部门大力推行养老金社会化发放的措施，有效地解决了养老金被克扣、挪用、拖欠的问题。

到 2004 年年底，全国参加基本养老保险的离退休人员达 4 100 万人，医疗保险参保退休人员达 3 353 万人。全国企业离退休人员基本养老金做到按时足额发放，全国范围内首次实现全年各地上报无拖欠。各地认真贯彻落实中央关于农垦企业纳入地方养老保险统筹的政策措施，解决了近年来确保养老金发放工作的难点。②

尽管《老年法》等一些法律法规陆续出台，然而随着老年人口比重的不断增加，老年人合法权益受到侵害的现象变得更加突出和复杂，老年人权益法律保障制度本身面临着很多亟待改进之处。

（一）老年维权案件的复杂性和法律缺乏可操作性

从法律操作层面上看，许多有关老年人的法律条款规定得比较笼统，缺乏可操作性，使得执法机关在实际工作中无法有效落实法律规定。在老年人维权案件中，房产居住、赡养、两费、再婚成为困扰老年人的四大难题。天津市老龄委 2010 年上半年共接待老年人来信来访投诉案件 213 件，其中房屋产权被侵权的 112 件，占总投诉的 53%；投诉赡养问题的 42 件，占全部总数的 20%；投诉两费问题的 16 件，占全部总数的 8%；投诉老年人再婚问题的 12 件，占全部总数的 6%。③ 据《经济日报》报道，老年人的赡养纠纷案目前正以每年 10%的速度递增，在所有涉老民事案件中，赡养纠纷案占到 13.5%，高居榜首，这类

---

① 参见陈丽平：《关爱老人就是关爱自己——老年人权益保障任重道远》，载《法制日报》，2003－05－11。

② 参见劳动和社会保障部 2004 年第四季度新闻发布会，见 http：//www.ce.cn/new-hgjj/guonei/zhbd/200502/01/t20050201_3010083.shtml。

③ 参见《房产、赡养、两费、再婚成为困扰老年人的四大难题》，见 http：//www.southcn.com/news/community/shzt/theold/core/200309300835.htm。

纠纷案中又以发生地在农村的物质纠纷居多。①

概括地说，法律对老年人合法权益予以特殊保护的内容主要包括以下几个方面。

一是人身权，如享受赡养权、夫妻间的相互扶助权和婚姻自由的权利。对老年人人身权的侵犯，主要来自家庭成员的侵犯。

首先，赡养人赡养意识缺乏。近些年来，赡养案件纠纷不断上升，有些赡养人生活上不照料老人，精神上不慰藉老人，甚至经济上不供养老人，使老年人感到孤独无助、失去生活的信心。但由于许多法律条款规定得比较笼统，缺乏可操作性，使得执法机关在实际工作中无法有效落实法律规定。

其次，老年人受虐待、遗弃现象严重。联合国前秘书长安南 2002 年 2 月 26 日在联合国总部发表了题为《虐待老人现象大都逃避追究》的报告，呼吁各国采取全球性行动保护老年人权益。报告说，虐待老人问题在发达国家和发展中国家都非常普遍，虐待形式包含对老人实施暴力、侮辱老人以及拒绝向老人提供经济支持等。除严重案件外，虐待行为大都没向司法部门报告或没得到处理。出于"家丑不可外扬"等因素的考虑，老年人受打骂、恫吓、遗弃后，很少求助法律。即使老年人向司法机关提出申诉请求，也往往由于家庭矛盾复杂、不好管等原因，致使老年人的合法权益得不到有效保障。

再次，老年人婚姻自由受到干涉。在现实生活中，基于经济原因及封建世俗观念的影响，子女暴力干涉、阻挠老年人的离婚、再婚及婚后生活，这种对于老年人婚姻自由权的侵害现象，会随着经济的发展而变得异常复杂。

二是财产权，主要包括自由处分遗产权和继承权。对老年人财产权的侵犯，主要来自家庭成员的侵犯。

家庭成员，特别是儿女，千方百计挤占老年人的住房，强行勒索老年人的财物，剥夺老年人的财产所有权、财产支配权，而且当住房、财产等到手后，就对老年人不管不问。②虽然我国法律对之做出了相应的惩罚机制，但由于老年人体力、经济和文化等方面的因素，诉讼能力较差，导致许多对于老年人权益保护的法律规定得不到行之有效的执行。

三是与人身权和财产权相关的老年人福利保障的权利。对老年人福利保障方面的侵权，主要来自原工作单位或社会的侵犯。

我国目前正处于社会转型阶段，现行法律对于养老保险、医疗保险等都没有统一的法律规定，对于侵害老年人合法权益行为缺乏有力度的惩治条款。老年社会救济的对象范围过窄，对无赡养人、无劳动能力、无生活来源的老年人所提供的资金或实物有限，难以确保达到最低生活保障线标准。

（二）养老"主要依靠家庭论"受到挑战

老年人养老要依靠谁呢？《老年法》对此作了明确的规定：老年人养老主要依靠家庭，

① 参见《人口研究》编辑部：《21世纪中国老龄问题：我们该如何应对》，载《人口研究》，2000（5）。

② 参见徐小玲：《我国老年人权益法律保障的若干问题探讨》，载《福建政法管理干部学院学报》，2001（4）。

家庭成员应当关心和照料老年人，赡养人应当履行对老年人经济上供养、生活上照料和精神上慰藉的义务，赡养人对患病的老年人应当提供医疗费用和护理，等等。当然，根据我国几千年的精神文明传统，不能否认家庭成员有关照老人的义务。但是，在我国当今社会的特定情况下，将家庭作为老年人的主要依靠对象似乎在立法上、理论上和实践上都存在着诸多问题。

没有孩子，由谁来供养自己；孩子少了，在经济上也不堪重负。养老“主要依靠家庭论”在当今社会的实践中也是很难做得到的。在我国当今的市场经济条件下，只有竞争才能生存。竞争失败者既难以养活自己，更养活不了老人。即便是竞争胜利者，计划生育的一对夫妇要供养、照料四位老人（“四二一”家庭结构），如果专心照料老人，必定会影响竞争而成为竞争的失败者。因此，老人们只能放弃享受来自孩子的照料。这是当前社会上存在大量空巢家庭的主要原因之一。

（三）老年人的精神赡养仍是法律调整的空白

家庭对老年人的赡养，现在和将来都是我国养老的主要方式。从内容上看，“赡养”的完整含义应包括物质赡养（经济帮助）、精神赡养（精神慰藉）和生活扶助（生活照料）三个方面的义务。

《老年人权益保障法》第 11 条规定：赡养人应当履行对老年人经济上供养、生活上照料和精神上慰藉的义务，照顾老年人的特殊需要。从法律规定本身理解，该条款应当属于强制性规范。但是对于违反该条款的行为的惩戒，却没有一个明确的界限尺度，特别是对不履行生活照料和精神慰藉的义务行为，很难用法律予以惩戒。

随着经济的发展、物质生活水平的改善、文化素质的提高，老年人基本的物质需要得到满足以后，对精神赡养的需求也日益突出。老年人精神生活的需要，也可以分为两个部分：一是可以而且必须要通过社会来满足的精神生活的内容，比如健康、娱乐等，二是必须在家庭内部才能满足的需求，即精神慰藉的需求，这就要求子女必须对老年人承担精神赡养的义务。子女对老年人的赡养会逐步由以物质赡养为主转向以精神赡养为主。

家庭功能弱化主要表现在：一是家庭子女数的减少，独生子女家庭多；二是家庭居住方式的变化，即过去几代人同居，而现在是结婚或立业后就分开居住。随着“四二一”家庭格局的来临，一对年轻夫妇要赡养和照顾四位老人，无论是时间上还是精力上都难以满足老年人的多种需求。而老年人群对医疗、保健、护理、关爱及日常生活服务等需求大大超过其他人群。调查表明，我国 60 岁以上老年人慢性病患病率是全人群的 4.2 倍，人均患有 2～3 种疾病。[①] 这不但给老人生活带来不便和苦恼，同时，也给家庭、单位和社会增加了经济负担和精神负担。家庭结构趋向小型化、核心化，负担照顾老人的能力在降低。家庭养老功能弱化，正在成为越来越普遍的现象，老年人的养老问题越来越成为社会问题。

---

① 参见赵牧：《“金牌大国”≠“体育大国”——国民健康任重道远》，载《中国青年报》，2004－09－01。

日益严峻的精神赡养问题，已开始引起社会学者、特别是老年人口学者的注意[①]，但仍为法学理论学者所忽视，在理论上还未作深入的探讨。迄今为止，我国法律对老年人精神赡养的调整仍是一个空白。《宪法》第49条关于“成年子女有赡养扶助父母的义务”之规定，《婚姻法》第21条关于“子女对父母有赡养扶助的义务”、“子女不履行赡养义务时，无劳动能力的或生活困难的父母，有要求子女付给赡养费的权利”之规定，似乎仅确认了子女对父母须承担物质赡养和生活扶助的义务，而排除了精神赡养的义务。又如《宪法》第49条关于“禁止虐待老人”的规定，《婚姻法》第3条关于“禁止家庭成员间的虐待和遗弃”的规定以及《刑法》中关于虐待罪的规定，但到底哪些行为构成虐待罪，身体上的、精神上的、物质上的以及疏忽照顾是否构成“虐待罪”，在我国缺乏明确的相关法律规定。

（四）解决老年人家庭内部纠纷，诉诸法律并不是唯一的渠道

在农村，大多数丧失劳动能力的老人与已经成家的子女分开过活，少部分老人在几个子女家轮流吃住，还有少部分老人是与儿子媳妇同住。但是不管采取哪种方式，除非碰巧儿子媳妇特别孝顺，或者老人在村里享有较高威信或仍握有经济资源，否则难免要看子女的脸色。应该说，此种情况在其他许多地方亦非鲜见，这一点，从全国各地有关赡养问题的大量报道和不断增加的赡养诉讼中可以得到证明。

而实际上，提交法院解决的赡养纠纷总是同类纠纷中极小的一部分，因为，出于对保持亲子关系的考虑，大多数老人不到食宿无着、实在走投无路的时候绝不会求助于正式的司法机构。绝大多数赡养案件都是由老年人自己主动向司法机构提出，或者是在当地老龄部门的帮助下向法院提起诉讼。然而，少数赡养案件未经当事人告诉法院便开庭审理，最后迫使当事人达成赡养协议。[②] 当然，不能说法庭的介入无助于改善老年人的生活状况，尤其是在老年人失去了起码的物质保障的情况下。但是很显然，在赡养问题上，法律运作的逻辑与社区生活的逻辑并不相同，法律上的“赡养”与它所要吸纳和维护的“传统美德”——“养”——更是貌合而神离，以至于法律上的圆满解决，只能是把“赡养”问题合法地简化为钱财供应，而当事人则可能无可挽回地失去亲人看护、情感慰藉，所以，当事人总是把诉诸法律作为最后的和不得已的选择。[③]

面对自身的权益受到侵犯，作为弱势群体的老年人却更多地选择了“忍”字。有的老人不知如何运用法律，忍气吞声地承受着一切；有的认为“家丑不可外扬”，不愿打官司“丢人”；有的则是不敢向法律讨说法，唯恐事后遭到子女报复，令自己的晚年雪上加霜。这种种心理障碍，使得老人们的“亲情防线”异常薄弱。虽然在1996年我国就颁布了《中华人民共和国老年人权益保障法》，但在法律条文面前，“剪不断，理还乱”的亲情，成了

---

① 参见穆光宗：《老龄人口的精神赡养问题》，载《中国人民大学学报》，2004（4）。

② 刊载于《人民法院报》（1996－11－19）的一篇新闻中，江西省宜春市下属的三阳法庭未经告诉便审理了一件赡养案件，最后迫使当事人达成赡养协议。

③ 参见梁治平：《传统及其变迁：多元景观下的法律与秩序》，见 http：//www fawang. net/Acticle/fl/200601/2010. html。

老年人维权过程中的最大障碍。而有了亲情障碍，老年人在维权上的力度就小得多，客观上也助长了侵权事件的发生。

（五）《老年法》的执法主体不明确，缺乏统一管理机构

《老年法》第5条规定：国务院和省、自治区、直辖市人民政府采取组织措施，协调有关部门做好老年人权益保障工作，具体机构由国务院和省、自治区、直辖市人民政府规定。

执法主体不明确，导致在实践中很难具体落实老年人权益保障工作，也导致宣传、贯彻《老年法》工作在广度和深度上受限。

此外，《老年法》赋予了老年人许多方面的权利，为老年保障工作的开展提供了法律保障，但是，要使这些权利真正落到实处，还必须要有一套高效的管理体制和一个统一的管理机构。就现实情况来看，老年社会保障工作存在政出多门、多家管理的现象，仅养老保障一项就涉及劳动、人事、民族、财政、人民银行、保险公司、工商管理、总工会等许多部门，这种分散管理体制，缺乏宏观协调机制，造成既相互争管，又相互推诿的矛盾，这不利于老年人权益的保障，必须加以改进和完善。

四、我国老年人权益法律保障制度未来发展的方向

人口老龄化已经成为许多国家共同面临的挑战。发达国家今天面对的老龄问题，也将是发展中国家明天不得不面对的问题。因此，发达国家老年人法律保障制度建立、改革和不断完善的过程，可以为我国提供直接的、可借鉴的经验和教训。各国老年人保障改革的显著之处是立法先行，在立法保障下实施改革，并不断修正和完善已有的法律法规。

发达国家与发展中国家的老年人权益法律保障制度相比，最明显的特征是普及化和高标准。具体表现为：

第一，在保障范围上，发达国家涵盖的内容不断拓展。发达国家老年保障支付标准高、项目多、保障全面。除定期支付退休金外，还为老年人提供长期护理保险、住房补助、膳食服务，地方当局和民间团体为在社区生活的老年人提供娱乐中心和俱乐部等。

以普遍福利为特色的保障制度，从以往侧重对老龄社会问题的事后“治疗”转变为事前“预防”，对现代化过程中的人口老龄化、老年人经济贫困化、健康下降等问题提供综合性的预防和解决措施。

第二，在保障方式上，发达国家更具有强制性，更加注重与社会经济发展的紧密联系。老年人保障金的数额随物价等变动而进行调整。例如根据通货膨胀、物价和工资波动等，调整老年退休金或福利标准，以保证老年人的实际生活不因物价波动而下降，能够充分享受到社会经济发展的成果。

第三，在责任承担上，更注重强调和保障“老年人的权利”，把对老年人权益的保障视为国家和社会的责任，强调政府在其中要承担“直接责任”。这具体表现在两个方面：一方面，老年人保障由国家统一管理，国家设立专门的行政机构管理老年人的事业；另一方面，

国家以法律的形式进行管理，在法律中明确规定老年人相关保障的享受条件和支付标准。

第四，在老年人角色上，体现出重视老年人个人的自我决定权倾向。老年人保障从消极的、治疗型的救助，向积极的、强调权利的发展型转变，近来又再向强调权利与义务相结合的方向转变。

在西方国家的现代化过程中，老年人的贫困、经济收入等问题已基本解决，目前西方发达国家更多强调的是老年人的生活照料和情感慰藉方面的问题，为此西方国家着力构建经济发展水平比较高的老年人的价值实现模式，在这一点上，它们“重新发现”了家庭养老的价值所在，表现为对中国等深受传统孝文化影响的国家的家庭养老方式的称赞。[①] 然而，中国在解决老年人经济收入保障问题时，并没有很好地发扬自己的“特色”，面临着家庭养老的危机，盲目跟随西方国家的改革思路，因此，出现了价值迷失和道德危机。

我国“未富先老”的国情以及西方“福利国家”自身发展过程中面临的危机，决定了我国老年人法律保障制度不可能照搬西方福利国家的模式。我国老年人法律保障制度应始终坚持“三支柱”的责任原则，即第一支柱是政府起主导作用，为家庭养老提供制度保证，第二支柱是发扬传统孝文化，巩固家庭养老，第三支柱是提高老年人自立自助能力，鼓励自我保障。此外，老年人要参与有关老年人的政策、规划和措施的制定、实施和监督，“赋权”于老年人，从而体现老年人的意愿和需要。

老年人法律保障制度的核心是要满足老年人需要，提高老年人生活质量，以及实现老年人权利。老年法律保障制度不应该被看作是静止的、封闭的制度，而理应是一个开放的、动态的、分阶段逐步完善的体系。老年人权益法律保障制度应该是对老年人的经济、健康以及社会参与等各个方面的保障。从发展方向看，未来老年人法律保障制度，最终要在经济上推行养老金制度，在健康上发展全民健康保险，在精神上保障老人社会参与，使老年人能够安享晚年。然而，这一目标的实现，要经历一个长期的过程。

在我国，随着社会经济的发展、家庭结构的变化，家庭养老的功能如何得到强化，关系到每一位老年人的生活质量。此外，我国城乡二元经济结构的现状，决定了城乡老年人权益保障的基本内容也将存在二元性特点，当城市老年人的基本经济需要、健康医疗需要得到满足后，城市老年人权益保障关注的焦点开始转向了老年人健康照顾、老年人长期照料、老年人住宅、老年人工作机会以及参与社会发展等方面；而农村老年人权益保障制度的重点还在逐渐建立和完善基本的经济保障和医疗保障制度，农村贫困老人依然是法律关注的重点。

西方国家一般在养老保障制度建立初期，就制定了《养老保险法》。通过立法将养老保障的各项政策和措施法制化，法制化是养老保障制度实施的必由之路。因此，在我国改革过程中，应该首先尽快制定《养老保险法》，然后实施推进程序，如果在实施过程中出现问题，再对相应的条款进行补充和修订。除了《养老保险法》以外，还要针对我国现状，考虑到老年人群体的差异性，特别是为那些需要帮助的老年人提供最基本的生存权的保护。

---

① 参见陈功：《我国养老方式研究》，127～128页，北京，北京大学出版社，2003。

比如《特困高龄老人津贴办法》、《遗嘱保险》以及《老年人最低生活保障法》等。

就医疗保险的立法目的而言，最终是要向覆盖全体社会成员的方向发展。一般而言，经济不太发达、社会保障起步较晚的国家，医疗保险的覆盖面也相应较窄。我国属于发展中国家，医疗保险制度还很不完善，建立《医疗保险制度》是根本和基础。同时，还要完善老年健康立法，制定《老年人保健法》，强化对于老年疾病治疗和预防相结合的规定。针对城市和农村中的贫困老人，要依法建立“医疗救助制度”。针对有护理需求的老年人，制定符合国情的《老年护理保险制度》。

老年人社会参与包括了很多方面内容，老年人不仅参与社会经济活动，比如老年人再就业等，而且还要参与文化、精神活动，比如终身学习、社区活动、志愿者活动等。因此，调整与老年人社会参与有关的法律规定至少应包括两个方面：一是规定老年人教育、就业等社会参与的方式，二是保障实现社会参与的环境构建问题。针对我国目前的实际情况，应该有针对性地分别制定《老年人就业保障条例》、《老年人教育立法》以及《老年人法律援助制度》等，其目的在于保障老年人参与社会发展的权利。

随着社会经济的发展，老年人群体的自我决定权倾向日益突显。比如在美国老人福利政策法律制定的过程中，老年人群体代表扮演了重要角色。老年人是自己的主人，在有关自己事务的问题上应享有自主权，这不但应该在个人层次上，也应该在集体的层次上实现。在老年法律制度制订过程中，“赋权”于老年人，体现老年人的意愿和需要。[①]“赋权”于老年人，也就是老年人要参与有关老年人的法律法规的制定、实施和监督。只有老年人参与决策，才能使这种决策更好地反映和符合老年人的利益，才能动员老年人积极参与建构自己在其中生活和活动的世界，才能正确评估其他人群或政府有关老年人的各项法律和政策。

本章要点

1. 老年人的合法权益，是指老年人在我国依据宪法和法律规定应该享受的各种权益。老年人权益所包括的内容，可以从不同的视角进行分类。

2. 老年人法律（elder law）是指规范与老年人有关的一组权利和义务的法律，其作用在于处理与老年人有关的法律问题，保护老年人的合法权益。

3. 当今各国老年人权益保障的立法模式主要分为两种：绝大多数国家的老龄政策法规是从属于一国社会保障制度或社会福利制度的，比如有关养老保险、医疗保险以及社会救助等方面的法律和相关社会政策；此外，还有一些国家或地区专门针对老年人群体的特殊性，制定单独的老年人法律，比如美国、日本、韩国、新加坡、澳大利亚、德国、俄罗斯和中国台湾地区等。

---

① See David N. Weisstub, David C. Thomasma, Serge Gauthier, George F. Tomossy (Eds.), *Aging: Culture, Health and Social Change*, Kluwer Academic Publishers, Berlin, 2001, p. 100.

4. 国际社会对老年人法律保障的立法内容主要包括经济保障、健康维护以及社会参与（身心调适）等三个方面，这与2002年世界卫生组织提出的“积极老龄化政策框架”（即健康、参与和保障）是一致的。

5.《老年人权益保障法》是我国第一部老年人权益保障方面的基本法，其立法宗旨主要有三个方面：一是保障老年人的合法权益；二是发展老年事业；三是弘扬中华民族敬老、养老的传统美德。

基本概念

老年人权益、老年人法律、家庭养老、赡养老人

复习思考题

1. 请对老年人权益保障法制化的必要性进行分析。
2. 老年人法律与其他法律制度相比，具有哪些显著特征？
3. 你认为一个完善的老年人权益法律保障体系应包括哪些内容？

推荐阅读书目

1. Aled Griffiths，Gwyneth Roberts. *The Law and Elderly People*. London and New York：Routledge，1995.

2. David K. Brown. *Introduction to Public Policy：an Aging Perspective*. New York：University Press of America，1997.

3. Jeffrey A. Helewitz. *Elder Law*. Albany，NY：West/ Thomson Learning，2001.

4. Peter J. Strauss，Nancy M. Lederman. *The Elder Law Handbook：A Legal and Financial Survival Guide for Caregivers and Seniors*. New York：Facts On File，Inc，1996.

5. Susan Orpett Long. *Caring for the Elderly in Japan and the U. S.：Practices and Policies*. London and New York：Routledge，2000.

6. 王舜华，主编．老年人权益的法律保障．北京：经济管理出版社，1995.

7. A. Kimberley Dayton. *Elder Law：Readings，Cases，and Materials*（*3rd edition*）. LexisNexis/Matthew Bender，2007.

8. 李超．老年维权之利剑——老年人法律保障制度研究．上海：上海人民出版社，2007.

第十一章

老年人与社会政治

老年人与政治的关系，包括他们的政治地位、政治参与等是老年学研究需要关注的重要方面。老年人与社会政治有着不可分割的关系。他们虽然进入了人生的晚年时期，退出了职业活动领域，但是仍然没有脱离社会的政治生活，仍然生活在一定的政治关系之中。同时，社会的政治过程仍然在对他们发生着这样或那样的影响作用。而且，老年人的政治地位和政治权利是保证其经济利益得以实现的重要条件。本章着重阐述老年人的政治地位、政治参与等内容。

第一节　老年人的政治地位及其作用

老年人的政治地位是指老年人群体在社会政治关系中所处的位置。从传统到现代社会，老年人的政治地位发生了明显的变化。在工业化早期，老年人的政治地位明显地下降，但是在高度现代化的时期，他们的政治地位通过政治民主化的途径得到提高。提高老年人的政治地位，健全民主和法制，是保证老年人晚年权利的必要条件。

一、传统社会中老年人的政治地位

政治是由经济基础决定的国家上层建筑的主要部分，是为经济基础服务的。传统社会的老年人在经济生活中发挥重要的作用、占有重要的地位，也必然在政治生活中得到相应的反映。

在传统社会中，老年人的政治地位很高，在社会和家庭生活中起着举足轻重的作用。在西方古代社会中，老年人在政治上地位很高。例如古罗马时代由老年贵族阶层组成“元老院”，他们可以制定国家的法律，裁决国家的重大事件和社会上的案件。古代东方文化包含着浓重的尊老成分，被称为“敬老文化”。由于老年人在社会上和家庭中的地位很高，在大家庭和社会生产及国家事务管理中，资深老者处于指导和被崇敬的位置，他们在政治上起着举足轻重的作用。

中国古代官场很重视老年人的经验，有时年龄越长越受重视，而年轻则时常受到轻视或歧视。在朝廷事务中，“元老”和“重臣”是备受重视的，在关键时刻，例如在改朝换代和皇帝继位或进行重大的人事、战事决策时，往往由他们来决定和执掌国家的命运，成为国运所系的人物。在古代，皇帝任用官员时，经常以老为贵，对老臣委以重任，或加封官位，或给以奖赏。如《汉书》中记载，贡禹在汉宣帝时当过地方官，因坚持原则而辞职。后来的汉元帝喜欢其忠直，请出来加封了“光禄大夫”。在他81岁时，皇帝又加封他为“御使大夫”的高级官职。①

在民众的普通社会生活中，社会事务一般由家族推选出来的德高望重的族长来管理和决断。族长是家长中的家长，根据惯例要由年事已高的有影响力、有威望的人来担任。他们的威望和权力与他们的年龄是联系在一起的。族长的统治作用显示在社会性的公共事务中，反映出老年人的重要作用。

族长的作用是建立在家长作用的基础之上的。作为中国古代社会生活的最基本单位的家庭，家长制是其明显的特征；家长是决定家庭一切事务的主宰。由一个大家庭组成或由具有近亲血缘关系的人联系在一起的是家族或宗族。这种家族或宗族的掌权者便是族长。

族长的社会作用或功能是通过把家庭与国家联结起来的形式实现的。族权是介于父权与君权之间的权力，有时能够起到后两者无法起到的作用。具体说，族长的政治作用体现在以下两个方面：第一，维持社会秩序和对纠纷进行裁判。村落基层的一般性社会问题都可以由族长出面解决，家庭间或族人间发生纠纷往往由宗族裁判，国家或官府承认这种裁判的权力。② 如《无为查林徐氏宗谱》规定：“凡族内争斗，必先投鸣房长，次及户长（即族长），听其处分。”第二，完成国家或朝廷下达的任务。朝廷的赋税和征兵服役的任务要经过宗族组织来完成。

宗族的这些社会功能无疑大大强化了族长的社会政治地位，使以族长为代表的长辈一代的势力得到相应的强化。

在古代社会，能够存活到老年期的人相对较少。如果按照如今的年龄标准来衡量，那时老年人口占总人口的比重很小。长寿格外受人尊敬和向往。同时，古代社会的治理方式是以经验为标准的。因此老年人受到尊重，他们对社会有重要的作用，在政治上的领导和影响作用是其他年龄群体所不能替代的。

二、现代社会中老年人的政治作用

在近现代社会生活中，“老人统治”的逐渐衰落成为一种难以回避的事情。这主要是因为社会大生产和知识、技术的发展，使老年人在生产中的主导作用逐渐丧失，生产的社会

---

① 参见高成鸢：《中国的尊老文化》，125页，天津，天津人民出版社，1992。

② 参见朱勇：《清代宗法研究》，111页，长沙，湖南教育出版社，1987。

化也使老年人的财产减少，对财产的支配权力快速减弱。同时，传统的老年价值观、封建专制统治受到了严厉的批判。以西方文艺复兴运动为标志的自由、民主思想大发展，社会价值观是以崇尚青春和创造力以及生命活力为特征的。因此，老年人在社会生产和家庭生活中不再起决定作用，他们在政治生活中的作用和影响力也如日薄西山，每况愈下。这种情况在传统社会向现代化转变的早期阶段表现得十分明显。

在现代化程度较高的社会中，老年人的政治地位出现了提高的趋势。人口老龄化、现代化的发展和老年人社会生活的需要使老年政治团体得到建立和发展，老年人的各种需求必须通过政治渠道才能得到解决。从老年人方面来说，离开工作岗位回到家庭之后，他们的生活需要、经济利益也必须通过一定的政治途径得到表达和反映，得到政府和社会的关注和重视，并促进其实现。相对于中青年社会群体而言，老年人在生理上、社会活动能力和经济地位方面都是比较脆弱的，因此他们需要有一定的社会组织来代表和反映他们的意愿，但是这一点在传统农业社会是办不到的。一方面，在传统社会中老年人的生活范围主要局限于家庭之中，他们的活动领域受到极大的限制，现代社会中老年人的活动范围不再局限于家庭，生活方式趋向于社会化。另一方面，与传统社会不同，现代社会中老年人口数量和占总人口的比重都大大增加。这些都为他们形成一支社会政治力量创造了必要的条件。

现代社会的人口寿命不断提高，老年人口的生命期或存活期要比以往延长许多，他们对社会的影响或发挥作用的时期比从前要长得多。同时，现在的老年人即使已经离开了工作岗位，他们仍然具有较丰富的工作经验和社会经验，某些老年人拥有一定的社会资源，有较强的组织能力和社会影响力，即发挥“余热”的能力。例如，在西方国家，许多老年人仍拥有公司的股份，有些老年人仍担任公司董事会的职务。老年人在国家事务中起到越来越大的作用。例如，西方国家的总统选举活动，老年人往往是数量可观的选民。在其他的社会事务中，特别是关系到公民切身利益的社会事务中，老年人也成为一支不可忽视的力量。在某些国家的某些特定时期，老年群体甚至成为社会的“压力集团”，例如西欧国家社会保障制度的改革一般都要受到中老年人的很大影响。

在我国，从新中国成立以来，国家建立了老年社会保障制度，在宪法和有关的法律中，不断增加赡养和尊敬老年人的内容，老年人的政治地位得到了不断的提高。改革开放以来，我国政府改革完善了养老保险制度，出台了《老年人权益保障法》，发展和完善了老龄工作机构，使广大老年人的权益得到了更好的保障。

老年人对于社会安定团结具有重要作用。一般来讲，老年人经历了人生和社会变迁的考验，对社会发展的规律性有了比较深刻的体会，他们一般反对发生社会动乱和不安定的情况。我国老年人对共产党的领导和社会主义制度有比较深刻的好感，对社会主义现代化和改革开放采取积极拥护的态度。在人口比例上，他们所占的份额越来越大，在整个社会群体中，他们所起的影响作用也将越来越大。一般说来，他们是社会的安定因素。我国老年人在社会中的安定作用可以概括为以下几个方面。

首先，我国老年人中的老干部、老党员、老知识分子、老科学家和老工人等对国家和政府重大问题的决策可以起到咨询与直接参与的作用，他们在社会工作中起到了先锋模范和主力军的作用。社会基层工作，如治安保卫、社区服务、计划生育、解决邻里纠纷等大多都是由他们承担的，从而对解决社会问题、保持社会的稳定和发展起到了不可忽视的积极作用。

其次，我国老年人中的大多数对社会其他年龄群体具有团结和稳定的作用。因为老年人的社会关系比较多，对家庭、邻里或社区中其他人群的影响力比较大，在家庭生活中，老年人一般仍可起到家长的指导作用。他们可以通过言传身教，对生活圈中其他人起到良好的“传、帮、带”作用，对社会的民俗民情也具有很大的影响作用。同时，老年人的良好风范还可以对社会不正之风起到一定的抵制作用。

最后，老年人对青少年进行优良传统和科学文化知识教育，对于加强社会主义精神文明建设和社会的安定团结与发展都具有十分积极的意义。

第二节　老年人的政治参与

作为公民或社会的一员，老年人享有同所有人一样的政治权利。老年人的政治权利是指老年人享有参加国家管理、参政议政的权利和在政治上表达个人见解及意愿的自由。参加国家政治生活是宪法赋予所有公民的权利，老年人虽已离退休，但仍然是国家的主人，仍然有权参与政治生活。任何组织和个人都不得限制、干涉老年人依法享有的参加政治活动和社会活动的权利。根据我国宪法和法律规定，老年人享有的政治权利主要包括：(1) 选举权和被选举权；(2) 言论、出版、集会、结社、游行、示威的自由；(3) 对任何国家机关和国家工作人员，有提出批评和建议的权利；(4) 对国家机关和国家工作人员的违法失职行为，有申诉、控告或者检举的权利。

老年人在政治上仍然是不可忽视的资源，以适当的方式参与政治活动对于社会发展和社会稳定具有重要的意义。老年人的潜力是社会发展的强有力的基础。对老年人的认可和对他们充分参与的促进，是积极老龄化的主要内容。

一、老年人政治参与的途径

老年人政治参与的途径与中青年群体有一定的区别。中青年群体主要是以和职业相联系的方式参与政治，而老年人则更多的是直接参加社会性的政治活动。具体来说，老年人参与政治活动有以下途径。

（一）通过老年人的社会组织参与政治活动

从发达国家老年人政治地位的争取和作用发挥的过程看，老年人一般是采取组织化的途径来实现自己的经济和政治要求的。当退休的老年人数量增加到一定程度，同时社会性的老年问题急剧增加时，老年组织由自发到自觉快速地形成，表现为一种必然的社会发展趋势。美国老年人的政治作用在世界上是比较有代表性的。在20世纪30年代，美国经历了危害巨大的经济危机之后，绝大多数老年人口的经济收入得不到保证，银行中的存款迅速贬值，甚至出现银行倒闭的情况，老年人的生存问题一时成为全社会性的突出问题。在这种情况下，加利福尼亚州的退休医生汤森领导发起了一场著名的“汤森运动”。按照汤森的观点，经济大萧条的原因是消费品生产过剩加上消费者购买力不足，导致社会经济停滞不前，过剩的产品需要有人来消费，才能恢复经济，而对过剩产品最有潜力的消费者应当是老年人。他提出的口号是：所有60岁以上的人退休后应该每月享受200美元收入，到月底将钱全部花光；由联邦政府给每个只要同意拿了钱就不再去工作，并保证每个月将钱都花光的老年人支付这笔钱。他认为这个方案既可以结束大萧条，又可以消除老年人的贫困。虽然汤森计划在经济上并不很完善，但却受到了广泛的支持，而且在短时期内产生了巨大的影响，发展成一场政治运动。1935年，汤森计划被作为立法向国会提出议案，对美国社会保险法案的通过起到了一定的促进作用。美国于20世纪30年代开始正式实行老年社会保险制度。

在现代美国的老年组织中，有三个最具代表性的全国性团体，第一个是美国退休人协会，是美国最大的社会团体之一；第二个是年长公民全国委员会；第三个是“灰豹党”。这些组织都是以老年人为主要成员，以维护老年人利益为宗旨，推动老年社会发展计划的非政府组织，是独立于政府机构的但能够在很大程度上影响政府决策的团体。从社会影响来看，美国的年长公民全国委员会对政府医疗保险服务计划的通过和1972年对社会保险法案的修正起了重要作用。这些老年团体能够对政府立法产生影响的一个重要原因，是他们代表了潜在的选举力量；政治家们不想轻易得罪老年人，因为他们具有不可剥夺的选举权。美国20世纪70年代统计资料说明，45～75岁的选民参加选举的比例高于其他年龄组。①

我国近年来在城乡很多地区建立了老年协会，特别是基层社区的老年学会在发挥老年人的作用、调动老年人参与社会和保护老年人权益等方面都产生了良好的效果，显示出旺盛的生命力。通过老年协会组织，广大老年人可以实现参政议政，给基层政府提建议，为社会经济发展献计策。老年协会也为老年人争取合法权益，保护老年人的利益。

（二）直接参加社会的政治活动

现代社会中的老年公民，大多数人在健康允许的情况下很愿意参与政治选举，借助于媒体参与对政府公务活动进行监督并提出个人的意见和建议。美国的一项研究表明，老年人是总统选举投票的积极参与者。20世纪80年代美国有调查发现，当老年人占全体选民的比例是15%的时候，他们占投票者的比例是20%，而且老年人投票的比例在逐步增加。在

---

① 参见［美］戴维·L·德克尔：《老年社会学》，193页，天津，天津人民出版社，1986；［美］里查得·C·克伦塔尔：《老年学》，419～420页，兰州，甘肃人民出版社，1986。

美国1980年11月的选举中，55至64岁的选民中参加投票的比例最高（71%），65至74岁的比例次之（69%）。在1982年的国会选举中，65至74岁的人参加投票的比例（65%）是所有年龄群体中最高的。老年选民在政治上的影响力是很大的。① 除了参加选举活动之外，某些年长者还直接从事政治活动，例如担任领导者的职务、从事政治宣传活动等。

我国城市有越来越多的老年人积极参与社会公益活动，他们的民主意识和参与社会活动的意识逐渐增强，与其他年龄群体相比，老年人更加关心和积极参与社区的公共事务。根据2000年和2006年中国老龄科学研究中心的“中国城乡老年人口状况调查”数据，城市老年人参加各项社会公益活动的比例由38.7%上升为45.1%；农村老年人了解集体经济状况的比例从11.9%上升为18.8%；愿意参加社区组织的活动的比例城市由56.4%上升为66.2%，农村从54.0%上升为61.4%；城市中愿意做代表向上级组织反映实际问题和心声的老年人比例由52.7%上升为65.5%。②

二、老年人的政治思想特点及政治态度

新中国成立以后，老年人物质生活水平不断提高，社会地位也有了极大的提高。改革开放以来，在人口老龄化的同时，中国老年社会保障制度正在经历着改革和完善的过程。伴随着社会的发展与进步，我国老年人的物质和文化生活水平也有了很大的提高。

在社会主义制度下，我国广大老年人的基本权益受到了党和政府的充分承认与保护，他们在政治上享受到了基本的民主与自由权利，这些在我国宪法和各项其他法律中得到了体现。1996年10月，中国颁布实施了《中华人民共和国老年人权益保障法》，这是对老年人权益给予保障的重要体现。

我国现在的老年人大多经历了旧中国，他们中的多数人对今天的社会主义制度是持拥护态度的。在旧中国时代，大多数老年人遭受过半殖民地半封建社会的痛苦和经济困难，新中国成立以后，他们的生活得到了很大的改善，政治上有了当家做主的深切感受，因此对中国共产党和社会主义制度有深厚的感情，是社会主义制度的坚定拥护者。

进入改革开放新的历史时期以后，社会主义现代化的步伐加快，我国社会经济有了快速的发展，综合国力有了很大的提高，人民生活得到了很大的改善。作为一个社会群体的老年人也充分享受到了改革开放和社会主义现代化的发展成果，这是有目共睹的。因此，他们也是改革开放和社会主义市场经济的拥护者和参与者。根据2000年中国老龄科学研究中心的“中国城乡老年人口状况一次性抽样调查”和2006年“中国城乡老年人口状况追踪调查”的结果，可以看到，我国城乡老年人政治态度的主流是好的、积极的，政治思想觉悟、政治立场、政治辨别力等方面的整体素质比较高，他们关心政治，关心国家的前途和命运，对我国社会主义事业充满信心，对社会发展前途和生活现状表示乐观。有较高比例

① 参见［美］霍曼、基亚克：《社会老年学》，423～425页，北京，社会科学文献出版社，1992。

② 参见郭平、陈刚：《2006年中国城乡老年人口状况追踪调查数据分析》，7页。

的老年人愿意参与社会公益活动，愿意参加社区的助人活动。

当然，在我国社会由传统的计划经济向社会主义市场经济的转型时期，由于很多老年人退休的时间较早，并且随着年龄增加，参与社会的能力不断下降，因此在经济收入上出现了相对减少的情况。同时，在职人员经济收入提高的速度较快，福利待遇增加得较多，而且，由于社会上退休人员大量增加，代际矛盾也开始表现出来。加之在市场经济中，社会保障和老龄工作的政策和法规未能及时健全起来，老年人的实际利益受到了一定的损害。因此，一部分老年人对社会上的改革做法有时看不惯，发一些牢骚。这除了客观原因之外，也有老年人自身价值观方面的原因，即思想上跟不上改革的步伐等，对此也要作具体分析。

不同职业群体的老年人其政治特征也有一定的差别。例如，企业退休职工对共产党的领导和对社会主义制度抱有朴素实在的好感，同时，他们更关心自己的实际利益能否得到保障。他们参与社会经济活动的愿望更强，更注重国家发展的实际效果如何，对物价上涨和社会腐败问题更为敏感。离退休的老干部群体在政治上的失落感更强烈一些，他们离开领导岗位后仍然比较留恋原来的工作环境和人际关系。退休下来之后，他们中间的某些人产生了“人走茶凉”的感觉，因此，他们参与社会事务的愿望更强烈，行动也更自觉一些。再从老年知识分子群体看，由于他们的知识层次相对较高，因此对国家政治生活的民主、决策的科学化以及领导阶层的腐败问题和国家改革开放及现代化建设等更加关心。农村的老年人由于经历过先前农业集体经济的各种困难，又受惠于农村联产承包责任制和商品经济的巨大成就，他们的生活水平有了明显的提高，是党的十一届三中全会路线的坚定拥护者，但是由于他们的社会保障仍比较缺乏，社会权益更需要得到保证。

总的来讲，我国老年人的政治态度是积极、健康、向上的，是与国家民族的命运和社会发展步调一致的，他们是国家发展与社会共同进步的积极参与者和重要力量。

三、加强老龄工作，实现“老有所教”

我国处于社会转型期，老龄工作由过去计划经济时期的单位管理转向社会化的管理，因此目前对老年人的思想政治工作还存在很多不适应的问题。由于基层老年组织管理机构的不健全，社会上某些人员或非法组织打起了老年人的主意，会对老年人产生不利的政治影响。从老年人自身来看，脱离了原来的工作单位，某些老年人在思想意识上放松了，很容易出问题。

在社会主义市场经济的新形势下，政府以及各级老龄工作部门需要探索适合老年人特点的思想教育的新形式、新方法，探索开展老年人思想政治工作的新途径。在老年思想政治工作中运用“寓教于学、寓教于助、寓教于乐、寓教于管”的新形式，采用经常组织老年人学习理论，坚持正面教育，认真研究和解决老年人的实际困难，建立老年党支部，加强对老年党员管理等办法，将思想政治工作搞得有声有色。[①]

---

① 参见中国老龄科学研究中心：《中国城乡老年人口状况一次性抽样调查数据分析》，8 页。

从老年人自身特点来看，他们参与活动的从众特点比较突出。虽然愿意带头组织各种活动的老年人所占比例并不高，然而一旦有人出面组织，就会有更多的老年人参与其中。在带头反映意见、表达政治意愿的活动中，老年党员更加积极主动。针对这种特点，基层工作部门要充分发动和依靠老年人中的骨干，更有必要充分调动和发挥老年党员的积极作用，将各种老年活动引导到健康、合理、有益的轨道上来。[①] 为此，必须加强基层老龄工作，健全组织，完善基层老龄工作的职能，增加经费投入；切实关心和帮助老年人解决实际困难，保护老年人的合法权益，增强思想政治工作的效果。

本章要点

1. 老年人与社会政治有着不可分割的关系。他们虽然进入了人生的晚年时期，退出了职业活动领域，但是仍然没有脱离政治生活，仍然生活在一定的政治关系之中。同时，社会的政治过程仍然在对他们产生着这样或那样的影响作用。而且，老年人的政治地位和政治权利是保证其经济利益得以实现的重要条件。

2. 在工业化早期，老年人的政治地位明显地下降，但是在高度现代化的时期，他们的政治地位通过政治民主化的途径得到提高。提高老年人的政治地位，健全民主和法制，是保证老年人晚年权利的必要条件。

3. 老年人对于社会安定团结具有重要作用。我国老年人对共产党的领导和社会主义制度有比较深刻的好感，对社会主义现代化和改革开放采取积极拥护的态度。在人口比例上，他们所占的份额越来越大，在整个社会群体中，他们所起的影响作用也将越来越大，他们是社会安定的积极因素。

4. 老年人在政治上仍然是不可忽视的资源，他们以适当的方式参与政治活动对于社会发展和社会稳定具有重要的意义。老年人的潜力是社会发展的强有力的基础。对老年人的认可和对他们充分参与的促进，是积极老龄化的主要内容。

基本概念

老年人、社会地位、社会参与

复习思考题

1. 为什么说老年人与社会政治有着不可分割的联系？

---

① 参见上书，484页。

2. 老年人的政治地位在历史上经历了怎样的变化?
3. 为什么说老年人仍然是不可忽视的政治资源?

推荐阅读书目

1. 邬沧萍，主编．社会老年学．北京：中国人民大学出版社，1999.
2. ［美］霍曼，等．社会老年学．北京：社会科学文献出版社，1992.

第十二章

老年价值观与代际关系问题

老年价值观属于老年哲学范畴[①]，是对老年人社会价值的评价，老年人对自己的价值评价也包括在其中。老年价值观涉及社会对待老年人的态度、代际关系问题，传统的孝道也属于这一领域研究的内容。

第一节　老年人的社会价值

价值是一个哲学范畴，是指客体与主体之间的关系，是客体对主体的效用性和意义。[②]老年人的社会价值指的是老年人对社会的效用和贡献。从老年学的角度来讲，对老年人社会价值的研究需要关注老年人社会价值的特殊性、对老年人价值的评价以及老年人生价值的实现等诸方面内容。

一、老年人价值的特殊性

老年是人生的一个特殊阶段，老年人是人口中的一个特定群体。由于老年具有功能和行为上的特殊性，也就是说，老年是人的生理功能和社会功能下降或再创造的时期，同时也由于制度、文化和社会现代化的发展，老年人的社会价值和社会作用也处于一个特殊的变化阶段。

---

① 老年哲学目前还是一个不成熟的“潜学”领域，其研究对象是老年观、人生老年阶段的基本规律，研究内容包括老年人的价值、老年人生观等。参见杨友吾：《老年哲学简论》，4、13页，北京，中共中央党校出版社，1999。

② 参见李德顺：《价值新论》，34页，北京，中国青年出版社，1993；袁贵仁主编：《对人的哲学理解》，508页，郑州，河南人民出版社，1994。

（一）老年人社会价值的内容

老年人的社会价值包含着多方面的内容，具体来说，老年人社会价值的内容可以从经济价值和文化价值两个方面来认识。

经济价值主要是指人力资源价值，是指老年人仍然可以参与社会劳动，实现再就业，或者为社会公益事业服务，属于老有所为的范畴。就多数老年人而言，他们的家务劳动也是一种可贵的社会经济价值。因为，老年人家务劳动可以为其他家人的社会劳动创造必要的条件，使之全身心地投入到工作中去。例如，老年人照顾孙辈可以直接减轻成年子女的家务负担，使其全力做好工作。虽然家务劳动不具有直接的社会经济价值，不能用价格来衡量，也不被算作国内生产总值，但是可以看作是一种间接的社会经济价值，因为它是社会经济发展所不可缺少的。经济价值不但体现在物质的劳动中，也体现在脑力劳动中。老年人从事科学文化活动，如著书立说、教书育人、科技咨询等工作也可以产生经济效益。

文化价值是老年人价值的另一个重要方面，具体是指老年人的知识、经验和技能对社会发展和对下一代成长的重要指导或影响作用，即老年人以自己的知识和经验文化直接贡献于社会。老年人的知识和经验凝结着人类的智慧和思想的精华。这种文化价值内容中的一个最重要的方面是精神道德的力量。老年人群体经历了生活的考验和磨炼，一般在道德规范方面更臻于成熟。他们在处理人际关系方面更多地表现出忍让、谦和；在家庭生活中，他们尽自己的能力为晚辈操劳和为晚辈着想，体现出伦理道德和亲情关系上的表率作用。当然，我们对老年人也不能一概而论，他们中间也有一些人常表现出自私、狭隘、保守、自我封闭等弱点。年龄的大小并不能成为道德境界高低的决定因素，只是老年人经历得多一些，在道德观念上更成熟一些，对调整人际关系的道德规范懂得更多一些，运用得更娴熟一些。在文化价值上，老年人除了以自己的文化优势直接贡献于社会，更为重要的在于他们起着文化传递的作用，即把人类优秀的文化成果传递给下一代人。老年人的文化价值还在于他们对人生的启迪作用，即对后来人人生的启示作用。老年人处于人生成熟或者总结的阶段，可以用自己的经验或教训给年轻人的生活以启迪、教导和借鉴，对人生的意义给以昭示。

（二）老年人社会价值的特殊性

老年是人生的一个特殊阶段。老年人群体既是整个社会成员中的一部分，是社会关系中的人，又是经历了人生的其他阶段，从中青年发展过来的历史变化中的人。人的生命周期是一个连续发展的有机的过程。老年阶段的生活浓缩和积累了整个一生的经历，是从前自我的继续。一方面，老年是人生、事业和经验的自然延续，他们的能力、潜力和知识在整个生命期一直存在。另一方面，不可否认，他们所处的生命周期阶段与其他群体不同，即他们正在经历生命周期的最后一个阶段。随着社会的发展，这个阶段可能是人生最长的一个阶段。这个阶段的生理和社会功能以及生活方式方面都有一些特殊性，由此决定了老年人社会价值的特殊含义。具体来说，这种特殊性表现在以下方面。

1. 老年人的价值直接受生理的退行性变化的影响

由生物自然规律决定，老年期生理功能逐渐老化，导致各种疾病增加，健康问题增加，重新学习和继续社会化的能力、社会参与的能力遭到了越来越多的削弱。如疾病慢性病增加、带病期延长、生活保障和照料需求突出、心理和精神方面的问题增加，等等。长寿不等于健康的现实情况已经为老年学家所关注。① 美国卫生部的一项调查表明，2/3～3/4的老人患有一种慢性病，1/2 的人患有两种慢性病，35%的人因机体活动障碍而影响日常生活。② 在一个长寿社会中，当科学技术发展还未能完全克服老年期的慢性病和疑难病时，老年人的生理和健康问题会增加，这对他们的价值和作用也会产生负面影响，必然成为他们为社会继续做贡献的障碍。

但是，老年人智力上的价值并不与体力上的价值同步变化，因为人的社会价值的变化除了受生理的影响，还要受意识形态和道德因素的影响。思想观念和道德观念或文化价值观一经形成，便具有很强的独立性，成为指导人们行动的力量。由于老年人的人生经历长，对生活体验深，他们的思想道德和价值观念比较稳定和成熟，由此产生的社会价值具有很强的优势。

2. 老年人的价值角色经历着转变的过程

由于生理功能的老化和退休制度的作用，老年人逐渐退出职业生涯。他们退出工作领域后，社会角色由职业型转变为非职业型或者闲暇型；生活方式和生活习惯需要进行新的调整，某些人难免会产生“退休综合征”；在经济生活上，他们由工资收入者转变为领取退休金或要靠他人生活者；他们面临着与子女在生活空间和时间上逐渐疏离，或者丧偶及亲属朋友相继去世的生活考验；他们的健康问题日益增加，先前不察觉和不当回事的疾病都找上门来了。以上这一系列的变化促使老年人的社会价值角色发生转变，而价值的发挥受到多方面的影响。

3. 老年人的自身价值明显地受社会因素的影响

一方面科学技术的发展，特别是医学科学技术的发展，使老年人健康水平提高，生理及心理功能得到改善，社会价值必然会得到提高。另一方面老年人的社会价值很容易受社会制度的影响。在社会制度有利于其价值的发挥时，他们的价值才能够得到充分体现，而在有些情况下，他们的社会价值容易被限制和掩盖。例如，在现代社会，由于退休制度和社会价值观念（如年龄歧视）的原因，老年人价值的发挥容易受到来自社会各方面的限制。同时，很重要的一点是，老年人价值的实现在基本生活有了保障，经济、政治权利得到保证的前提下才是可能的，正如前联合国秘书长安南所说，老年时代的潜力只有在消除贫困的基础上才能得到发展。

4. 老年人的价值具有明显的历史性

这种历史性体现在他们一生为社会所作的贡献上。历史价值是老年人价值构成的主要

---

① See J. F. Fries, “Aging Natural Death, and the Compression of Mobility”, *New England Journal of Medicine*, 1980, pp. 130 - 135.

② See *Quality of Life—The Latter Years*, Publish Science Group Inc., 1983.

部分。当然，在进入老年之前的职业生涯中，他们还不是老年，而是中青年，因此老年人的历史价值应该算作是中青年人的价值。但是，如果从社会发展的历史连续性来看，老年人的贡献已经体现在历史发展之中。因为，历史发展具有时序性的特点，各代人的历史作用是不能互相替代的，前一代人的作用不是后一代人所能取代的。因此，现在的老年人的价值已经凝结在历史发展中了。

从经济学的角度看这种历史性，虽然社会在当时向他们支付了报酬——工资和福利，但是他们以劳动成果的形式向社会缴纳了大量的税金，在我国计划经济时是以“各项扣除”的方式贡献给了社会。他们以这种方式对社会的付出，在老年时一部分以老年福利的形式得到了回报，另一部分是为社会发展做了贡献，这正是他们价值的体现。在我国计划经济体制下，工作期间对社会的贡献，一部分是以退休金的方式得到了补偿，另一部分是为国家和社会作了贡献。他们所得到的补偿必然小于他们的全部劳动贡献，社会财富中包含着他们的劳动价值。

5. 老年人的价值特点还表现在，既有先前价值的延续性，也有现实价值的再创造性

与其他群体一样，老年人也有现实价值，即他们以现在的能力为社会做出贡献，在时间序列中以现时的形式表现出来。但是，老年人的现实价值又有不同于其他群体的特点，那就是，先前价值的延续性和现实价值的发挥与再创造是结合在一起的。所谓先前价值的延续性，是指老年人继续发挥先前生活阶段对社会贡献的能力，其表现在不同人的身上有所不同。大多数老年人体力上的价值会逐渐下降，这是由生理上的退化所决定的。但是智力或精神上的价值还会有一个继续释放的时期，其能力或者下降，或者保持不变，或者还有所增强。所谓现实价值的再创造，是指老年人对社会做出新的贡献。

6. 人生价值问题突出也是老年人价值的一个特点

人生价值着眼于生命的全部意义或生活的意义。① 老年人进入晚年阶段，整个人生的价值或意义已经基本上定型，大部分生命的价值已经比较充分地体现出来了，对社会发展和对周围世界的影响作用也都得以认证。面对生命的晚期阶段的衰老和退出工作岗位，以及社会关系的快速变化，例如某些朋友和亲人的相继去世，年轻人与自己的疏远，诸多自己不理解问题的增加，加之衰老带来的各种障碍与日俱增，并且不得不面对死亡的日益临近，等等，老年人对自己人生价值问题会重新思考，如自己从前生活得是否有意义，今后继续生活下去是否值得，甚至重新调整自己的人生坐标。

二、老年人价值的社会评价

（一）老有所为论

老有所为论是我国近些年在老年学研究和老龄实际工作中发展起来的一种观点。这一

① 参见李德顺：《价值新论》，139 页。

理论包含着对老年人价值给以肯定的积极内容，即从老年人的经验、技术专长和文化传播等方面对其价值给以肯定。老有所为理论主要包含两种倾向性的观点，一是有条件的老有所为论，另一个是老年万能论。

有条件的老有所为论是有科学根据的。老年阶段在劳动参与率等方面表现的经济价值是下降的，在某些方面的创造能力是下降的，而在经验型的知识技能、道德观念方面是有优势的。

有条件的老有所为论是符合实际的，例如，认为老年人“保留着一定的甚至极大的优势，那就是老年人有着丰富的生活经验，对世事和人情有着广泛的阅历和深刻的体会，有着较多的知识和技能，在人生道路上经受过多方面的磨炼等。从这个意义上说，老年阶段应该公正地被看作是一个人成熟的阶段”。“老年人所具有的宝贵经验和技术专长，只有通过‘老有所为’才可以转化为有益于社会的生产力，从而变成社会价值。”① 这里指出了老年阶段的成熟性在于他们有着丰富的生活经验、体会和历练，老年人的价值要通过老有所为才能发挥出来。

老年万能论的观点倾向于认为老年是人生最成熟的阶段，老年人是无所不能的，凡是青年人能办到的老年人也能办到，甚至老年人能够办到青年人办不到的事情。这后一句话有其合理性，但是将老年人的价值夸大到绝对化的程度是不正确的，在实践上也是不可取的。

对老年人价值的认识应该本着全面的观点。很多人用特殊老年人的例子来推论出一般的结论，举出例子来证明老年人是有价值的，或者认为老年人的价值高于年轻人。例如，齐白石 80 岁时仍在作画，爱迪生 81 岁时仍在搞发明，等等。这种例子不胜枚举。毫无疑问，这些都是事实。但是，其他人也能举出年轻人发明创造的例子，例如日本的心理学家提到，物理学家牛顿 20 岁时发现了万有引力定律；量子力学家珀尔 21 岁时完成的硕士论文提出“金属电子论”，据说当时的评审委员会竟无人能理解他的理论；几何学家帕斯卡尔 17 岁时发现了关于圆锥曲线的“帕斯卡尔定理”。② 这些例子也是不胜枚举的，于是认为老年人无用。以上这两种视角都不是全面、客观看问题的方法，不利于对老年人的价值做出科学的评价。

（二）年龄歧视

所谓年龄歧视，是指依据年龄上的差别而对某一个社会群体做出不正确的评价，或者说是持有固定的成见。按英文原意，社会老年学中的 ageism 是专指对老年人的歧视，因为在现代社会中依据年龄而产生的歧视行为主要是针对老年人的。

对老年人的年龄歧视的原因可以从两个方面来解释，一是人们对衰老有厌恶心理，二

---

① 熊必俊主编：《老有所为的理论与实践》，11～12 页，北京，经济管理出版社，1993。

② 参见［日］长谷川和夫、［日］霍山德尔主编：《老年心理学》，114 页，哈尔滨，黑龙江人民出版社，1997。

是社会价值观念变化所致。厌恶衰老的心理可谓由来已久，在医学科学技术不够发达的时代，人们对衰老的厌恶是经常出现的。但是古代社会中，老年人的生产和文化知识具有较高的价值，因此，人们在观念上对老年人是以尊重为主的，文化上的崇老是主要的。现代社会中，虽然经济和科学技术的发展延长了人类的寿命，但是老年人在经济活动中的作用和社会价值下降了，人们在社会文化上对衰老的厌恶则相对地增加了。

现代化社会的价值观念具有贬低老年人的特征。从一般的价值观来讲，现代社会崇尚年轻有为、青春焕发、生命与活力；超人式的体魄和容颜的美丽被赋予了巨大的价值，可以轻易地换取财富，得到世人痴醉迷狂的崇拜，例如追星族们的所为；几乎在社会的一切领域中，人们无不崇尚创造力、快节奏、高效率和体能与智能上的杰出表现力，无不崇尚代表着伟大的力量、活力和征服力的动人形象。科学文化领域大肆宣扬和鼓励年轻的发明创造者、天才。青春和健康的主题几乎占据了广告和信息媒体中传播率最高的版面。毫无疑问，现代的价值观念在很大程度上冲击和影响着老年人的地位和尊严，由此所导致的年龄歧视是不可避免的。

年龄歧视的社会危害是不容忽视的。从老年人个人方面说，年龄歧视容易损害他们的切身利益，进一步降低他们的地位，不利于他们生活环境的改善以及老年人社会保护措施的发展。

年龄歧视的不利影响可以辐射到老年人之外的群体，对成年人或中年人也有不利影响。例如，在社会的用工制度或人事制度、教育制度上，以及在社会福利的分配上，甚至在科研项目的分配上，规定年龄上限，而不是从人的能力和对工作有利出发，不能不说是一种对年长者的年龄偏见。由此造成的人才浪费和对人的积极性的挫伤更是不容忽视的。

年龄歧视有害于年轻一代与老年一代关系的协调与沟通，很容易加大代际矛盾和障碍，不利于社会文化的继承和社会的持续稳定发展。因为它加深了青年人对老年人的偏见，伤害了老年人的感情和尊严。老年人的积极性得不到发挥，也不利于青年一代的发展。

但是，克服对老年人的歧视并不意味着要把老年人的地位提高到过分的程度。对其他年龄群体的歧视也是必须克服的，例如对年轻人的年龄歧视，也是不利于代际关系协调发展的。从社会稳定和可持续发展的角度讲，如果要保证不同年龄群体之间的良性协调的关系，必须克服各种形式的年龄歧视。《1982 年维也纳老龄问题行动计划》指出："社会发展的一项重要目标是实现一个不分长幼的人人融为一体的社会，在这个社会里，年龄歧视和非自愿隔离已被消除，而世代之间的团结和互助得到鼓励。"

三、老年人价值的自我评价

关于老年人价值的自我评价，可以概括为两种比较突出的倾向，一是乐观派的老年价值观，另一个是悲观厌世派的老年价值观。

乐观派老年价值观主要强调老年人人生意义中积极的方面。历史上代表贵族或上层利益和观念的老年人的自我价值观一般是乐观和积极的，表现为对老年人生的自我感受和自我生命的意义的正面评价。例如西方古罗马时代斯多葛主义哲学家和政治家塞涅卡在他进入老年之后，从人生哲学和宿命主义的角度谈论了老年人价值问题。他认为老年时代是人生中最有价值的，他写道："是的，我们应该珍惜老年时代，热爱老年时代。如果你懂得如何度过老年时代，那它是会充满快乐的。正是快要下市的果子的味道最为鲜美；青春是在它即将逝去的时候最具魅力；是那最后一杯酒让嗜酒成性的饮者感到快乐，使他达到最大的兴奋，进入忘我境界；每一次欢乐都是在它行将结束之时才达到高峰。""当我上床休息的时候，我们可以欢乐愉快地说：'我曾经活过，我现在已经完成了命运很久以前分配给我的任务。'如果上帝让我多活一天，我应该高兴地接受。"①

另一位著名的古罗马政治家西塞罗在62岁时写出了《论老年》，比较系统地阐发了他的老年价值观。他在该文中首先列举了人们通常感觉到的关于老年悲惨的四个原因，并一一进行了驳斥。接着他论述道：老年所从事的事业是不同于年轻人的，"成就大事情并不一定要靠力气、灵便或敏捷，而要靠谋划、威信和主张"，对此，老年人不是无所事事，而是大有作为；老年虽然体弱多病、力不从心，但"能维护自己尊严的老年人"，"精神是不会老的"；老年虽然逼近死亡，但如果死亡能引导灵魂抵达永恒存在的境界，何怕之有？人的一生是短暂的，但对善良诚实地过好一生的人来说是够长的了。西塞罗举出的最著名的例子是把老年人比作船上的"舵手"，把年轻人比作普通的杂役和水手。②

值得注意的是，这些乐观派强调老年人的价值是有条件的。比如塞涅卡说："如果你懂得如何度过老年时代，那它是会充满快乐的。""期待着明天而又不为明天是否到来发愁的人，才了解从容超脱的价值，因而也比别人更加懂得幸福。谁要是说过'我曾经活过'，他就会每天早晨起床时都会得到意外的收获。"③ 再比如西塞罗说："岁月流逝，不管活多久，一旦逝去，都不能慰藉庸碌之人的晚年。"西塞罗强调"只要老年人不断地勤奋努力，刻苦用功，他们会年老矍铄"。他明确提出老年期的不幸不是老年造成的，而是精神不健全或者在年轻时就过着无意义的生活所致。

老年价值的乐观论是可取的。其理论意义在于看到了老年人价值的特殊之处，即看到了老年人思想文化价值的重要性。同时，乐观论是有科学根据的，因为，随着科学技术和现代化的发展，老年人的社会价值在不断提高，而且有继续提高的无限潜力。

悲观论是指悲观厌世的老年自我价值评价。悲观厌世的老年人，在人生境遇上一般分为两种情况，一种是老年期受到了不公正的对待，另一种是中青年时期生活缺乏意义。后一种情况，例如在日本作家井原西鹤的作品《好色一代女》中，作者描写了追求享乐生活而堕落终生的老年女人的悔恨心境，作品流露出极其哀伤的叹息："山变成万木休眠的山，樱花树的枝头也呈现出雪映黄昏的景象。这是在等待早春时节的到来吧。唯有人随岁月的

---

① ［古罗马］塞涅卡：《幸福而短促的人生——塞涅卡道德书简》，38、40页，上海，三联书店，1989。

② 参见［古罗马］西塞罗：《老年·友谊·义务——西塞罗文集》，1～52页，上海，三联书店，1989。

③ ［古罗马］塞涅卡：《幸福而短促的人生——塞涅卡道德书简》，38、40页。

流逝，欢乐也付诸东流。特别是关于自己，追忆过去，那可真是万分羞愧。”[①]

老年人对自身价值的不同评价与其所处的地位有直接关系，也与其在老年期是否从事创造性的活动有直接关系，即晚年从事创造活动的老年人的自我价值感受与评价明显高于不从事创造活动的老年人。日本心理学家严井曾把从事创造性活动的老年人和不从事创造性活动的老年人分为两组进行对比研究，发现从事创造活动的老年人的感情模式接近青年人，而“情绪忧郁”者的自我评价明显低于从事创造活动的老年人。[②]

四、正确评价老年人价值的原则

评价老年人价值的根本标准是是否有利于社会发展。要正确地评价老年人的价值，或者说要树立正确的老年价值观，既不能只从老年人的角度来做结论，也不能只从年轻人的角度来做结论，应该是从社会发展的立场出发，以有利于社会经济的发展，有利于实现代际关系的协调，有利于社会的全面进步作为出发点。

不同立场的人、不同的社会群体，例如是否退休的不同的人，对老年人的评价也是不同的，都有一定的利益倾向。不然，代际矛盾就不会产生了。只有站在社会发展的高度来评价老年人的价值，我们才能达成比较科学、一致的共识。

对老年人的价值应该作历史和现实两方面的分析，才能认识清楚老年人的价值内容。因为老年人是走过了人生周期的大部分时段的人，他们的价值是历史价值与现实价值的结合，是历史的凝结与现实的创造的综合体现。只有承认老年人的历史贡献，保护他们的现实地位，保证他们晚年的生活需要才是理所当然的。否则，只是从现实价值看，那他们的贡献普遍是不如年轻人的，还要享受社会发展成果或提高老年人的待遇就很难说得通。也应该看到，有些老年人历史上有贡献，但现实可能就没有贡献，而有些老年人则现实仍然有贡献。他们的历史价值是过去的事情，现在的他们是历史贡献的载体或承担者。

对老年人的价值给以正确的评价，不在于将老年人的价值与青年人的价值按照一个标准去比，似乎非要比出个高低才肯罢休。如果这样做，就很难得出科学的结论。因为老年人的价值与青年人的价值是不一样的，从内容到各自存在的方式都有所不同。老年人的价值是以历史价值、精神道德价值和文化价值为主，青年人则是以现实价值和创造性的贡献为主。所以，两个群体不能按同一个尺度来衡量。研究老年人价值的目的是要发现老年人的真正贡献及其优势所在，实现世代之间取长补短，共同发展。

对老年人群体应该分层次观察其价值，不同社会阶层的社会价值不同，社会地位不同，各自的价值观也不同。在历史上，贵族阶级与贫民阶级老年人的社会状况有很大的区别。现代社会中，不同阶层、不同职业、不同文化背景，不同受教育水平的老年人之间都有一定的差别，需要给以具体的分析。如果笼统地讲老年人已经为社会做出了贡献，他们有经

---

① ［日］长谷川和夫、［日］霍山德尔主编：《老年心理学》，325 页。

② 参见上书，116～117 页。

验，他们的知识对社会仍有价值，而且举出大量的老有所为的例子来证明老年人是有价值的，就会以偏概全。作为一种宣传是可以的，但是如果是研究，就不够科学、不够准确了。老年人群体与其他群体一样，其内部是有差别的。而且，老年人经过一生的积累作用，个体之间的差别要大于其他群体内个体之间的差别。

对老年人的价值既要看到其积极、有利的一面，也应该承认其缺欠的一面。应该承认，多数老年人是有历史贡献的，而且很多老年人仍然有不同程度的现实贡献。但是也应该看到，有的老年人现在虽然是年长者，但在历史上或现实中对社会的贡献较少，或者根本就没有贡献，反而做过对社会不利的事情，这种情况也是存在的。老年人有一个发展自己的优势，克服缺点，改造主观世界，完善自我价值的任务，也有一个主动与年轻一代处理好代际关系，搞好协调与协作，共同发展的任务，而不应该摆老资格，被动地等待别人来尊敬自己。这样，才有利于代际关系的协调和社会的可持续发展。

五、老年人生价值的实现

人生价值是指个人的一生对他人和社会所具有的意义，也就是个人在一生中对他人和社会所作的贡献。

（一）关于老年人价值实现的老年学理论

流行于西方的现代化理论（modernization theory）的代表人物考吉尔和霍尔姆斯认为，老年人的地位与社会变迁成反比，高度的社会移动会降低老年人的地位。[①] 利奥·西蒂斯认为：正像他们的财产和给他们的荣誉所反映的，老年人的地位与一个特定社会的技术水平、社会经济的多样化和职业的专门化（或现代化）成反比。按照这一理论，当社会变得更加现代化时，老年人便会丧失各种社会权力、影响、领导地位；社会变化还会导致老年人脱离社团生活；年轻一代和老年一代在社会、道德、智力方面将会日益分离；年轻被颂扬为进步和有成就的代表，年轻是获得进步和成就的手段。[②] 在现代社会中老年人变得不具备价值，他们难以在社会中发挥作用。

伊莱恩·卡明和威廉·亨利于1961年初次提出了老年学的脱离理论（disengagement theory）。这一理论认为，老年人由于生理功能下降，社会参与能力降低，对社会不再有多大用处，从社会生活的中心撤出来对老年人和对社会都有积极的意义。这就彻底否定了老年人社会价值实现的必要性。

与脱离理论针锋相对的活动理论（activity theory）是由罗伯特·哈维格斯特从对美国堪萨斯市300名老年人6年的跟踪调查中建立起来的。该理论认为，成功的老龄过程在于保

---

① See Donald O. Cowgill and Lowell D. Holmes (Eds.), *Aging and Modernization*, Appletoncentury-crofts, N. Y., 1986.

② 参见［美］霍曼、基亚克：《社会老年学》，47页，北京，社会科学文献出版社，1992。

持充分的活力和积极参与社会，这样，老年人就会生活得更好，获得更加积极的自我形象，体现出他们的社会价值。

另一个当代西方老年学理论——连续性理论（continuity theory），是由美国学者纽加顿于1964年在《中年和晚年生活中的个性》一文中首次提出的。这一理论认为，人的整个一生中各个生活阶段的个性特征和功能是基本保持不变的；虽历经中年到老年的人生变化，但其个性和社会功能会继续保持下去的；年轻时对社会有贡献，老年时仍然会继续保持其社会价值。这就是说，老年人的社会价值是由其先前生活阶段打下基础的。这实际上是一种价值连续论。

显然，活动理论和连续理论的老年价值观具有更多的积极成分，脱离理论的看法更加消极一些，而现代化理论则侧重于从客观社会的变化来说明老年人价值与地位的下降。[①]

（二）老年人实现价值的途径[②]

研究老年人生价值问题，其主旨在于促进老年人生价值的实现，这主要涉及社会需要、社会支持和主动参与的问题。

1. 社会需要

实现人生价值的根本途径是社会实践。作为价值主体的老年人要实现人生价值，首先要考虑社会实践的需要，否则其价值是无从实现的。《中华人民共和国老年人权益保障法》第四章“参与社会发展”中所归纳的社会主义建设需要老年人参与的八项活动，实际上也就是社会实践的需要。这八项活动提出了老年人实现其人生价值的具体方向。应该指出的是，老年人并非只有参加正式的工作才能满足社会的需求，公益活动、社区服务、家务活动也是社会的需求，也是体现老年人价值的重要方式。

2. 社会支持

老年人是社会群体中的弱势群体，要参与社会，实现其人生价值，仅靠自身的力量是不够的，必须得到社会的支持。社会支持包括两点，一是提供必要的条件，比如，经费的投入、人力的支持、组织管理、协调关系，等等。二是坚持正确的舆论导向。老年人参与社会需要正确的舆论环境。一方面要敬老助老养老，充分考虑到老年人年老体弱的实际情况，另一方面又要尊重老年人，平等对待老年人，不能随意剥夺老年人的合法权利。特别是做儿女的更应注意不将自己的意志强加于老年父母。

3. 主动参与

实现人生价值的另一个条件是老年人的主动参与，这是价值客体与价值主体的能动与受动的统一问题。如果没有老年人的主动参与，再多的社会需求和再充分的社会支持也无法转变为老年人的人生价值。老年人的主动参与需要解决以下几个问题：

第一，培养参与意识。年老体弱常常会形成惰性，这就需要老年人读书读报、看电视、

---

① 诸派老年学社会理论见 William G. Cockerham, *This Aging Society*, Prentice-hall Inc, New Jersey, 1991。

② 参见邬沧萍主编：《社会老年学》，294～295页。

与人交流，激励自己的参与意识。有了参与意识就能获得很多机会，当然也就容易实现人生价值。一般来说，老干部和老知识分子的参与欲要强于老工人和老农民，老年男子的参与意愿要强于老年妇女，城市老人的参与意愿要强于农村老人。

第二，客观认识自己。老年人的自身条件千差万别，老年人应根据自身特点（性别、性格、身体状况、心理类型、家庭情况等）决定参与程度。无论是老有所为、老有所学，还是老有所乐，无论是继续就业、料理家务，还是娱乐保健，都是有益的参与方式，都有利于老年人生价值的实现。

第三，正确认识人生价值。评价人生价值的标准是客观的社会实践而不是老年人自己的观点。如果个人观点局限于周边环境，就会产生片面性。有些老年人盲目攀比，选择参与方向不当，给自己和国家造成损失。所以，正确认识人生价值，使个人评价与社会评价保持一致，也是老年人主动参与的重要一步。

第二节　现代化中的代际关系问题

代际关系一般是指两代人之间的各种关系，具有社会学和政治学的含义。这里所说的代际关系主要是指老年人与青壮年群体之间的关系，表现在经济、政治、思想文化以及生活与行为方式的各个方面。

代际关系应该从代际的差异和融合两个角度来理解。代际差异在社会发展过程中是普遍存在的，只不过各个时代的表现和影响程度以及处理的方式有所不同而已；代际协调与合作是每一个社会发展的必要条件。

“建立一个不分年龄、人人共享的社会”，必须是人人有公平的发展机会，不同年龄群体之间的关系必须是民主和谐的。一个社会的物质技术基础或物质文明、精神文明的传递、继承和发展，都有赖于良好协调的代际关系。

一、现代社会中代际关系的变化

现代化对年轻一代和老年一代关系的影响是很明显的，这种影响体现在社会生活和家庭生活的各个领域，对老年人和社会都有重要的影响。在现代快速变化的社会中，代际关系在经济、政治和文化意识方面都发生了急剧的变化。代际关系中出现了许多新问题，如代际利益分配的矛盾、代际分化、代际差距扩大或“代沟”等。

（一）代际经济关系的变化

1. 代际宏观经济关系的变化

从全社会的宏观范围来看，历史上的代际关系的问题并不突出。在传统农业社会的家庭经济中，老年人处于家庭经济活动的主导地位，年轻一代的经济作用的发挥和经济地位的确立要靠老年一代的帮助。因为那时生产经验主要由老年一代传播下来，技术等新知识创造的速度很慢，每个人一生中几乎没有机会经历大规模的知识和技术更新或变革。而且年轻一代的财产是直接从老一代那里继承下来的。同时老一代人在晚年要完全依靠年轻一代的赡养。这种以老年人为中心的相互依存式的代际关系是传统社会的特征。

在工业化时期，生产活动不再是家庭范围内的事情了，而是一种社会化活动。生产知识和技能的传授完全实现了学校规范化教育方式，而且知识和技术更新的速度加快，上一代人所掌握的知识很难完全适应下一代人的需要，教育内容和手段的发展日新月异。老一代人在生产活动中的权威地位发生了动摇。青年一代在经济上的独立性增强，不再完全依靠老一代人的帮助，他们自己的创造能力和旺盛的精力适应了社会化大生产的需要。其生活资料的来源可以通过自己的劳动获取，而不再完全寄希望于从长辈那里继承财产。他们的生活方式也发生了根本性的变化，不再局限和满足于传统的大家庭生活，而是追求独立的小家庭生活。两代人在生活方式上的差距不断拉大，老一代人倾向于保持稳定的、收支合理的生活方式，青年一代更倾向于现代化、快节奏、多元化和时尚的生活。

从养老的角度看，工业化和现代化使传统的家庭范围内的代际赡养关系转变为社会范围内的事情，老年人越来越多地依靠社会化养老制度。

现代社会中的代际经济关系表现为上一代人创造的经济成果为下一代人所继承，成为社会继续发展的基础，同时上一代人退休后要从在职人员的生产成果中取得消费资料，而且经济上的自养逐渐成为社会的主流。

在这种现代型的经济关系中，也容易出现不协调的情况。在社会发展过程中，当代际利益分配制度不适应或不合理时，在职劳动者与退休的老年人之间在利益分配上的矛盾很容易出现。例如，当今日本的退休金达到了世界最高水平，年轻人提出“不能为老人承受过大负担”的口号，两代人在经济利益上的矛盾有愈演愈烈之势。① 美国近年来提出了“代际不平等”的问题，主要是指“老年人的经济状况比青年人好”，因为社会保障和医疗计划“造成了社会资源代际不平等分配”，社会资源向老年一代倾斜，大量的财政赤字和日益增加的老年人口使代际矛盾不断加剧。②

在中国经济发展水平较低的情况下，我们的问题与美国正好相反，代际经济利益上的矛盾在经济转轨和人口结构快速老龄化的时期，表现为老年人经济保障的不足和滞后于社会发展的问题。

目前我国社会的代际矛盾也有增加的趋势。但是，代际矛盾表现在每一个具体单位中，情况有所不同。在新建的单位或企业中，由于没有多少退休职工，因此没有明显的代际矛盾问题，而在老企业或建立时间悠久的单位中，养老保障问题则较为突出。例如某些企业

---

① 参见日本经济新闻社：《老龄化社会——无形的革命》，10～18页，北京，新华出版社，1987。

② 参见［美］玛丽·乔·吉布逊：《公共健康和社会政策》，见［美］哈尔·肯迪格等编：《世界家庭养老探析》，101页，北京，中国劳动出版社，1997。

或事业单位不能保证全额发放退休金和保证医疗费的报销，出于经济效益和眼前利益的考虑，企业首先保证在职人员的利益，因此退休人员的利益缺乏保障，由此导致的代际矛盾较为严重。

从时间的角度观察，两代人利益的关系就是社会的当前利益和长远利益的关系。如果不能正确处理新老两代人的利益关系，也就意味着不能正确处理好社会的当前利益和长远利益的关系。一般情况下，如果老年人的利益不能得到保证，那么从社会发展的角度看，也将会损害在职人员或当代人的将来利益，两个方面是相辅相成的。对这种深层次利益关系的理解，如果不是从社会可持续发展的角度看问题，是难以全面认识的。

2. 代际微观经济关系的变化

从微观变化上研究代际关系，主要是观察父辈与子辈之间经济上的直接互动关系。在传统社会，在以家庭经济为主导的条件下，人的经济来源和代际供养与抚养关系主要发生在父辈与子辈之间。现代化使人的经济生活向社会方面转移，父辈与子辈之间直接的经济来往逐渐减少。在现代社会，老年人从社会保障中得到的经济支持增加，从子女那里得到的经济支持减少。子女一代在经济上独立的趋势也在增强。

日本《每日新闻》的一项长期调查显示，老年人在经济上依靠子女的比例有下降的趋势。1950年至1988年期间的调查结果显示：老年人希望依靠子女的比例从64.8%下降到18.8%，不希望依靠子女的比例从19.6%上升到59.0%；社会认为已婚妇女赡养年迈父母是“好习俗”的比例从41.8%下降到25.1%。①

美国1975年的一项调查显示，65岁以上老年人经济收入来源中，来自子女或其他亲属的经济援助占1%～4%的比例。② 还有一项估计，美国20世纪80年代老年人从子女那里得到现金资助的比例不到1/10。③

在我国家庭代际经济关系中，新老两代人代际经济流动具有明显的双向性特征。一方面子女仍然对老年人给以经济赡养，另一方面，老年人对子女的抚养供给仍然存在。这是传统型代际经济模式继续存在的体现。2000年“中国城乡老年人口一次性抽样调查”结果显示，我国老年人与子女的经济交流实际上是双向的。城市有将近95%的老年人给过子女钱，有96%的老人给过孙子女钱。城市老年人的子女给赡养费的比例占28.2%。可见，城市多数老年人是自我养老。农村老年人中有49.2%的人从子女那里得到过钱，有13.2%的老年人给过子女钱。城市老年人中有48.7%的老年人把子女作为第一意愿经济保障来源。农村则有高达82.4%的老年人的第一意愿经济保障来源选择的是子女。子女给予老年人的经济支持很明显，农村老年人对子女依靠程度较高。

---

① 参见［日］小川直平：《经济发展中老年人的资源》，载［美］哈尔·肯迪格等编：《世界家庭养老探析》，74～75页。

② 参见［美］里查得·C·克伦塔尔：《老年学》，473页。

③ 参见［美］戴维·L·德克尔：《老年社会学》，253页。

（二）代际政治关系的变化

代际关系在经济上的变化反映在政治上，必然表现为代际政治关系的变化。工业革命的发展导致封建等级制的彻底瓦解，现代社会在政治上出现了民主化和多元化的发展变化特征，必然导致代际关系发生新的变化。代际关系的这种变化主要体现在代际平等化趋势的增强，例如政治上的论资排辈问题得到了解决。

通常所讲的“论资排辈”的“资”大多数情况下指的是“年资”，指的是工作任职年限，实际上注重的是与年龄直接相关的经验。“排辈”的“辈”指的是辈分。这种政治关系模式包含着长辈必然具有优越性和高人一等的内在含义，而年轻人必须听命于长者。

在现代化之前的传统社会，在两代人所扮演的社会角色中，论资排辈往往起着重要的作用。这种社会对人的社会角色的选择和晋升主要是考虑年龄和经验，偶尔个别年轻的、初出茅庐的人才被选中常常是靠“伯乐识马”，或是通过严格的考试制度、科举制度。社会等级的顶端主要是年长者，一般是地位越高年龄越大。

论资排辈实际上是对年轻人的年龄歧视。因为它是一种“台阶论”，是以年龄和经验作为角色选择的条件，而不是以工作业绩、才能或能力作为人才选拔的标准。从产生的原因看，论资排辈的做法源于封建等级制度和封建家长制度。在现代化以前的社会中，论资排辈之所以能够实行下去，一是因为老年人在社会上受尊敬，而且掌握了不受挑战的权力；二是因为这一制度在社会上确有其存在的价值，老年人政治上的经验很有效用；三是因为那时多属年轻型，老年人死亡率很高，寿命不长，居于社会等级顶层的人口更替较快，年轻一代接替老年一代位置的时间间隔较短，老年一代也容易得到中年一代的支持；四是因为论资排辈制度是按工作年限晋升，容易操作，可以在一定程度上减少代际矛盾。

从科学的角度讲，把年龄和经验绝对化就看不到人在增龄过程中生理和心理老化的问题。全部由老年人担任社会的领导职位不利于事业的发展。同时应该看到，经验必须通过不断的科学总结和与实践结合才会对工作有指导意义。工作成就并不完全与年龄相关，还要取决于人的意志、事业心等心理与政治素质。在现代社会中如果继续实行论资排辈制度，就会加剧在社会晋升机会上的代际矛盾，不利于年轻人才的成长和事业的发展。

我国在改革开放之前的一定时期内，论资排辈的问题曾比较严重。西方学者戴维斯·弗理德曼在他的题为《代际不平等和中国革命》一文中说：“我不只是从代际流动性一个问题去看，而是从年龄差别的多方面去看。我发现尽管在1949年后的中国社会内部没有按年龄划分的全面分层，但在占统治地位的政治与经济的公共机构中却有一种普遍的年龄偏见，这种偏见有意地把老的‘先来者’放在比年轻的‘后来者’优越的地位。”[①]这种问题应被看作是传统体制影响的结果。

现代化的发展要求办事高效率，追求利益的最大化，必然实行竞争制度和鼓励有创造能力的人才走上前台。这种政治、人事制度的变革是通过普遍选举制度、竞选制度和民主

---

① 转引自田森：《中国老龄问题研究》，85页，杭州，浙江人民出版社，1988。

参政议政制度来实现的。我国近年来通过废除领导干部终身制、干部“能上能下”和实现干部队伍的知识化、年轻化等措施，逐渐破除了论资排辈的传统陋习，实现新老代际交替、良性循环，提高了工作效率。这种变革使代际政治关系趋于平等化、科学化，是社会进步所需要的，对社会经济发展具有进步意义。

（三）代际价值观的变化——“代沟”问题

受现代化的影响，代际关系在文化价值观上的变化是极为明显的。这主要是指新老两代人的观念意识、文化价值观的差距扩大，或者说代际价值标准发生了分化。当这种分化扩大到一定程度，代际形成了差别明显、相对固定的价值观念时，便出现了所谓的代沟问题。

代际价值观的差别扩大到难以沟通的程度即产生代沟。从一般原因来讲，由于新老两代人经历的社会过程不同，因此形成的思想意识观念、行为方式都有所不同。

具体到不同的社会中，传统社会的社会变革速度缓慢，虽然两代人经历的社会过程有所区别，但是在基本的文化模式上是不变的，所谓的“天不变，道亦不变”，价值观以传统为导向，以老年人所代表的思想观念为指导；年轻人即使有非正统的思想，有创新的观念，也很容易被传统文化快速地同化掉。因此传统社会人的生活也被称为“没有代沟的人生”[①]。工业化或现代化使社会变革的速度加快，两代人所经历的时代可能是截然不同的，因此对问题的看法也可能是大相径庭的。同时，现代化鼓励创新，否定传统的、固定不变的思维模式和行为准则，这在很大程度上代表了青年人的需求，有利于青年人地位的提高。新一代人的生活方式和思想观念脱离老一代人的传统，发生“世代独立”[②] 化，拉开了距离[③]。因此，代际价值观的分化是必然的；当分化到明显的程度，代沟的形成也就是难以避免的了。

西方学者对代沟的成因做出了各种研究。比较有代表性的是米德的“技术决定”论、帕森斯等人的“社会地位差别悬殊”论和汤因比与池田大作的“体制形成”说。

米德的论断是建立在她的“青年亚文化”的理论基础上的。该理论认为，社会化影响着文化的变化。传统社会中，代表父母一代的文化是在发展比较缓慢的文化体系中形成的，可以成为子女的楷模，因此可以要求子女适应父母的生活方式。但是当今十分迅速的社会变革使父母传授给子女的文化在子女未及成年就变得毫无用处。因此社会化的过程从家庭转到了同龄组。米德又把代与代之间的关系归结为三种类型的文化：楷模文化（post-figurative culture）、并存文化（co-figurative culture）和预示文化（pre-figurative culture）。楷模文化是指青年接受父母的文化传统，并存文化指人们吸收属于自己同龄团体的价值观，预示文化指父母向子女学习从来未经历的事情。米德在其《文化与义务：代沟研究》（1970）一

---

① 张铭远：《中国人的人生曲线》，175页，北京，中国人民大学出版社，1988。

② ［美］戴维·L·德克尔：《老年社会学》，254页。

③ 参见［新加坡］房展允：《老年人与家庭成员的关系，家庭与老人》，178页，北京，中国文联出版公司，1997。

书中写道："原始社会和宗教、意识形态小团体通常是楷模文化，从过去汲取权威。各种伟大的文明为了进行变革而必须发展技术，其特点是采用向同龄人——伙伴、同学和同事——学习的并存文化。今天，我们正在进入一个新的历史时期，青年人正在赢得尚不为人所知的新的权威，即用预示文化来认识未来。"这是因为"在过去总有一些长者，由于在特定的文化系统中积累的经验而比青年知道得多。今天不再如此了。……没有一个长者能够了解二十岁以下的青年所知道的关于他们生活世界的事情。……没有任何一代能像今天的青年一代那样了解、经历和吸收在他们眼前发生的如此迅猛的变革"。

代沟是社会高度技术化的产物。现代技术提供给人们更高的物质享受，但却要牺牲以家庭为轴心的传统生活方式。随着技术的发展，社会变得具有高度流动性。技术进步向青少年提供了迅速获取信息的电视和自动化的生活设备，提供了各种社会服务机构和交往的机会。青年人完全可以在社会上独立发展。注重效率的生活极大地减少了代际交流的机会，代际感情淡漠，以至于形成不可逾越的代沟。①

帕森斯等人认为代沟的直接原因是社会两代人之间社会地位悬殊化，是社会地位悬殊的表现。汤因比和池田大作在他们的《展望二十一世纪》的谈话录中专门谈论了"代沟与体制"，认为老一代人维护体制，因为体制关系到他们的权威和利害；年轻人认为体制剥夺人的自由和生命，为了维护人的尊严必须破除体制。② 于是代沟必然产生。

以上观点从现代化的社会发展及其社会结构转变上寻找代沟形成的原因，接触到了问题的实质，例如从技术和社会变革以及社会地位上找寻原因。但是，这些学者对代际差异多有夸大的倾向，将代沟绝对化和将代沟的问题扩大化，走到了极端化的一面。

虽然代际是有差别的，而且随着现代化的发展代际差别有扩大的趋势，甚至出现代沟，但是代际又存在着协调与一致的一面。代际的协调与一致历来是社会文化继承的一个必要的条件。同时我们应该看到，在任何一个社会，老年人所代表的传统文化对社会发展都有某些积极的作用，某些传统的文化（包括知识、思想道德和习俗）对于社会发展是必不可少的，不应该全盘否定。

在我国的现代化过程中，不可否认，代际差异或代沟也是存在的。有的研究者认为，我国两代人之间存在隔阂，不意味着两代人之间存在着西方世界的所谓"代沟"，社会主义中国并不存在代沟。③ 这是说不通的。因为我国正在经历快速的现代化过程，以上西方学者所提出的代沟产生的原因，多数在我国也存在。例如，随着技术的快速发展，我国社会中两代人之间在经济地位上在不断拉大差距。此外，西方的文化价值观对社会的影响在加深，思想观念上也正在形成多元化的格局。而且从实际上看，虽然代沟对于代际合作具有一定的负面影响，但并不是什么非常可怕的社会灾难，相反，在一定程度上，代际的矛盾可以

---

① 参见王雷主编：《跨越代沟》，26～28 页，太原，山西人民出版社，1989。

② 参见［日］池田大作、［英］阿·汤因比：《展望 21 世纪》，2 版，152～153 页，北京，国际文化出版公司，1997。

③ 参见田森：《中国老龄问题研究》，81 页。

促进两代人的竞争，增加社会活力，推动社会进步。问题的关键在于如何在建设有中国特色的现代化过程中，按照联合国“建立一个不分年龄、人人共享的社会”的基本原则，从政策上处理好代际矛盾，保证社会协调与可持续发展。

二、现代社会中代际关系的调适

（一）按照社会可持续发展和全面进步的原则处理代际关系

可持续发展理论的含义包括三个方面：一是持续的经济增长是可持续发展的实质；二是发展的宗旨是提高人类当代及后代的生活质量；三是可持续发展的中心问题是社会进步和人的全面发展。[①]

可持续发展包含的重要内容是代际的“可协调性”和以人为中心的社会全面进步。具体到老年人与年轻人的关系上，必然要提出“可协调性”和“共享”的问题。因为，社会的代际交替必然表现为老年人与青年人在社会发展中的交替关系；实现可协调性的交替是社会可持续发展的需要；而可协调性又必须以代际对社会资源和发展成果的共享作为条件，否则，可持续发展是不可能实现的。

为了实现有中国特色社会主义现代化和社会可持续发展的战略，提出了协调代际关系，重视老年人的社会价值与保护老年人的社会地位的历史要求。因为，现代化和可持续发展必须充分和有效地利用一切社会人力资源。如本书前文所述，老年人具有极为重要的社会价值，这些价值必须得到重视和发挥，否则，将是对人力资源的浪费，既不利于老年人的发展，也不利于青年人的发展，现代化和可持续发展也不可能实现。如果只是从眼前利益看问题，那么代际利益矛盾在很多情况下是难以调和的，但是从长远的、可持续发展的观点看问题，代际利益是一致的。保护老年人的社会地位，消除老年人群体中的生活贫困和健康得不到保障的问题，是实现以人为中心的社会全面进步的需要，也就是实现社会可持续发展的需要。

（二）实现代际成果共享，和谐发展

联合国为1999年国际老年人年提出了“建立一个不分年龄、人人共享的社会”的主题，其深刻内涵就在于，不以人的年龄作为划分社会等级和取得社会权益的标准，社会中的各个年龄组在参与社会发展和享受社会发展成果的权利和机会上是完全平等的；把老年人视作社会平等的一员，他们的尊严和地位必须得到应有的承认和保护，而且更为重要的是不把老年人单纯看作社会的弱者和依靠他人救济以及领取退休金的群体。相反，他们有权利也有能力全身心地参与到社会发展中去。他们既是发展的受益者，也是参与者，他们的社会价值和地位必须得到普遍的认同和实现。

“共享”的含义更为深刻和贴切，符合现代生活中老年人合法权益的需要。因为，老年

---

① 参见邬沧萍、穆光宗：《中国人口的现状和对策》，104～105页，北京，清华大学出版社，1998。

人群体虽然退出了劳动领域，但他们是先前生产劳动的直接参与者，为社会发展做出了贡献，而且他们仍然在以各种方式参与社会的发展。因此，他们从社会获取生活资料和参与社会发展的权利是平等的、理所当然的，不应该含有丝毫的被他人施舍的意思。

老年群体由于退出了直接生产和直接分配的领域，他们的经济收入相对低于在职人员，甚至容易演变成为相对贫困化的群体，经济地位有所下降。加之老年人生理上的原因导致身体健康状况普遍下降，他们的社会参与能力和晚年自理能力也不能保持如初。因此，老龄问题不断出现和加剧，并演化成为社会性的问题。

现代化的发展目标是要实现每一代人的生活质量得到普遍的提高，实现公平与正义和社会利益的最大化。如果老年人的问题不能得到社会的关注和合理解决，那么现代化发展的目标就不能说得到了实现。而建立“不分年龄、人人共享的社会”，正是现代化发展目标的题中应有之义。

（三）实现政治上的“老中青三结合”

从社会发展的历史经验和现代化的需要来看，政治领导集团中老中青三代结合是十分必要的，因为这样可以发挥各自的优势，有利于社会和谐稳定发展。老年领导人具有丰富的实践经验，有威信，深谋远虑，善于处理复杂的问题。中年人年富力强，兼有老年人和青年人的优点，可以起到承前启后的作用。青年人朝气蓬勃，易于接受新事物，创造力强，很少受条框的束缚，奋发有为。政治领导者对社会发展所担负的责任更加重大，三代人的良好结合可以更好地发挥综合的政治优势，这对于国家和社会的政治稳定与发展是十分有利的。从20世纪80年代初开始，邓小平同志多次提出改革我国干部终身制和实现干部队伍的革命化、年轻化、知识化、专业化的任务，并身体力行地带头从领导岗位上退了下来。经过近些年的改革与发展，我国干部队伍基本实现了“四化”的要求，这对于我国社会的可持续发展是极为有利的。

第三节　弘扬传统孝文化的合理成分

我国传统的“孝”文化中包含着中华民族优良的文化传统，无论在古代还是现代，孝文化中的合理成分都是调适代际关系的重要精神文化资源。在新的历史条件下，科学继承和正确对待孝文化具有重要的现实意义。

一、传统孝文化的主要内容

“孝”的基本含义是善待长者，奉养父母。孝敬老人是指给老人以物质上的赡养和身体上的照料，还包括态度上的“孝敬”，即精神上的慰藉，亦即情感的交流和精神上的愉悦。

以孔子为代表的儒家学派认为，“事父母能竭其力”、“有事，弟子服其劳”是“孝”道的起码要求。孟子进一步发展了孔子的学说，在“能养”的基础上倡导“善养”，“大孝尊亲，其次弗辱，其下能养”。这就把孝分为三个层次，在满足父母基本的物质生活需求之后，再让父母有尊严、受尊敬地安度晚年。孝敬父母被儒学认为是人的本性，如《孝经》所写的，“夫孝，德之本也，教之所由生也”。这些构成了儒家思想中“孝”文化的基本内容。

具体来说，孝文化的养老支持关系体现在经济支持、行为支持和道德支持三个方面。经济支持主要体现在物质支持方面；行为支持是指照料支持；精神道德支持是指礼仪和精神道德上的尊敬和服从。经济支持是对老年人的最基本的支持。传统社会中，“孝”文化对老年人养老的经济支持主要是以物质支持的形式出现的。在如今的现实生活中，子女对老年人的赡养也主要体现在经济赡养方面，即给父母提供足够的钱和物，以满足老年人的晚年生活需求。这在诸多的调查数据中已经得到证明。例如2000年“中国城乡老年人口一次性抽样调查”结果说明，有31.6%的子女给老年人赡养费。随着经济的发展，越来越多的老年人在经济上摆脱了传统意义上的对家庭成员的依赖，从而使传统的家庭养老功能逐渐发生转变：养老从经济性和物质性的支持转向情感性的支持和服务性的支持。

二、弘扬传统孝文化合理成分的现实意义

孝文化中的合理成分是解决我国现阶段老龄问题和老年人赡养问题的重要思想文化资源。伴随着人口数量的增长和人口规模的持续膨胀，我国老年人口在总人口中的比重快速提高，进入了人口老龄化国家的行列。人口老龄化及老年人口问题不断地凸显出来。由于我国是在生产力尚不发达、社会保障体系尚不健全的情况下进入人口老龄化社会的，如何解决由此带来的老年人的赡养问题，使众多的老年人老有所养、安度晚年，最大限度地降低人口老龄化的负面影响，是我们面对的一个十分严峻的挑战。借助孝文化中的合理成分，有利于解决我国的老龄问题。

当今社会，在发展市场经济过程中，经济利益至上逐渐成为主导人们行为的准则，价值观的变化导致代际关系不稳定的问题时有发生，孝的伦理原则逐渐淡化。与传统社会相比较，孝文化对养老的支持作用在弱化，不仅是经济支持的弱化，还表现在照料支持、精神支持和思想道德支持的弱化。

中国作为礼仪之邦，向来就有尊老爱幼的优良传统。而在现实社会中，传统的以家庭养老为主的方式面临挑战，家庭养老功能弱化，并且随着社会经济、福利和服务体系的发展，家庭养老的功能逐渐转向社会养老和自我养老，并且随着社会现代化进程的加快，这种趋势越来越明显。在各种媒体中，虐待老人和赡养老人纠纷案例不断地被披露出来①，发

① 如：《云南日报》2002年1月的一篇报道披露，一个儿子将亲生父亲的多根肋骨打成骨折，悲痛欲绝的父亲服毒身亡；人民网报道，一位老人为了在儿子家吃一顿肉而遭到儿子和儿媳追赶，绝望地服毒自杀；《中国老年》杂志2004年11期报道了江西一位老人为获得儿子的精神慰藉而将儿子告上法庭。

人深省。诸多赡养老人纠纷、虐待老人案例的发生，从很大程度上说明了当代经济、文化的发展不能满足老年人的需求。因此，弘扬孝文化中的合理成分对当今家庭养老具有重要的现实意义。

三、在新形势下弘扬传统尊老文化的对策思考

第一，努力提高农村中青年人的经济收入，提高他们尽孝的能力，保证农村老年人的经济赡养水平和质量。在孝文化对家庭养老起作用的过程中，经济因素起着重要作用，甚至是决定作用。没有经济的支持作用，再有孝心也不会发生实际作用，老年人也不会享受到子女孝心所带来物质上的享受和心情上的愉悦。特别是农村地区经济生活条件远远落后于城市，农村老年人养老中所存在的问题比城市更多。协调区域经济发展和重视农村经济发展，对老年人养老问题的解决起着重要作用。

第二，在政策法规建设中，要有支持孝敬老人的规定。建立健全必要的相关制度规定，使承担养老的主体不仅依靠自己的良心、道德水平和对父母的感情，还应拥有更多的制度规范上的实际利益。如对那些有老人的困难家庭给予支持，帮助家庭使之具备孝敬老人的条件。再就是把孝文化纳入国家的法律法规制度建设、人事制度建设等体系中，使整个社会的行孝、养老等都有法可依。

第三，加强孝文化思想精华的宣传，形成全社会孝敬老人的良好风气。辩证地对待传统孝文化，继承和发扬其精华。加强政府、社会组织、学术团体等在孝文化精神建设方面的支持力度，积极发扬优良的养老尊老敬老的孝文化传统，使全社会形成孝敬老年人的责任意识；发挥媒体的作用，对尊老敬老的思想和行为进行宣传，使人们从小就形成孝敬老人的良好意识；把依法治国和以德治国有机地结合起来。

现代社会中，我们重提孝文化或者重视孝文化，并不是对传统文化的照搬照抄或者全盘继承，而应该是持辩证的态度。对于传统孝文化的糟粕部分，如“割股疗疾”、“卧冰求鲤”等愚忠愚孝的行为和思想应予剔除，而对其中的有价值的部分则应根据现实情况，赋予其新的含义，使其与时俱进，发挥积极作用，顺应社会和民意的发展要求。孝文化的推行不能要求子代的过分牺牲。孝道的提倡和推行只有建立在平等尊重、互爱互助的基础上，才能使家庭生活和谐，社会健康协调发展。

本章要点

1. 老年人的社会价值指的是老年人对社会的效用和贡献。从老年学的角度来讲，对老年人社会价值的研究需要关注老年人社会价值的特殊性、对老年人价值的评价以及老年人生价值的实现诸方面内容。

2. 老年人的价值直接受生理的退行性变化的影响。受生物自然规律决定，老年期生理

功能逐渐老化，导致各种疾病增加，健康问题增加，老年人重新学习和继续社会化的能力、社会参与的能力遭到了越来越多的削弱。

3. 老年人的价值具有明显的历史性。老年人价值的历史性体现在他们一生为社会所做的贡献上，这种贡献已经体现在历史发展之中。这种价值是老年人价值构成的主要部分。

4. 年龄歧视是指依据年龄上的差别而对某一社会群体做出的不正确的评价，或者说是持有固定的成见。社会老年学中的 ageism 是专指对老年人的歧视，因为在现代社会中依据年龄而产生的歧视行为主要是针对老年人的。

5. 要正确地评价老年人的价值，要树立正确的老年价值观，既不能只从老年人的角度来做结论，也不能只从年轻人的角度来做结论，应该是从社会发展的立场出发，以有利于社会生产力和生产关系的发展，实现代际关系的协调，以及社会的全面进步为出发点。

6. 活动理论认为，成功的老龄过程在于保持充分的活力和积极参与社会，这样，老年人就会生活得更好，获得更加积极的自我形象，体现出他们的社会价值。

7. “建立一个不分年龄、人人共享的社会”，必须是人人有公平的发展机会，不同年龄群体之间的关系必须是民主和谐的。一个社会的物质技术基础或物质文明、精神文明的传递与继承，都有赖于良好协调的代际关系。

8. 受现代化的影响，代际关系在文化价值观上的变化是极为明显的。这主要是指新老两代人的观念意识、文化价值观的差距扩大，或者说代际价值标准发生了分化。当这种分化扩大到一定程度，世代之间形成了差别明显、相对固定的价值观念时，便出现了代沟问题。

9. 我国传统的“孝”文化中包含着中华民族优良的文化传统，无论在古代还是现代，孝文化中的合理成分都是调适代际关系的重要精神文化资源。在新的历史条件下，科学继承和正确对待孝文化具有重要的现实意义。

基本概念

老年价值观、老年社会价值、老有所为、年龄歧视、脱离理论、活动理论、代际关系、代沟、孝文化

复习思考题

1. 老年人社会价值的含义及其特殊性是什么？
2. 为什么说年龄歧视是错误的？
3. 为什么正确评价老年人的社会价值要从社会发展的角度出发？
4. 现代社会中的代际关系发生了哪些变化？
5. 为什么说科学继承和正确对待孝文化具有重要的现实意义？

推荐阅读书目

1. 邬沧萍，主编．社会老年学．北京：中国人民大学出版社，1999.
2. 姜向群．老年人的社会价值与社会地位研究．北京：知识产权出版社，2005.
3. 高成鸢．中国的尊老文化．天津：天津人民出版社，1992.

第十三章

老龄政策

人口老龄化和高龄化凸显了老年人问题。对于“未富先老”的我国来说，老年人问题更是表现出了前所未有的多方位、多层次、综合性和长跨度等特征。老年群体属于弱势群体，依靠自身努力很难解决这些问题，必须通过政府制定政策和实行政策倾斜，才能保护老年群体的合法权益，不断提升老年群体的生活质量和生命质量，实现共享社会发展成果的目标。

第一节　老龄政策的定义、性质和特征

一、老龄政策的定义

什么是政策？目前有不同角度的界定。比如，《现代汉语词典》认为，政策是“国家或政党为实现一定历史时期的路线而制定的行动准则”[①]。德国学者马克斯·韦伯在《经济与社会》一书中认为，政策是“对某一特定的事情进行有计划的处理和领导”[②]。政策科学创始人哈罗德·拉斯韦尔认为：“政策是一种含有目标、价值和策略的大型计划。”[③] 美国学者卡尔·弗雷德里奇认为：“政策一词最普遍的社会与政治用法，是指行动过程或有目的的行动过程。”[④] 我国学者在《社会政策导论》中提出，政策是正式的社会组织，包括政府也包括其他各种类型的组织，为了有计划地处理某些事务、解决某些问题、做出某些改变等，有意识、有目的地设计的行动原则和行动方案。这些行动原则和行动方案的形式化的表达方式可以是法律、法令、规划、计划、条例、规章、规定、指示等。[⑤]

---

① 《现代汉语词典》，1477页，北京，商务印书馆，1983。

②③④ 杨伟民：《社会政策导论》，28页，北京，中国人民大学出版社，2004。

⑤ 参见上书，29页。

从这些定义可以看到，政策的定义至少应该包括三个组成部分：

（1）制定者。政策是一种强制性的或引导性的行为规范，尽管非官方的组织和个人可以参与政策的制定过程，但只有公共权威组织才能最终决定政策的制定和实施，并非任何组织或团体都可以制定政策。因此，明确制定者应该是进行政策界定和实施的基础。

（2）目的或法理依据。政策是阶段性的行为规范和利益调整。任何政策都是针对国家整体利益和社会经济发展需要而制定的，不可能照顾到社会的所有方面。一项政策的提出和形成，总会有利于大多数群体，但也不可避免地会影响到极少部分群体的利益。因此，在制定和实施某项政策时，为什么要制定这些政策，实施这些政策要达到什么目的，制定这些政策的法理依据是什么，这些都是政策定义中应该包括的。

（3）方式。政策是一种行为规范，但这种行为规范可以有不同的约束程度。有的政策是强制性的，不管你同意不同意，都必须执行。有的是引导性的，要求你的行为符合某种规范，但不是强制性的。

根据对政策定义的分析，我们认为，老龄政策是指国家、政党以及具有社会公共权威性质的组织和机构为解决老龄问题和维护老年群体的合法权益而制定的行为规范。

这个定义包括四个限定词：

（1）社会公共权威组织或机构。老龄政策制定者是社会公共权威组织或机构。那么，什么是社会公共权威组织和机构呢？社会公共权威组织和机构是指能够得到民众拥护和制度认定的并能够有效行使管理公共事务职能的组织或机构。在我国现行体制下，立法机构和各级政府以及中共中央等均为公共权威组织。在单位范围内，领导和管理班子也具有单位内的公共权威性质。

（2）老龄问题和老年群体。老龄政策的目标问题是老龄问题，包括人口老龄化问题（发展问题）和老年人问题（人道主义问题）；老龄政策的目标群体是老年人。根据我国相关规定，年满60周岁（男性）或55周岁（女性）人口均属于老年人口。

（3）合法权益。人们享有的权益可以有多方面的界定。老龄政策要维护的是符合宪法、全国性或地方性法律法规赋予老年人的权益。

（4）行为规范。主要指政策的推行力度和范围。

二、老龄政策的性质

从政策科学角度来看，老龄政策属于社会政策，但也是公共政策。

公共政策是社会公共权威在特定情境中，为达到一定目标而制定的行动方案或行动准则，其作用是规范和指导有关机构、团体或个人的行动，其表达形式包括法律法规、行政规定或命令，国家领导人口头或书面指示，政府大型规划、具体行动计划及相关策略等。[①]而社会政策是一定地域范围内的公共权威机构制定的，使个人或家庭可以在市场之外以非

① 参见谢明：《公共政策导论》，5页，北京，中国人民大学出版社，2002。

等价交换的社会供给方式得到可以直接支配或使用的资源，以满足社会性的认识到的个人需求、增进公民的个人福利和社会福利的政策。①

公共政策与社会政策相互联系而又有所区别。

其联系主要表现在三个方面：第一，公共政策和社会政策均处于国家政策体系的范畴之内，社会政策是公共政策的组成部分。第二，公共政策是制定社会政策的基础。社会政策是面对特定人口群体的，但社会政策不能违背公共政策的基本原则和法理。第三，在一定条件下，公共政策和社会政策可以发生转化。

其主要区别是：第一，公共政策是面向所有群体的，而社会政策一般是针对某个群体的。第二，公共政策包括政治、经济、文化等各个方面，而社会政策一般偏向于社会福利部分。第三，公共政策是通过增进社会福利来提升个人福利，而社会政策是通过提升个人福利来增进社会福利。第四，公共政策可能较偏重于实证的科学论证，而社会政策则可能更多地受到价值判断或伦理意识的影响。

从公共政策和社会政策的异同点来看，老龄政策首先是一种社会政策：第一，老龄政策具有排他性，目标群体只是老年群体而不包括其他群体。第二，老龄政策具有社会福利性，老年人的经济支持和福利问题构成了政策的核心。第三，老龄政策具有伦理性，政策制定时需要考虑我国尊老敬老的文化传统和对弱势群体的人道主义支持。其次，老龄政策也具有公共政策的色彩：第一，从生命历程角度看，老龄政策对所有群体都是有益的，因为所有的人口群体最终都会进入老年阶段。第二，从社会发展角度看，制定并实施老龄政策是社会整体系统的有机构成，既体现了社会经济发展水平，又体现了党和政府的执政理念及执政能力，也体现了公共政策系统的完善和协调。

为此，老龄政策可以被视为一种专项公共政策。

三、老龄政策的特征

老龄政策具有以下特征：

（1）以年龄为标识的政策。各国政策中均有涉及年龄的标记，但老龄政策与其他政策的根本区别在于它是以解决老龄问题为政策目标的。老龄问题包括老年人问题和人口老龄化问题，前者以年满60周岁及以上的老年人为基础，而后者则以老年人口在总人口中所占比例的提高为基础。老龄政策成为一项独立的人口政策，是人口老龄化发展和社会人口结构变化的客观要求，符合老龄社会的需要，也符合联合国关于各国制定政策时考虑年龄因素的建议。

（2）以伦理为基础的政策。政策是对资源和利益的调整。老龄政策关注利益问题，更关注伦理问题。老年群体是弱势群体，也是为国家建设做出过重要贡献的群体，因此，老龄政策制定和实施的基础，既有经济方面的因素，也有伦理方面的因素，或者说，老龄政

---

① 参见杨伟民：《社会政策导论》，53页。

策的基础具有明显的伦理色彩。这种伦理色彩是我国人口老龄化、“未富先老”、社会主义制度和文化传统等诸因素综合作用的结果。

(3) 以福利为主要内容的政策。福利一般指公共援助或倾斜性的经济支持。研究表明，由于老年群体已经退出主流生产领域，老年人再就业的机会很少，老年群体的经济收入低于其他群体，农村老年人主要依赖家庭和子女的支持，加之老年群体因年事日高而对医疗保健有较大需求，所以，以应对老龄问题为对象的老龄政策只有突出其社会福利的特征，才能建立“不分年龄、人人共享”的社会。

(4) 以差异为特点的政策。老年群体的最大特征是其差异性。在我国现有社会经济发展水平和制度性个体差异的影响下，老年群体可以区分出许多具有不同特征的子群体。比如，不同地域的老人，不同职业的老人，不同经济背景的老人，不同文化程度的老人，等等。针对这些情况，我国老龄政策显示出明显的差异性。比如，城乡老龄政策差异，离退休老人政策的差异，军地退休老人政策的差异等。这种差异既反映了我国历史、体制、目前发展水平的状况，又奠定了我国老龄政策体系的基础。

(5) 以变化为特点的政策。老龄问题是变化的，对老龄问题的认识也是变化的，解决老龄问题的能力也是变化的，因此，老龄政策始终处于不断变化、不断调整、不断完善的过程中。从我国老龄政策的变化历程看，其经历了基于维持生存的养老保障政策、基于生活质量的满足和精神文化需求的政策以及基于维护权利的社会参与政策的变化等。这个变化过程体现出政策遵循理念变化的特点。

第二节　老龄政策的历史发展

老龄政策作为一种社会现象，有其形成、发展的过程。研究老龄政策的历史发展，有利于认识老龄政策的特殊性，也有利于了解老龄政策的社会文化背景。

一、古代社会的老龄政策

古代社会的老龄政策不是完整意义上的老龄政策，但是，已经具备了老龄政策的雏形。

恩格斯在《家庭、私有制和国家的起源》中指出，在家长制家庭公社中，一切家务也都由妻子、老人和子女关照，丈夫则打猎，饮酒或游手好闲。这段话说明，在家长制家庭公社中可能已经出现了依据年龄划分的劳动分工。这个时期对老年人价值的认定，可能不是依据老年人的地位，而是依据老年人的劳动力价值。由于老年人不能参与狩猎等主要生产活动，所以在生活资料非常有限的情况下，有过弃老和杀老的社会现象。

随着社会的发展，人们对老年人的价值有了新的更加全面的认识，弃老杀老逐渐为尊老和养老所替代。当国家体系完全确立以后，形成了一系列老龄政策。比如敬老。“凡养老，有虞氏以燕礼，夏后氏以飨礼，殷人以食礼。周人修而兼用之。五十养于乡，六十养于国，七十养于学，达于诸侯。”“五十杖于家，六十杖于乡，七十杖于国，八十杖于朝，九十者天子欲有问焉，则就其室以珍从。”（《礼记·王制》）清代还多次举行千叟宴。比如养老。“仲秋之月……是月也：养衰老，授几杖，行麋粥饮食。”（《礼记·月令》）各个王朝还依照年龄向老年人赏赐数量不等的谷物布帛。再比如，以法令来维护老年人的社会地位。“高年受王杖，上有鸠，使百姓望见之，比于节。有敢妄骂詈殴之者，比逆不道。”“河平元年，汝南西陵县昌里，先年七十，受王杖。部游徼吴赏使从者殴击先。用诉地太守上谳，廷尉报。罪名明白，赏当弃市。”（武威汉简）有的朝代还有向老年人赏赐荣誉官衔的政策。比如，官吏退休，实行俸禄减半待遇，或增俸禄以退职。还对老年人家属实行优待政策，减免老年人及其家庭的赋税徭役。

不仅是我国古代，西方或其他东方国家也有相关记载。例如，《圣经》和《古兰经》中就有尊重老年人和维护老年人利益的条文。《古兰经》说：“对于双亲应该孝敬”，“对父母应该孝顺和善。如果他俩之一或两人已经进入风烛残年，切不可对他俩言谈轻慢，切不可对他俩呵斥触犯，对他俩说话要和气温暖”，等等。《圣经》中写道：“约瑟用粮食奉养他父亲和他弟兄，并他父亲全家的眷属，都是照各家的人口奉养他们。”“耶和华对摩西说：‘……你们各人都当孝敬父母’”。“人若有顽梗悖逆的儿子，不听从父母的话……本城的众人就要用石头将他打死”，“虐待父亲、撵出母亲的，是贻羞致辱之子”，等等。

二、近代社会的老龄政策

近代社会形成了以推进老年社会保障为主的老龄政策。

在国外，法国政府1669年规定，要给不能从事工作的老年海员发放养老金。19世纪下半叶，德国政府推出了第一批近代社会保险法案。1888年11月，又提出了老年和残疾社会保险法草案。欧洲国家先后建立了老年社会保障制度。例如，丹麦的老年社会保障制度建于1891年，挪威建于1894年，奥地利建于1906年，英国建于1908年，法国建于1910年，瑞典建于1913年，美国建于1935年。1944年，国际劳工组织在美国费城召开第26届国际劳工大会，并发表《费城宣言》，指出要“扩大社会保险措施”，“提供完备的医疗”。1953年，世界工联维也纳会议提出争取社会保障的完备纲领，指出“真正的社会保险必须包括疾病、生育、残废、工伤、老年、死亡、失业等方面的权利”。第二次世界大战以后，东欧、亚洲的一些国家先后实行了包括老年保险在内的一系列社会保险措施。以老年社会保险为核心的社会保险制度在世界各地迅速发展起来。

在近现代中国，老龄政策可以分为两个阶段。一是新中国成立之前，二是新中国成立到改革开放期间。新中国成立之前的老年社会保险还是初创阶段。国民党政府实行了社会保险政策，解放区颁布了《劳动法》。抗日战争和解放战争时期也有社会养老保险制度和政策。新中国成立以后，老年社会保险制度初步形成。1951年颁布《劳动保险暂行条例》，1955年颁布《国家机关工作人员退休处理暂行办法》，1957年颁布《关于工人、职员退休处理的暂行规定》，1964 年颁布《关于轻工业、手工业集体所有制企业职工、社员退休统筹暂行办法》。

三、当代中国的老龄政策

当代中国老龄政策的特点是逐渐形成了体系。这个体系具体表现为老龄政策体系，老年人政策体系，离休老干部、军队老干部与退休干部政策体系以及法制与道德相结合的制约体系。

在老龄政策体系方面，我国形成了老龄基本政策、老龄具体政策的政策体系。老龄政策的基本方面主要集中在《中共中央、国务院关于加强老龄工作的决定》、《中国老龄事业发展"十五"计划纲要》等。老龄政策的具体表现在多个方面。比如，建设部和民政部颁布的《关于发布行业标准〈老年人建筑设计规范〉的通知》，民政部颁布的《农村敬老院管理暂行办法》等。

老年人政策体系主要包括从老年人维生和发展角度建立的经济、医疗、权利、文化和社会政策。经济政策包括收入保障、社会救济、社会福利和以产品、信息以及服务为主的老龄产业等。比如，民政部颁布的《农村五保供养工作条例》、《城市居民最低生活保障条例》，国务院的《关于建立统一的企业职工基本养老保险制度的决定》、劳动和社会保障部颁布的《关于完善城镇职工基本养老保险政策有关问题的通知》、《关于加快实行养老金社会化发放的通知》等。医疗卫生政策包括对老年人疾病的预防、治疗、康复以及对老年人生活的健康照料。比如，卫生部颁布的《关于加强老年卫生工作的意见》等。文化政策包括文化教育、思想道德教育、体育活动、伦理价值和精神生活等内容。比如，文化部颁布的《关于做好老年教育工作的通知》，国务院发布的《全民健身计划》等。① 社会敬老政策包括对老年人优待的一些规定。比如，北京市民政局颁布的《关于加强社会敬老优待服务工作的意见》等。

在离休老干部、军队老干部和退休干部政策体系方面，建立了针对不同背景干部的政策规定。比如，国务院《关于老干部离职休养制度的几项规定》，国务院、中央军委《关于军队干部退休的暂行规定》、《关于军队干部离职休养的暂行规定》，国务院《关于高级专家离退休若干问题的暂行规定》等。

《中华人民共和国老年人权益保障法》则明确规定了采取法制与道德双轨制约政策体系。

第三节　老龄社会政策的目标和内容

老龄社会政策主要是针对老年群体的社会保障和社会福利的政策。

① 参见国老龄工作委员会办公室编：《老龄工作干部读本》，北京，华龄出版社，2003。

一、老龄社会政策的目标

老龄社会政策的目标包括两个方面：一是就老年人层面而言，要维护老年人合法权益、提升老年人生活质量、实现“六个老有”的目标；二是就社会层面而言，要建立良好的代际关系，构建“不分年龄、人人共享”的和谐社会。

第一，老龄社会政策要维护老年群体的合法权益，提高老年群体的生活质量、生命质量，使老年群体能够共享社会发展成果。

老年群体属于弱势群体。其弱势主要表现为，因生理衰弱而导致认知功能衰退，因退出主流生产领域而导致经济保障水平下降，因家庭和社会角色变换而导致社会关系缩小和社会地位降低，因年事增高而导致身心健康状况弱化，所有这些变化都会使老年人的自理自立能力降低，无法享有符合社会发展水平的生活质量，同时，老年人合法权益也很容易受到损害。因此，无论从哪个角度看，老年群体都需要社会的关爱和政策的支持。政策是资源的再分配和利益的再调整。老年群体只有通过倾斜性政策，才能在社会资源分配中保证应有的权益和份额。目前我国实行的老龄社会政策基本上围绕着“六个老有”展开的。免费的法律援助，救助贫困老人，养老金发放的社会化，参加社会活动的各项优惠规定等，都是运用政策手段来维护老年人的合法权益，使其在社会经济发展过程中能够分享发展的成果。

第二，老龄社会政策要能够有利于代际融合、社会稳定与和谐以及建立“不分年龄、人人共享”的社会。

虽然老龄社会政策的目标群体是老年人，但任何政策的影响所及都不是孤立的。在我国“未富先老”的局面下，老龄社会政策既要能够维护老年群体的合法权益，也要能够加强代际关系以及整个社会的和谐。要达到这个目的，最重要的有三点：一是立场，构建老龄社会政策应该坚持社会发展的立场而不仅仅是老年人的立场。二是时机，出台老龄社会政策既要考虑老年群体的需求，也要考虑经济发展水平和国家大局，选择最佳的时机。三是度，老龄社会政策是国家公共政策和社会政策的一个组成部分，老龄社会政策的内容和规定均应该符合公共政策的要求，不能超出公共政策的限定。我国目前的老龄社会政策依照社会经济发展水平有计划地逐步提高老年人养老金数额和补助数额，加大老年人社会参与的优惠范围和程度，提倡尊老敬老助老的传统美德，积极推动社区助老网络化建设，使老年人居家有人管，外出有人帮，生活更加安定，同时，子女的负担也减轻了，心里更踏实了，社区和谐、社会和谐的氛围更加浓厚。

二、老龄社会政策的内容

社会政策是社会保障制度的体现。社会保障制度是以国家或政府为主体，依据法律规定，通过国民收入再分配，对公民在暂时或永久失去劳动能力以及由于各种原因生活发生困难时给予物质帮助，保障其基本生活的制度。根据社会保障制度发展的情况，我国社会保障制度主要包括社会保险、社会救济、社会福利等几种形式。社会保险是以国家为主体，对有工资收入的劳动者在暂时或永久丧失劳动能力，或虽有劳动能力而无工作亦即丧失生活来源的情况下，通过立法手段，运用社会力量，给这些劳动者以一定程度的收入损失补偿，使之能继续保持基本生活水平，从而保证劳动力再生产和扩大再生产的正常运行，保证社会安定的一种制度。社会保险包括老年社会保险、疾病社会保险、失业保险、工伤社会保险、生育社会保险、残障社会保险、死亡社会保险等。社会救济是国家通过国民收入的再分配，对因自然灾害或其他经济、社会原因而无法维持最低生活水平的社会成员给予救助，以保障其最低生活水平的制度。社会救济主要包括贫困救济和灾害救济两大部分。社会福利的概念有广义和狭义之分。广义的社会福利是社会保障的同义语；狭义的社会福利是社会保障的一个组成部分，与社会保险并列。社会福利包括未成年人福利、老人福利、残疾人福利、劳动者福利以及女职工福利等部分。①

老年社会保障是我国社会保障制度中涉及老年人的部分，主要包括老年社会保险、老年疾病社会保险、老年死亡社会保险、老年贫困救济、老年福利等方面。老龄社会政策是老年社会保障制度的具体体现，目前主要是围绕着实现“六个老有”进行的。

在老年社会保险方面，我国政府颁布了一系列有关老干部、高级专家、企业职工等人员享有离退休金和医疗费的规定。比如，《国务院关于安置老弱病残干部的暂行办法》具体规定了离休干部和退休干部的条件以及应该享受的离退休金标准，同时规定了退职干部和有特殊贡献的退休干部的待遇标准。《国务院关于工人退休、退职的暂行办法》规定了工人退休的年龄和退休费标准以及公费医疗待遇等。《国务院关于老干部离职休养的暂行规定》又根据国家社会经济发展状况和政治体制改革的需要，提出了对离休老干部“在政治上予以尊重，生活上予以照顾”的原则，并在工资待遇、生活待遇、政治待遇、管理体制等方面做了更优惠和人性化的规定。《国务院关于高级专家离休退休若干问题的暂行规定》对高级专家离退休的年龄、退休金待遇进行了明确的规定。《国务院关于建立统一的企业职工基本养老保险制度的决定》在企业职工养老保险制度改革的基础上又做了具体规定。

老年社会救济是我国政府建立的最低生活保障线制度，贫困老人也可以因此获得最基本的生活保障。民政部颁布的《城市居民最低生活保障条例》、《农村五保供养工作条例》等均规定了相关的政策。逢年过节，党政领导看望贫困老人并赠送钱、物，也是具体落实老年社会救济政策的一部分。

老年社会福利涉及的方面比较多。除了养老的物质保障之外，还包括医疗护理、娱乐健身、生活照顾、社区服务、文化需求等。我国各个政府部门根据各自职责范围，均提出了相应的工作思路，并形成了各自的文件规定。比如，卫生部颁布的《关于加强老年卫生工作的意见》，文化部颁布的《关于做好老年教育工作的通知》，国务院发布的《全民健身计划》，等等。地方政府也根据各地具体情况做了相应的规定。比如，北京市民政局《关于

① 本段的内容均引自孙光德等：《社会保障概论》，北京，中国人民大学出版社，2000。

加强社会敬老优待服务工作的意见》规定了对60岁以上老年人在游览公园、观看比赛和电影、借阅图书、乘坐汽车以及法律咨询等方面的优待条件。

老龄社会政策除了直接针对老年人之外，还有扶助或规范涉老工作和服务机构的政策规定。比如，民政部颁布了《农村敬老院管理暂行办法》、《老年人社会福利机构基本规范》、《全国社区老年社会福利服务设施“星光计划”实施方案》，建设部和民政部颁发了《中华人民共和国行业标准老年人建筑设计规范》，具体规定了老年人建筑物的设计指标，财政部、国家税务总局《关于对老年服务机构有关税收政策问题的通知》做出了老年服务机构的减免税规定，等等。

老龄社会政策是我国社会政策体系中比较新的分支。随着社会经济发展和人口老龄化，老龄社会政策还会不断变化，无论是政策主体还是政策内容，都会进入一个新的发展阶段。

第四节　我国老龄社会政策的现状、问题和发展趋势

一、我国老龄社会政策的现状

我国老龄社会政策现状可以从制度特点、政策内容、政策问题等方面进行阐释。因为相关内容已分别在不同章节中做了阐述，本节仅从制度演变角度分析老龄社会政策的变化。

我国老龄社会政策经历过计划经济时期和市场经济化时期而逐渐完善。这是一个受到诸方面因素影响的长期的历史发展过程。从新中国成立至今，我国实行的是城乡“二元化”老年社会保障制度。在计划经济时期和社会主义市场经济时期，我国老年社会保障制度又有所变化。经济发展决定政策，政策为经济基础服务。老龄社会政策就是围绕着这种保障制度及其变化而发展的，或者说，老龄社会政策就是在满足这种制度变化需要的过程中不断完善的。

在计划经济时期，我国采取的是由国家负责、政府包办的民政福利和单位包办的职工福利等构成的福利制度模式。城市老年人退休后，其生活、医疗保健、娱乐、服务等基本上仍由原单位负担；农村老年人由家庭和子女负责赡养。国家负责对“五保户”老人进行救济，包括建立一些实行集体供养的养老院。这个时期的老龄社会政策主要是建立规范化的制度，比如，统一退休年龄，确定退休金标准，建立“五保户”制度等。

进入社会主义市场经济以后，我国老年人的需求发生了变化，一是需求内容的多元化，二是需求水平的提升化。同时，我国老年社会福利制度也发生了变化，由单纯的国家保险向国家、企业和个人三方筹集资金的方式过渡，逐渐形成了以国家、集体兴办的老人社会福利机构为骨干，以社会力量兴办的老人社会福利机构为新的增长点，以社区老年人福利

服务为依托，以家庭养老服务和保障为基础的老人社会福利服务体系。[①] 为适应这些变化，我国老龄政策进行了制度性调整，表现在以下几个方面：

（1）在政府主导的基础上，推动实现多元化的政策主体，鼓励非政府组织、民营机构、集体企业和个人参与老年社会福利事业。

（2）加大对养老金收缴和发放环节的监管，推动养老金银行发放的制度。

（3）建立适时提高养老金水平的制度性机制。根据国家社会经济发展水平，不断提高离退休人员的养老金水平。

（4）满足老年人多方面需求。全国老龄工作委员会成立以后，委员会中的成员部门根据自身职能特点，提出了各自的工作目标和计划，从而构建了一个能够满足老年人经济保障、精神文化、医疗保健、生活照料、社会参与、功能康复等需求的全方位的支持体系。

（5）发展社会补充养老新方式。在改革传统社会保险和社会救济制度的基础上，我国老龄社会政策还推动建立新的社会补充养老方式。比如，计划生育养老保险、农民退休金制度、长期照料险等。

（6）推动弱势群体政策的融合。虽然老年人和残疾人均是弱势群体，但由于历史和体制的原因，老龄政策和残疾人政策一直是隔离的，分属于不同政府部门进行管理。分离的政策既可能造成政策死角，又可能造成资源浪费。进入21世纪以后，这两类政策出现融合趋势，表现为在一些具体政策中统一考虑老年人和残疾人问题。

二、我国老龄社会政策存在的主要问题

我国老龄社会政策存在诸多问题。其中最主要的有以下几个方面。

1. 缺乏政策评估

政策评估是对政策效果进行的评价。由于人们认识的局限性和政策活动本身的复杂性，政策实施常常会遇到各种问题，从而影响到政策效果，达不到政策预期的目标。为此，建立政策评估是非常必要的。因为，第一，政策评估是检验政策效果的基本途径。制定和实施政策是为了解决问题，那么，如何判断一项政策是不是真正解决了问题呢？这不能靠人们的主观感觉，必须要对政策效果进行分析和评价。第二，政策评估是决定政策走向的主要依据。决定一项政策是延续、调整，还是终结，要有具有说服力的依据，这些依据来自政策评估。第三，政策评估是合理配置政策资源的基础。面对政策资源的有限性，政策资源的配置要有次序，有的优先，有的推后，其根据之一就是政策评估的结果。从效率角度来说，政策效果好的，应该优先安排，反之，则推后安排或不安排。第四，政策评估有利于促进决策的科学化。决策是否科学化，反映了一个国家的管理水平。通过政策评估，能够逐渐认识到哪些政策是合理的，哪些政策是不合理的，从而提高决策的科学化水平。

尽管我国的老龄社会政策，特别是老龄社会保险政策，进行过多次调整和修改，而且

① 参见陈银娥主编：《社会福利》，141页。

这些调整是针对一些新出现的老龄问题的，但是，就总体来说，政策评估还没有得到我国决策机构的重视，也没有成为决策过程的必要环节。

2. 缺乏社会性别视角

建立具有社会性别视角的政策是联合国最近反复强调的问题。之所以提出这个问题，是因为老年妇女人数多、增长快、社会保障水平低、身心健康状况差、家庭和社会地位低，是弱势群体中的弱势者。老年妇女问题不解决，老年人问题就无法圆满解决，更谈不上构建“不分年龄，人人共享”的社会。在我国老龄社会政策中，存在着两类相关问题。一是政策的“性别中立”。性别差异是老年群体的重要特征之一，但在我国的老龄社会政策中，没有考虑过性别和社会性别问题，仅仅是着眼于一般老年人或老年群体。这种“性别中立”的老龄社会政策，尽管能够满足一定老年人的需要，但却无法实现最大的政策效果，因为占到老年人一半或一半以上的老年妇女常常不是这些政策的实际受益者，起码不是最大的实际受益者。二是忽视老年妇女的特殊需要。老年妇女群体有其特殊需求，这是共识。但目前的老龄社会政策，几乎很少考虑老年妇女的特殊需求。由于这些特殊需求得不到社会政策的支持，所以解决老年妇女问题将是一个长期的任务。

3. 缺乏老年人的广泛参与

政策主体可以被区分为官方决策机构和非官方机构两大类。官方决策机构主要指政府部门、立法机构、法院等；非官方机构则指在野党、非政府组织、公共团体以及普通民众。官方决策机构是政策的最终决定者，非官方机构则是政策形成过程的参与者。一般来说，普通民众参与决策过程可以发挥三方面的作用：一是向政府决策部门提供基层问题和反映老百姓的需求；二是对政策文本提出修改意见，使之更符合实际情况；三是反映政策实施的效果。对于老龄社会政策来说，老年人应该有发言权，并且能够参与决策的全过程。只有这样，才能防止长官意志和形象工程，使老龄社会政策能够真正解决老龄问题。

三、我国老龄社会政策的发展趋势

我国老龄社会政策的发展趋势是①：

（1）科学化。我国老龄社会政策的决策过程将日益科学化。一是准确认识老年群体的需求及其变化；二是加强决策过程的公开化、透明化，增大老年人和群众参与的力度；三是将政策评估作为决策的重要组成部分。

（2）一体化。我国的“二元化”制度结构有其存在的社会经济背景。到21世纪中期，随着我国进入中等发达国家之列，社会经济和城市化都会发生根本性变化，我国老龄社会政策中存在的城乡“二元化”问题也将逐步得到解决。另外，建立统一的弱势群体政策体系，也应是发展的目标之一。

（3）体系化。体系的作用在于相互支撑，发挥“1＋1＞2”的作用。尽管我国老龄社会

① 参见全国老龄工作委员会办公室编：《老龄工作干部读本》，174～175页。

政策已经初呈体系化，但这个体系还亟待完善。一是“六个老有”的政策体系还不配套和均衡；二是每个“老有”的政策尚需补充。比如，我国虽然已有《老年人权益保障法》，但还缺少《养老保险法》、《老年医疗法》、《老年福利法》等。在我国政府强调居家养老之时，却没有制定社区服务和对子女的支持等相关政策。

本章要点

1. 老龄政策是指国家、政党以及具有社会公共权威性质的组织和机构为解决老龄问题和维护老年群体的合法权益而制定的行为规范。

2. 从政策科学角度来看，老龄政策属于社会政策，同时也是公共政策。

3. 老龄社会政策的目标：一是要维护老年人合法权益、提升老年人生活质量、实现“六个老有”的目标；二是要建立良好的代际关系、构建“不分年龄、人人共享”的社会。

基本概念

老龄、社会政策、政策主体、目标群体、政策评估

复习思考题

1. 什么是老龄社会政策？
2. 如何认识老龄政策的性质？
3. 老龄政策经历了哪些发展阶段？
4. 老龄社会政策的主要内容和特点是什么？
5. 老龄社会政策存在哪些问题？

推荐阅读书目

1. 全国老龄工作委员会办公室，编．老龄工作干部读本．北京：华龄出版社，2003.
2. 杨伟民．社会政策导论．北京：中国人民大学出版社，2004.
3. 陈银娥，主编．社会福利．北京：中国人民大学出版社，2004.

第十四章

老年社会工作与服务

老年社会工作与服务是老年学理论和老龄政策的实践以及落实的过程，是现代社会工作和社会服务以及社会福利的一个重要方面。随着人口老龄化的发展和社会现代化水平的提高，老年社会工作与服务在社会生活中的地位和作用将会愈加重要，成为现代社会生活的必要组成部分。

第一节　老年社会工作的研究领域和基本概念

一、老年社会工作的研究领域

现代意义上的社会工作发端于20世纪初，经过近一个世纪的发展，已经形成了粗具规模的学科体系。老年社会工作就是这一体系中的重要组成部分。目前，老年社会工作的研究主要可以划归为三大部分：关于老年社会工作理论的研究、关于老年社会工作方法的研究和关于老年社会工作实务的研究。

（一）老年社会工作理论

老年社会工作的理论可以被划分为宏观和微观两个层面。在宏观领域里主要强调的是老年亚文化理论、年龄分层理论和现代化理论。宏观上的理论强调将老人的发展置于群体和社会当中，更加注重群体和社会的变化对老年人的影响。上述理论从宏观的层面为老年社会工作提供了理论上的基础。从微观层面上看，老年社会工作的理论主要有角色理论、脱离理论、活动理论、连续理论和符号互动理论。这些理论都是强调老年人自身情况对于他们适应衰老变化和晚年生活的影响，分别从角色的丧失、与社会的互动、个性的影响以及个体与环境之间的相互作用等角度对老年人问题加以研究。

（二）老年社会工作方法

目前，在我国老年社会工作方法的研究主要集中在个案、群体和社区三个方面，在这三个方面综合运用各种具体的技巧与方法，综合解决老年人在晚年生活中生理、心理和经济方面的问题。个案研究主要是通过运用不同的技巧和方法帮助老年人克服困难、树立生活的信心；群体工作主要是通过促进老年人的社会参与，帮助他们适应晚年期角色的变化；社区工作更多地强调老年人问题的社区化、群众性和维权性。三个方面各有侧重，又相互结合，相互影响。

（三）老年社会工作实务

《中国老龄事业发展“十五”计划纲要》强调，老年社会工作的范围包括经济供养、医疗保障、照料服务、精神文化生活和权益保障等五个方面。因此，老年社会工作实务的研究主要是围绕上述五个方面开展的，研究主要是关注各种具体的政策措施在实施的过程中存在的问题和不足，以及对政策实施结果进行评价，同时针对新形势、新问题提出新的对策措施。

二、老年社会工作的概念

（一）老年人的界定

一般来说，对老年人的界定要以其生理年龄的大小作为标准。国际上对老年人的判断一般有两种标准，即以年龄 60 岁或 65 岁为界。西方发达国家一般采用 65 岁为判断老年人口的年龄界限，而大多数发展中国家则采取 60 岁作为老年人的年龄界限。由于我国目前的社会经济发展水平还比较低，尚属发展中国家行列，而且根据已有的老年政策法规，老年人一般是指年龄在 60 岁及以上的公民。

（二）社会工作的定义

1959 年美国社会工作教育委员会资助的《课程研究》指出：社会工作以个人与其环境互动所形成的社会关系为入手点开展工作，寻求增强个人的社会功能——既包括单独的个人，也包括群体中的个人的社会功能。社会工作实践的作用可以划分为三种：（1）恢复受损的能力；（2）提供个人资源和社会资源；（3）预防社会失调。①

1991 年我国以民政系统为主体成立中国社会工作者协会，协会成立时对社会工作给出如下定义：“社会工作是一种帮助人和解决社会问题的工作。它帮助社会上的贫困者、老弱

---

① See Werner W. Boehm, “Objectives of the Social Work Curriculum of the Future”, *Curriculum Study: I Council on Social Work Education*, New York, 1959, p. 54.

者、身心残障者和其他不幸者；预防和解决部分经济困难或生活方式不良而造成的社会问题；开展社区服务，完善社会功能，提高社会福利水平和社会生活素质，实现个人和社会的和谐一致，促进社会稳定与发展。”在我国，社会工作不仅包括社会福利、社会保障、社会服务，还包括移风易俗等改造方面的工作。

（三）老年社会工作的定义

老年社会工作可以从狭义和广义两个方面来界定。狭义的老年社会工作，或专业老年社会工作，是指老年社会工作机构和老年社会工作者运用社会工作的理论、原则和专业服务方法，充分协助老年人解决生活过程中所遇到的困难，为老年人提供社会保障与社会服务，解决老年人的社会问题，使老年人能够继续参与社会生活，以使老年人度过一个安乐祥和的晚年。专业老年社会工作是严格意义上的社会工作。而广义的老年社会工作也可称为老年人服务或老年人福利，泛指社会上一切有利于增进老年人适宜生活的社会服务活动。

目前各国实际开展的老年社会工作并未严格区分广义和狭义，而是根据社会上老年人的实际需要来决定服务优先顺序，同时去实施广义狭义兼顾的老年社会工作。[①] 事实证明，专业老年社会工作与广义的老年社会工作是相辅相成的。一些专业的老年社会工作方法可以在日常生活中指导人们更加科学有效地帮助老人，为老人服务；而非专业的老年社会工作则是对专业老年社会工作的有益补充，为老年社会工作提供更多更新的工作方法和工作模式。本书在以下对老年社会工作的论述中侧重于狭义的老年社会工作，即专业老年社会工作。

在我国，老年社会工作的领导和组织机构是各级老龄工作委员会以及党组织中的老干部局，具体工作机构是政府、集体和私人兴办的老人服务单位，如老龄委员会、老龄协会、老人院、老人公寓、老人医院、老人服务中心等；老年社会工作者包括所有从事与老年人工作有关的人员，如老龄工作委员会和老干部局的工作人员，老人服务机构的从业人员以及义务工作人员。老年社会工作的对象是全体老年公民。

第二节 老年社会工作的特点、意义和目标

一、老年社会工作的特点

老年社会工作是一门应用性的社会科学和工作实务，它以研究老人社会现象和运用老年社会工作的理论、方法解决老年人的具体问题为工作内容。其具体特点有以下几方面。

---

① 参见李迎生：《社会工作概论》，265页，北京，中国人民大学出版社，2004。

(一) 综合性

老年社会工作涉及老年生理学、老年心理学、老年社会学等多个学科，它要求老年社会工作者能够综合运用多学科的知识、多种工作方法与技能帮助老人解决所遇到的社会和生活问题。比如，老年人的维权工作，涉及法学、经济学的知识；老年人的健康保健工作，涉及老年医学、老年生理学、运动学的知识；老年人的社会互动协调工作，涉及社会学、老年心理学的知识。总之，老年社会工作是一项综合性很强的工作，老年社会工作者只有综合掌握多种学科的理论和知识、多种工作方法和技能，才能更好地帮助老年人解决问题，走出困境。因此，综合性是老年社会工作的显著特征。①

(二) 科学性

老年社会工作要求老年社会工作者综合运用多种学科理论和专业化知识、工作方法和技能，指导服务对象解决问题。这些学科和方法都以系统的理论体系和科学知识为基础，老年社会工作正是以这些理论与知识为指导，研究分析老年人存在的问题，制定出具体的工作方法与解决措施，帮助老年人妥善解决问题。由此可见，老年社会工作具有明显的科学性。另外，老年社会工作在长期发展过程中形成了自己的专业理论与工作理论，并经过工作实践证明是行之有效的，因而同样具有科学性。

(三) 服务性

老年社会工作在本质上是服务性的，其基本任务或职能是对有困难有需求的老年人提供有效的服务，帮助他们走出困境与误区，使他们能够保持独立与尊严，幸福地安度晚年。② 这些服务性工作可分为有偿服务，如由民间组织向老人提供的服务；无偿服务，如政府及其机构为老年人提供的服务；专业化服务，如为老年人提供健康医疗服务；简易服务，如照顾老人的饮食起居等。无论是什么样的工作，都以为老年人提供具体服务为宗旨，具有较强的服务性。

(四) 专业性

老年社会工作是以多门学科的理论与知识为基础发展起来的，这些理论与知识都具有较严格的、独特的专业性特点，同时，老年社会工作在发展过程中不断积累经验并吸收其他专业的理论与知识，形成了自身独特的理论工作方法与技巧。这些理论与方法、技巧，只有经过专业训练和学习才能获得。

---

① 参见陈杏铁等编著：《老年社会工作》，15 页，北京，中国人民大学出版社，2003。

② 参见李迎生：《社会工作概论》，265 页。

二、老年社会工作的意义

（一）有利于解决老龄社会问题

随着我国人口老龄化、高龄化进程的加快，家庭规模缩小，人口流动加剧以及现代社会价值观念的转变，传统的家庭养老功能被不断削弱，而在我国现有的经济实力不足以提供较高水平的社会保障体系的形势下，老年人问题已经成为一个不可忽视的社会问题。新的形势对老年社会工作提出了新的要求。开展老年社会工作，通过社会工作者的协助使老人在经济上有所保障、精神上有所慰藉、权益上有所保护，对于老年人自身幸福安享晚年，促进社会主义和谐社会构建具有多方面的重要意义。

（二）有助于维护社会的稳定发展，构建社会主义和谐社会

老年人群体是影响基层社会和谐稳定的重要力量。老龄化、高龄化进程的加快给社会、家庭和个人带来了一定的负面影响，特别是在我国市场经济快速发展、价值观迅速转变的形势下，代际矛盾逐渐凸显，老年人的合法权益得不到足够的保护，老年社会工作的开展将会增进代际理解，对实现家庭的和睦、经济的发展、社会的和谐起到重要的作用。构建和谐社会是全面建设小康社会的目标之一，其核心就是要以人为本、体现人文关怀，而老年社会工作就是要通过社会工作者的服务为老年人送去党和政府对他们的关怀，体现政府以人为本、以民为本的执政思想。因此，老年社会工作的开展对于为社会经济发展营造良好氛围、加快社会主义和谐社会的构建具有不可低估的作用。

（三）有助于老龄政策的实施

老龄政策是党和政府为老龄问题制定的战略、规划和行为规范，老龄政策的制定要置于具体的实践之中，老年社会工作正是将老龄政策贯彻于实践过程的有效途径。通过开展老年社会工作，可以及时、有效地了解和掌握老龄政策的落实和运作情况，对在实施过程中出现的问题也能及时地反馈，这对于老龄政策的制定和实施都有重大的意义。

（四）有助于维护老年人的合法权益

老年社会工作除了具有理论上的重要意义之外，在解决老年人问题、维护老年人合法权益的实践中也具有重要的作用。老年人合法权益受侵害往往与子女有关，在中国这样一个有着特殊文化背景的社会，维护老年人的合法权益仅仅依靠法律手段是不能够达到彻底、有效地解决问题的目的的，维护老年人的权益既要合乎法理，更要合乎人情，而老年社会工作的作用和意义恰恰就是通过社会工作者的沟通和协调，以贴近实际、灵活多样的方式为老年人解决实际问题。

（五）有助于提高老年人的生活质量

人到老年，身体机能发生了退行性的变化，其劳动能力和生活自理能力均在逐渐减弱，加之退休、丧偶和社会角色的丧失，老年人在生活上、生理上和心理上均遇到了不同程度的困难，老年社会工作开展的意义就在于通过社会工作者的努力，帮助和协调老年人克服日常生活中的困难，对老年人的非健康心理进行调适，使老年人更从容地适应晚年生活的变化。通过社会服务，改善老年人的处境，部分或全部地解决他们的生活困难，促进老年人的社会参与，最终使老年人晚年的生活质量得到提高。

（六）有助于社会主义精神文明建设

尊老、敬老是我们中华民族的优良传统，老年社会工作的开展为传承这一优良传统赋予了时代的意义，有利于建设“不分年龄、人人共享”的社会，有利于使社会成员认识到老年人特有的社会价值。老年社会工作可以充分体现社会主义道德新风尚，是社会主义精神文明建设的重要组成部分。

三、老年社会工作的目标

我国传统养老文化的影响和老年人本身的特点，决定了我国老年社会工作的目标就是要帮助老年人解决生活中所遇到的困难和问题。老年人在晚年生活中所面临的问题可以概括为以下几个方面：经济供养问题、医疗服务问题、精神慰藉问题、生活质量问题等。老年社会工作的主要目标就是要帮助老年人解决好这几方面的问题。这几个方面的问题相互影响、相互作用，均会对老年人的晚年生活产生重要的影响。特别要引起我们重视的是老年人的精神慰藉问题，现代社会中的老年人容易成为精神上受冷落、受歧视的群体，心理问题解决不好将会影响到老年人的身体健康，进而影响到老年人晚年的生活质量。多种问题的相互影响既是老年社会工作的特点，又是老年社会工作面临的难点。

在实际工作中，老年社会工作的目标具体体现在以下几个方面：

首先，帮助老年人获取资源、争取权益和保护老年人的正当利益。在我国，绝大多数老年人由于身体条件和经济、社会地位的下降，仅靠自身的力量很难及时、有效地获取必要的资源，因此社会工作者应当通过各种方法和措施帮助老年人通过合适可行的途径获取所需的资源。由于快速工业化和城市化以及人口流动的加快、传统养老观念的弱化，老年人的权威地位有所动摇，老年人的正当利益得不到充分的满足和保护，因此社会工作者的工作目标之一就是要凭借法律的手段，协助老年人维护其合法权益。

其次，帮助老年人正确认识自身价值，提高老年人的社会适应能力，帮助其解决生活中的实际困难。由于社会和自身等多方面的原因，老年人往往缺乏自信心，认为自己年老而丧失价值。社会工作者要通过老年社会工作来帮助老年人以积极的心态来适应衰老的到来和社会的变化。同时，社会工作者还应当注意帮助老年人提高生存的技能，同时根据不同老年人的实际情况来帮助老年人解决生活中的实际困难。

再次，促进老年人的社会参与，丰富老年人的晚年生活，帮助老年人适应老年期角色改变。人到晚年，一方面要应对身体的衰老变化，同时要应对因退休等原因带来的社会角色的丧失，这些变化会对老年人的心理产生一定的消极影响。老年社会工作者应通过促进老年人的社会参与，帮助老年人适应角色转变，建立新的社会关系网络，使得老年人能够逐渐适应晚年的生活。对老年人而言，他们通过参与多种社会活动，既可以锻炼身体又能够结交朋友，这有助于他们排遣日常生活的寂寞。

最后，通过老年社会工作的开展，促进和完善老龄政策的制定。社会工作者在实际工作中应注意老年人的实际需要和现有服务中存在的不足，并及时有效地反馈给老龄政策的制定者。应该说，老年社会工作的开展可以使我们从实际工作中获得一些有助于政策制定的信息，通过对老年社会政策制定的影响，进一步改善老年人的生存环境和生活质量。

第三节　老年社会工作的步骤和方法

一、老年社会工作的步骤

（一）预备阶段

老年社会工作的有效进行，首先要得益于老年社会工作者与服务对象之间建立良好的专业关系，即老年社会工作者与老年服务对象之间为了特定的专业目的而建立关系。

（二）实施阶段

老年社会工作者在与服务对象建立起良好关系以后，还要遵循一定的工作途径，即实施阶段。老年社会工作的途径，即一般的实施过程，可分为预估、计划、干预和评价。

1. 预估，也称“诊断”

老年社会工作者与服务对象建立专业关系以后，预估工作就开始了。老年社会工作者通过与服务对象的交流、沟通和了解，收集、分析与服务对象有关的各方面资料和数据，确认服务对象的问题所在，为下一阶段的计划做好准备。

2. 计划，也称“规划”

在明确了老年服务对象存在的问题以后，老年社会工作者就要通过一系列的比较、选择，设计解决问题的目标，并根据老年服务对象的实际情况，确定干预方案，之后便进入干预阶段。

3. 干预，也就是采取实际行动的阶段

老年社会工作者通过比较选择确定最佳方案后，便根据实施方案，对老年服务对象加以实施，促使老年服务对象改变，帮助他们解决实际问题。这一阶段是整个老年社会工作的关键所在，能否实现预期目标，主要取决于这一阶段。因此，老年社会工作者必须运用专业知识和技巧对实施方案加以科学的协调和控制。

4. 评价，也叫“评估”

具体干预是否到达预期效果，要通过科学评价来确认。这种评价是全面的，着眼于整个过程的整体效果。它对服务对象至关重要，对于老年社会工作者来说也是衡量工作是否有效的重要步骤。

二、老年社会工作的具体方法

经过多年的发展，社会工作已经形成了一套系统的工作方法，可分为个案工作方法，包括直接治疗方法、间接治疗方法；群体工作方法，包括小组工作方法、社区工作方法和社会行政。

（一）个案社会工作

个案社会工作也叫个案工作，它是社会工作者运用专业知识和技巧为个人和家庭提供物质和感情方面的服务，帮助他们减轻压力、解决问题，使其保持良好生活状态，这是“一对一”的工作方法。其特点是：（1）方法比较完善，经过长期发展，个案工作形成了三个理论派别，即心理社会学派（认为人的行为问题是由内在的人格缺失决定的，环境整体的任何改变都会影响到个体）、功能学派（认为人生是连续不断的解决问题的过程，个人不能解决自己的问题，个案工作以减轻个人痛苦为目标）、行为修正学派（认为人的行为是对刺激的反应）。（2）个别工作方法，针对个人的具体问题提出不同的解决办法，采取具体问题具体解决的方法。（3）微观工作方法，以个人和家庭为服务对象，针对群体中的个人提供服务。这一方法对于老年人具有很大的适用性，老年人的个体特征比较突出，在心理、身体和社会地位方面容易处于弱势地位，较年轻人和中年人更易产生心理、生理和社会问题，且老年人的差异较大，不同老人的需求往往存在较大差别，个案工作可以针对老人的这些特点对老人开展工作。

经过长期的实践和发展，个案工作形成了以下几种主要的工作模式。

1. 个案心理治理方法，包括直接治疗方法和间接治疗方法

（1）直接治疗方法，即通过聆听抓住服务对象存在的问题的关键，与服务对象共同商讨问题，并向其承诺治疗所能达到的效果，在与服务对象互动中通过支持、提议、忠告、强调、坚持、积极的说服及运用实际干预等方法增强服务对象解决问题的能力。

（2）间接治疗方法，也叫环境工作方法。这种方法不是直接通过与服务对象会谈进行治疗，而是通过作用于服务对象的生活环境而达到治疗的目的。服务对象所处的主要环境中最重要的就是与他的生活发生关系的形形色色的人，其中包括重要他人和并行者。重要他人是指服务对象的家人、亲戚、朋友等与服务对象以感情联系为主的人，并行者是指与

服务对象以工作关系为主的人，如邻居、教师等。通过改变这些外在环境，可以达到解决问题的目的。

2. 危机调试模式

危机调试是一种对处于生活危机状态中的人施以短期性治疗的方法，危机是指个人或家庭的正常生活被打断，或者人们习惯应用的处理问题的方法失灵，当事人处于无助的状态。社会工作者通过了解问题发生的原因，帮助当事人舒缓压力，寻找解决问题的方法，这被称为介入。在危机介入过程中，社会工作者关注的是与当事人探讨产生危机的原因，鼓励当事人倾诉，以减轻他的心理压力，并渐进地提出解决问题、消除危机的建议。

3. 行为治疗方法

这种方法是以行为主义理论为基础的。行为主义理论认为人的行为是对刺激的反应，这种反应受个体内在和外部环境的影响。服务对象陷入困境也受多种因素影响，社会工作就是要通过分析这些行为产生的原因，改变条件，进而来改变服务对象的行为。

4. 人本模式

从人的良知、理智和仁慈的本性出发，启发服务对象达到自我认识和自我实现，其哲学基础是性善论。治疗方式包括：（1）以工作者的积极态度促进服务对象改变；（2）创造和谐轻松的气氛；（3）给服务对象以真诚的关怀。

5. 优势视角

即以实际活动的方式，在工作者与服务对象的活动中，激发服务对象的积极潜能，实现其行为转变。通过弥补老年人所不能做的，最大限度实现他们所能做的，来协助老年人尽可能保持自己对生活的控制权，减少服务对象对他人的依赖，培养其自我负责的精神及能力。

（二）群体社会工作

群体社会工作是指老年社会工作者利用群体的方式为老人提供服务，增加其参与社会活动的机会，通过老人参加群体活动，建立老人的户主网络，以帮助他们排解孤独、寂寞，使其晚年生活充满乐趣。其特点是：（1）以团体的方法开展工作，服务对象为一组人；（2）关注团体所有成员的变化；（3）关注成员之间的相互影响和相互帮助；（4）工作周期短，目标具体。

群体工作包括以下两种模式。

1. 小组工作

小组工作也称为社会小组工作，它是通过小组互动来促进个人成长与社会目标达成的方法。[①] 社会工作者通过将具有相同背景和需要的服务对象组成小组，促成小组内部的互动、交流和经验分享，帮助小组成员认识自己的能力，丰富和扩大经验，改善人际关系，学习和增强适应危机和解决问题的能力，促进个人成长。小组工作可分为社会目标模式、

---

① 全国老龄工作委员会办公室编：《老龄工作干部读本》，155页。

治疗模式和互动模式三种。

2. 社区工作

社区老年工作是指老年社会工作者以社区为单位，充分利用社区资源，为社区内的老人提供全方位服务的工作过程。社区老年工作是一种宏观的社会工作方法，主要是通过动员社区内的物力和人力，满足社区内老年人的各种各样的实际需要，以帮助他们能够在社区内幸福地生活。

第四节　老年社区服务

一、老年社区服务的内容

老年社区工作的主要内容和具体做法如下。

（一）老年人包户服务

该项服务是目前我国各城市基层社区开展得最早、最广泛的老年人服务项目，也是发展比较完善的项目。被包户的老人主要是社会上的孤寡老人、空巢独居老人以及生活有严重困难的老人。由老人所在的社区或居委会出面与包户的个人签订协议，明确服务的人员、项目、时间、服务要求以及标准等，包户人员要对老人承担必要的责任和义务。同时，社区还要开展邻里互助活动，一帮一结对子，这种互助活动往往会取得很好的成效。

（二）社区养老、托老服务

目前我国的社区主要是通过兴办小型的养老院、老年公寓和日间照料机构来为老年人提供收养和寄托服务。其中养老院是专为接待自理生活有困难的老人，帮助照顾老人安度晚年而设置的社会养老服务机构。① 老年公寓则是以老年人集中居住为主要特征，同时为方便老年人日常生活而具有医疗保健等功能的住宅。在老年公寓中一般有专人负责为老年人的日常生活提供必要的服务。老年人的日间照料机构是为了方便老年人居家养老，同时减轻子女照料负担而设置的社区养老服务场所。近年来，民政部门实施的星光老年之家计划在我国得到了大力开展，这在很大程度上丰富了我国社区养老机构的资源。

（三）老年人互助服务

老年人是一个异质性非常强的群体，同一社区的老年人在身体素质、文化程度上存在

---

① 参见李迎生：《社会工作概论》，286 页。

着很大的差异。通过开展老年人互助活动，组织低龄、健康老人为高龄、病残老人提供帮助，既可以丰富老年人的生活，发挥他们的余热，又可以减轻被帮助者的负担。

（四）老年人文化生活服务

社会经济的发展使得老年人在解决温饱问题后更加渴望精神生活上的满足，老年人对文化娱乐方面的需求在不断地增加。为适应这种新情况，各社区纷纷兴办老年人活动中心、老人之家等。由社区组织包括图书阅览、棋牌、健身、服装表演、文艺演出等活动，极大地丰富了老年人的文化生活。一些社区还根据知识分子、领导干部比较集中的特点，举办了适宜于层次较高老人的活动，组织老人们就某些热点问题进行探讨，还举办诗歌欣赏、音乐欣赏、楹联猜谜、老年人交谊舞会等活动，满足了较高层次老年人对精神文化生活的需要。

（五）老年人教育服务

由社区中的老年大学、老年学校及老年人兴趣班为老年人提供学习知识和技能的服务。老年人可以在这种环境中学习知识、以学会友，同时还可以激发老年人的各种兴趣爱好，使老年人身心愉悦，生活质量提高。

（六）老年人权益保护服务

老年人的权益保护服务一般是由社会保护组织根据相应的法律法规，为保护老年人免受人身和基本生活权利侵害而提供的社会服务。老人权益保护服务，包括三个方面的内容。

1. 法律保护

老年保护组织在民政、司法等相关部门的支持下，为需要保护服务的老年人提供法律上的援助，帮助老年人依靠法律武器维护自身的合法权益，并对一些民事上的纠纷加以调节。很多纠纷和受侵害的事件都可以通过法律手段得以解决。

2. 生活庇护

为需要保护的老年人提供生活上的服务，给老年人提供充分的安全感和精神慰藉，帮助老年人树立面对生活的勇气，防止因缺乏必要的生活保护而产生不良的后果。社会工作者通过与老年人和其家属的协调、沟通，能够有效地帮助老年人化解危机和矛盾。

3. 舆论保护

舆论保护也是老年人庇护服务的一个重要的方面，除了通过法律手段维护老年人的合法权益、在生活上给老年人提供服务外，动员媒体、社会力量进行舆论上的保护也是非常必要的。在中国，特别是老人与其亲属间的矛盾是涉及情感的复杂问题，在解决矛盾时不仅要考虑法理，更要顾及人情。因此，舆论保护在化解老年人与其子女或亲友矛盾时的作用是显而易见的。天津《今晚报》曾在头版醒目的位置刊登《有儿女反不如无儿女》的报道，在社会上引起强烈反响。天津市委领导和市、区老龄委负责人亲自到庇护所慰问老人并送了慰问品，许多单位和群众也纷纷到所送钱送物，有的社会学家还投书报刊，呼吁建立新型的家庭伦理道德规范。通过此事，不仅这些不孝子女受到了社会舆论的谴责和教育，而且在群众中进行了一次尊老爱老的传统美德教育。①

（七）老年人生活综合性服务

老年人在生活上需要的服务比较特殊，它主要包括以下几方面。

1. 老年人生活服务

这方面的服务主要是指为老年人提供生活用品的供给和调剂服务，家政人员介绍服务、家电维修服务等劳务型服务。

2. 老年人心理健康服务

帮助老年人缓解人际关系、心理上的紧张与不适，满足老年人对人际沟通和交往的渴望，帮助老年人排解郁闷，形成良好的心态，以积极的态度适应晚年生活。

3. 老年人婚介服务

老年人再婚难是一个不争的事实，针对老年人在再婚过程中遇到的困难，一些社区成立了解决老年人再婚难问题的婚介所，帮助老年人及其家人克服传统观念的束缚，为老年人谋求幸福。这是当前社区老年工作的一项重要内容。

4. 老年人退休和就业服务

退休对老年人的生活来讲是一个重大的改变，老年人需要对此作出调整以适应生活节奏、社会角色、社会地位所发生的变化。社会工作者要帮助老年人更好地适应退休后的生活，并且帮助有就业意愿的老人掌握足够的就业技能，获取充分的就业信息。

二、老年社区服务的特点

从老年社区服务的基本内容我们可以看出，老年社区服务具有自己的特点。

（一）福利性

老年社区服务利用社区现有资源来维护、确保居住在社区中的孤寡老人、贫穷老人和其他老年弱势群体的基本生活，增进老人的身心健康，提高老人的生活水平和质量，这与社会福利的含义，即促进人类生活的幸福完全相同。因此，老年社区服务具有福利性的特点。老年社区服务向老年人提供的通常是无偿或低偿、微利的服务，这也体现了它的福利性。

（二）互助性

老年社区服务强调充分利用社区内外的各种资源，通过社区内低龄老人与高龄老人之间及社区其他成员与老年人之间的自助互助服务，以及社区组织、福利机构等与老年人之

① 参见陈杏铁等编著：《老年社会工作》，153 页。

间的互助服务，来满足老年人的服务需求。这种社区成员、社区组织与老人之间以及老人群体之间的互助，有利于增进社区成员之间的情感交流，在社区内树立尊老爱老的良好风尚。

（三）专业性

从老年社区工作的角度看，老年社区服务的主体除自助与互助的社区老人及其他社区成员之外，更为主要的是专业化的社区工作者。这些工作者所做的不仅仅是一般的“送温暖”式服务工作，还是利用专业知识决定社区内的资源调集、物资援助，提供专项服务，包括心理疏导和治疗等服务。

（四）综合性

老年社区服务的综合性表现为服务的内容囊括社区老人日常生活的方方面面，包括养老服务、健康服务、生活服务、文教服务及再就业服务等内容。服务的对象包括不同生活状况、不同社会地位的有相关需要的老年人；服务的主体包括社区内的一切单位和个人；执行主体有城市居委会、街道、农村村委会以及各种社会团体、志愿者组织、专业工作者等。换言之，社区功能的多样性决定了老年社区服务的综合性特点。

（五）地域性

老年社区服务的特点及优势之一就在于它以社区为依托，以使用社区资源为主，通过社区成员、社区服务组织与老人之间的互助，来为老人提供服务。这种服务不仅能减轻政府的社会福利负担，而且可以使各种照顾老年人的服务网点深入基层，为老人提供方便，并且可以使老人生活在自己熟悉的社区里，与家庭成员和邻居保持联系，得到精神上的安慰，也减轻了子女照顾老人的负担。

三、发展老年社区服务的途径

（一）老年社区服务的政策系统

目前，我国的老年社区服务尚不完善，要规范老年社区服务，就要有相关的法规政策作指导。建立健全老年社区服务的政策体系，引导老年社区服务向更加科学、高效、便捷的方向发展，是当前社区服务工作任务之一。

《1982年维也纳老龄问题行动计划》就提出了发展老年社区服务的建议，强调“社会福利服务应以社区为基础，向老年人提供预防性、补救性和发展方面的服务”。老年社区服务为老年人提供了重要的晚年生活保障。我国也制定了多项政策法规对老年社区服务进行规范指导，如《老年人权益保障法》从多个方面对老年社区服务进行了规定，但目前缺乏系统的老年社区服务政策体系。

老年社区服务政策体系应包括老年生活照料服务政策、老年医疗保健服务政策、老年精神文化参与政策、老年权益保障政策几个方面。

1. 老年生活照料服务政策

(1) 社区老年服务机构社会化政策。要改变以前国家、集体办福利的状况，使社区服务向社会化、产业化方向发展，鼓励社会力量和民间组织兴办各种老年服务机构，使投资主体多元化，并以市场化模式运作。

(2) 老年社区服务网络化政策。要充分利用社区的资源优势和便利条件，发展网络化服务。建立日常生活服务网络，提供衣食住行等基本生活服务；建立安全保障和紧急救助服务系统，应对突发病症、治安案件等紧急事件；建立中介服务系统，发展以婚姻、家务、再就业等为内容的中介服务，帮助老人获得所需信息。①

(3) 服务人员队伍建设政策。加强老年社区服务人员的专业素质和专业技能，对服务人员进行岗前专业化培训，实行职业资格技术管理认证制度；积极倡导志愿者服务，加强志愿者队伍建设，促进志愿者服务的规范化和专业化。

2. 老年医疗保健服务政策

(1) 加强以社区卫生服务中心为主体的老年医疗卫生设施和医疗卫生队伍建设，鼓励社会各团体组织、企事业单位及个人等社会力量参与开办社区卫生服务机构，鼓励大中型医疗机构在社区设立定点卫生服务机构，并鼓励大中型医疗机构的卫生技术人员到社区兼职或专职。

(2) 积极宣传健康保健知识，提高老年人的卫生保健意识，培养科学合理的生活方式，提高老年人的身体素质，加强老年人的自我防病能力。

(3) 建立老年人及其家庭健康档案，对老年人定期进行体检和动态监测，及时记录身体变化情况，做到早发现、早治疗，减少老年人的痛苦和家庭负担。

3. 老年精神文化参与政策

(1) 教育服务政策。为老年人提供继续教育的机会和场所，适度扩大老年大学规模，根据老年人需要提供多种教育项目，提高教学质量，丰富老年人的晚年精神文化生活。鼓励社会各种力量投资于老年教育事业。

(2) 心理咨询服务政策。进入老年期后，面临社会角色、人际交往等方面的改变，老年人容易产生心理问题，要及时帮助其进行心理调适，促进老人的心理健康，帮助老人度过一个幸福、安详的晚年。为老年人提供专业的心理咨询，开办老年心理门诊、老年心理咨询室、老年心理咨询热线等。

(3) 娱乐、健身服务政策。在为老人提供娱乐、健身服务时，要做好三方面工作：一是提供必要的场地、设施。免费或低价向老人提供活动场所、设施。二是组织日常活动。通过基层群众组织组织管理老年人日常文体活动，使老人日常活动有序、协调开展。三是增进交流。基层组织，如居委会等定期组织老人开展多种形式的文化体育会演、比赛，推

---

① 参见全国老龄工作委员会办公室编：《老龄工作干部读本》，218页。

进老年社区文体活动的交流和发展。

4. 老年权益保障政策

（1）建立老年法律服务网络，为有需要的老人提供法律咨询、调解、代书等服务，保护老人的合法权益。

（2）加强对老人权益的司法保障。通过老年庇护所接纳和保护受虐待、被遗弃的老人，调解纠纷。

（3）为老人提供法律援助服务，使老人能及时、便捷地接受服务，对有特殊困难的老人可以缓、减、免交诉讼费。

（4）开展法律宣传，提高老人的法律意识，增强老人利用法律武器维护自己合法权益的能力；同时也对公众宣传老年权益保护相关法规，提高公众依法维护老人合法权益的意识和自觉性。

（二）老年社区服务的资金支持系统

老年社区服务的开展需要比较充足的资金，社会工作人员的聘用、管理机构的日常运作、服务场所和设施的提供、组织老年人开展各项活动的经费等都需要以资金作保障，因此，老年社区服务资金支持系统的完善与否关系到老年社区服务开展的效果。

目前，我国的老年社区服务资金支持系统主要由以下部分构成。

1. 政府对社区的财政投入

这一部分主要分为直接的财政资金投入和间接的设施、场地投入以及减免税收等形式。我国政府对社区服务，特别是老年社区服务的投入处于相对较低的水平，但是，随着社会经济的发展，政府的财政投入将会逐步提高。

2. 社会慈善捐助

这一部分的来源比较广泛，主要是社会各界对老年社区服务的资金援助。既可以来自国内外的慈善机构，又可以直接来自企事业单位、社会团体和个人的捐助。与发达国家相比，我国的社会慈善事业还处在不成熟的阶段，政府有必要大力提倡先富群体热心慈善、捐助公益事业，并加强与国外慈善团体和个人的接触，积极为老年社区服务筹集更多的资金。

3. 发行福利彩票

我国可以通过发行福利彩票的形式为老年社区服务募集资金，从20世纪90年代以来，我国的社会福利事业的发展大量采取福利彩票的形式筹集资金，其中星光老年之家计划就是福利彩票筹资应用在老年社区服务上的成功典型。

4. 老年社区服务收缴费用的再投入

可以通过提供有偿、低消费的社区老年服务，将所收取的资金用于老年社区服务的再建设，以此来缓解资金的短缺。但是对社区老年服务收费必须考虑到老年人是低收入群体的特点，否则将会失去服务的意义。

上述几个方面构建起了我国老年社区服务的资金支持系统，多方面多渠道的筹集资金有利于老年社区服务的开展，但是在上述几个主要的来源中，仅第一项为政府投入，而其余皆为民间筹集资金。我们要看到我国老年人口众多，所需的服务量较大，仅仅依靠政府的投入很难有效满足老年人对社区服务的需求，而民间融资渠道发育得还不成熟，因此完善我国老年社区服务的资金支持系统是发展老年社区服务亟待解决的问题。解决老年社区服务的资金必须既考虑到老年社区服务的福利性、公益性，同时也要兼容老年社区服务的产业性。

四、老年社区服务的人力资源系统

人力资源配置得充分、合理与否对老年社区服务的开展有很大程度的影响。我国目前从事社区服务的组织主要为政府、公立组织和社区组织，其管理人员主要是由政府来招聘。[①] 老年社区服务的人力资源系统一般由两部分组成：一部分是由政府聘用或任命的职业社区服务工作者或是职业社会工作者，这部分人主要是在社区各种助老、养老机构中从事日常的管理和服务；而另一部分，则是我们通常称为“义工”的志愿服务人员，这些人来自社会的各个阶层，具有不同的社会背景，他们从事老年社区服务是不计报酬的，并且完全出于自愿。志愿工作者的加入将会有效地减轻老年社区服务的经济压力，同时为老年社区服务提供丰富的人力资源。

目前我国的老年社区服务人力资源系统在配置上还存在一定的问题，主要表现为：

第一，从事职业社区服务工作者的年龄结构偏高，数量偏少。这些职业社区服务工作人员多是为社区中的退休老人、下岗职工等，年龄普遍偏高，而老年社区服务的工作量又比较大、工作比较烦琐，这种年龄结构的服务队伍很难适应人口老龄化、高龄化形势下的老年社区服务工作。从社会分层的角度讲，目前从事社区服务的人员得到的社会评价较低，因此愿意从事社区服务，特别是老年社区服务的专职社会工作人员比较少。

第二，从事老年社区服务的人员专业化的程度较低。社会工作作为一项专业，具有特定的学科系统、价值体系和工作方法。社会工作者必须经过长时间的教育和培训，积累一定的职业技能才能很好地胜任这项工作。而目前活跃在我国养老助老服务中的工作者大部分是一些仅凭人道主义和经验来工作的人员，没有接受过相关的专业教育或有关老年服务的知识培训。这不仅影响了老年社区服务的质量，也制约了老年社区服务发展。

第三，志愿者队伍不足，民众参与意识较低。与发达国家相比，我国的志愿者服务发展的水平还比较低。人们的社会服务参与意识是影响老年社区服务人力资源的内在因素。老年社区服务的参与人员主要为离退休人员，除了志愿者外，其他年龄段的成员参与率较低。缺少制度化、规范化的管理使得人们的参与服务的意识还比较薄弱，缺乏参与的热情。

上述是目前制约我国老年社区服务人力资源配置的亟待解决的问题。因此，我们必须从源头入手，一方面抓好职业社会工作人员的专业化建设，将老年社区服务工作作为社会

---

① 参见李迎生：《社会工作概论》，443页。

工作的一个重要的领域加以重点发展，加强老年社会工作专门人才的培养，同时通过在职培训等手段提高现有人员的专业水平。而另一方面则要大力宣传、鼓励社会广泛参与老年社会工作的志愿服务，通过已参加的志愿者带动、影响其他人广泛参与，在社会上形成良好的氛围，提高人们的社会服务意识和参与社会服务的热情，完善志愿者奖励制度，规范志愿者服务标准。从这两方面入手，提高老年社区服务人力资源的配置效率。

本章要点

1. 目前，老年社会工作的研究主要可以划归为三大部分：关于老年社会工作理论的研究、关于老年社会工作方法的研究和关于老年社会工作实务的研究。

2. 老年社会工作是一门应用性的社会科学，它以研究老人社会现象和运用老年社会工作的理论、方法解决老年人的具体问题为工作内容。其具体特点是集综合性、科学性、服务性和专业性于一体。老年社会工作的意义在于，通过社会工作者的协助使老人在经济上有所保障、精神上有所慰藉、权益上有所保护，有利于老年人幸福安享晚年，促进构建社会主义和谐社会。我国传统的养老文化的影响和老年人本身的特点，决定了我国老年社会工作的目标就是要帮助老年人解决生活中所遇到的困难和问题。

3. 老年社会工作的有效进行，首先需要老年社会工作者与服务对象之间建立良好的专业关系，老年社会工作者在与服务对象建立起良好关系以后，还要遵循一定的工作途径。老年社会工作包括预估、计划、干预和评价等过程和步骤。老年社会工作形成了自己系统的工作方法。可分为个案工作方法，包括直接治疗方法、间接治疗方法；群体工作方法，包括小组工作方法、社区工作方法。

4. 老年社区服务的内容主要包括老年人包户服务、社区养老和托老服务、老年人互助服务、老年人文化生活服务、老年人教育服务、老年人权益保护服务、老年人生活综合服务，并以福利性、互助性、专业性、综合性以及地域性为主要特点。

5. 老年社区服务政策系统包括老年生活照料服务政策、老年医疗保健服务政策、老年精神文化参与政策、老年权益保障政策几个方面。我国的老年社区服务资金支持系统包括政府对社区的财政投入、社会慈善捐助、发行福利彩票、老年社区服务收缴费用的再投入等，解决老年社区服务的资金必须既考虑到老年社区服务的福利性、公益性，同时也要兼容老年社区服务的产业性。老年社区服务的人力资源系统一般由职业社会工作人员和志愿者两部分组成。

基本概念

社会工作、老年社会工作、个案工作、群体工作、心理治疗法、危机调适模式、行为治疗法、小组工作、社区工作

复习思考题

1. 老年社会工作的含义是什么?
2. 老年社会工作的特点是什么?
3. 老年社会工作的途径和具体方法有哪些?
4. 我国老年社区工作的主要内容有哪些?
5. 如何发展我国的老年社区服务工作?

推荐阅读书目

1. 李迎生．社会工作概论．北京：中国人民大学出版社，2004.
2. [美] O·威廉姆·法利，等．社会工作概论．9版．北京：中国人民大学出版社，2005.
3. 全国老龄工作委员会办公室，编．老龄工作干部读本．北京：华龄出版社，2003.
4. 库少雄．社会工作实务．北京：社会科学文献出版社，2002.
5. 陈杏铁，等，编著．老年社会工作．北京：中国人民大学出版社，2003.

第十五章

我国应对人口老龄化的战略对策

一、建立应对人口老龄化战略的指导思想

（一）应对人口老龄化必须有科学理论指导

人类个体老龄化或群体老龄化是历史的必然。个体老龄化主要是受自然或社会规律制约，尤其是在很大程度上受到环境因素和人类社会发展规律的影响，这是人和动物的根本不同。群体老龄化则主要受社会规律的影响。人口老龄化对所有人口、所有国家而言，都是或迟或早、或快或慢要发生的，概莫能外。正因为如此，人类社会可以共同谋划如何应对人口老龄化。如国际社会召开第一次、第二次老龄问题世界大会并共同签署《联合国老年人原则》，共同决定“老年人日”和“国际老年人节”，而且各国首脑共同承诺要在各国建立一个“不分年龄、人人共享的社会”，等等。

老龄化对人类是共同的，但由于各国国情不同，各国老龄化的起始时间不同，过程不同，老龄化影响所及的社会各个方面和影响的程度也有所不同。不言而喻，由于各国发展水平不同，政治社会制度不同，历史文化传统不同和人口老龄化所达到的程度不同，因此各国对老龄化的战略对策（下称老龄战略对策或老龄对策）重视的程度不同、重点不同，因此老龄对策既涉及对自然规律的认识，又涉及对社会规律的认识，既要认识普遍规律，更要认识具体规律。因此必须有系统的科学知识的支持和理论的指导。没有理论的指导，战略对策容易陷入盲目。

老龄对策不同于老龄工作的具体措施，它是宏观的、长远的、战略性的，它着眼于老龄化对个人、社会的影响，着眼于防患未然，起到“防洪”的作用，而不是对已经出现的紧急情况的“抢险”。“防洪”就必须高瞻远瞩，认识古今中外人口老龄化的规律，因势利导，化解矛盾。因此理论指导是十分重要的。我们认为马克思主义的辩证唯物主义和历史唯物主义可以阐明人口老龄化的来龙去脉，有助于解决人口老龄化的对策问题。在马克思的时代，人类还不认识人口老龄化。我们所说的指导是指马克思主义的世界观。它不是教

条，而是方法。我们把它作为认识的工具，即可通过生产力与生产关系、经济基础与上层建筑的相互关系等理论来认识和应对个体老龄化和群体老龄化。

（二）应对人口老龄化要坚持以中国特色社会主义理论为指导

发达国家人口老龄化始于19世纪到20世纪中叶之间。我国人口老龄化到20世纪80年代初才开始被认识到，至今已经历了一代人的时间。在这一过程中我国已制定过许多老龄对策，这些对策都是在邓小平理论和“三个代表”重要思想指导下制定的。邓小平所提出的以经济建设为中心，社会主义现阶段就是发展生产力的论断，关于社会主义的本质是“解放生产力，发展生产力，消灭剥削，消除两极分化，最终达到共同富裕”的理论始终是我国老龄对策的根本指导思想。“三个代表”重要思想能保证我国老龄对策不会偏离方向。

党的十六大报告提出全面建设小康社会的目标后，其后的十六届三中全会提出要牢固树立和认真落实以人为本，全面、协调、可持续发展的科学发展观，是新世纪新阶段指导我国发展全局的重大战略思想。对老龄对策更有直接的指导意义。“以人为本”所讲的人包括老年人是不言而喻的；全面发展就是要求实现经济发展和包括老龄事业在内的社会全面进步；协调发展提出的统筹城乡发展和地区发展对老龄工作更有现实意义，可持续发展提出要保证一代接一代永续健康发展，是老龄对策的直接目的。所以科学发展观对老龄对策有现实的指导意义。

十六届四中全会提出构建社会主义和谐社会的任务。把建设和谐社会放在这样重要的位置在历史上是第一次。提出构建和谐社会，并把政治建设、经济建设、文化建设、社会建设一道提出，对老龄对策的最重要意义是，把老龄对策的目标“建立一个不分年龄、人人共享的社会”纳入构建和谐社会，就是把代际和谐和老龄问题与整个国家社会生活连在一起。至于和谐社会所要求的民主法治、公平正义、诚信友爱、充满活力、安定有序、人与自然和谐相处等，对老龄对策都有重要的启示，也丰富了老龄对策的内容和思想境界。

二、我国老龄对策的战略目标

（一）建立具有中国特色的老龄对策

在维也纳和马德里制定的《老龄问题行动计划》是全人类普遍适用的。现在国际上谈到的人口老龄化对策主要出自发达国家，以及一些已经出现老龄问题的拉美国家、新兴工业化国家和地区。这些对策总的来说都是经过实践检验，有一定参考价值和可行性的。但我国不能照抄照搬，有的目前是不能采用的，可能将来有用。中国有自己的国情，我国老龄化对策必须有自己的特色。中国人口多，底子薄，农村人口多，城乡二元结构的格局持续已久，还将持续下去，地区差别大，等等。长期经济文化落后造成中国人口多数处于长期贫困、落后、缺少教育、健康条件差的状态，这是历史原因造成的。新中国成立后，经济文化条件有所改善，但是由于众所周知的原因，改革开放前两次人口出生高峰和20世纪70年代开始的严格控制人口增长、提倡一对夫妇只生育一个孩子的政策，导致人口老龄化、养老压力大的困难和复杂局面。同时应该看到，1958年的“大跃进”错误和之后的“文化大革命”，造成一代新文盲，教育、科学、文化成为重灾区，使中国现在和今后相当长的一个时期老龄问题不容乐观。改革开放带来新的机遇，但经济转型、社会转型、下岗失业、城乡和地区间的差距进一步扩大，又造成我国解决老龄问题的新困难。如由于人口多、老年人多、老龄化速度快、未富先老，农民必须面对家庭养老和土地养老弱化的困境；我国历史上缺乏社会保障的传统，社会保障覆盖面窄、保障程度低，农村老人又必须面对子女迁离农村后的新困难。发达国家和地区的许多行之有效的对策，诸如对老年人普遍给予定期津贴、补助，国家营造大批优惠的集体养老机构收养老人，对老年人实行普遍优惠医疗等福利政策，同时采取提高生育率以缓解老龄化，提高退休年龄，从国外移民入境等政策，至少在目前还是不能普遍适用。因此，只能走一条有中国特色的老龄对策之路，即与时俱进，随着人口老龄化的发展和综合国力的提高，不断改善社会经济条件。正如邓小平谈到注意学习和借鉴国外经验时说的，照抄照搬别国经验、别国模式，从来不能得到成功。

（二）中国特色老龄对策的重点

中国人口老龄化经历的时间还不长，但已出台的各种老龄对策不少，涉及方方面面，现在还在不断进行改革和完善。凡是从中国实际出发应对老龄问题的法律法规、政策措施经过实践证明都是正确、有效的，都可以纳入中国特色的老龄对策范围。这里所讲的战略对策是指宏观的、重大的、影响全局的，不是局部、微观的具体政策措施。战略对策的范围很广，就时间说，至少在今后15年我国全面建设小康社会的过程中都有效。我们认为可以下列三项为重点：

（1）协调好人口老龄化与经济社会全面、可持续发展的战略对策。

（2）把建设“不分年龄、人人共享的社会”切实纳入建设社会主义和谐社会之内，以保证老年人生活质量不断提高。

（3）把实现“健康老龄化”和“积极老龄化”纳入国家发展战略之内，使之不再停留在口号上，得到切实贯彻。

选择上面三个战略重点不是出于主观随意性，而是一种历史的选择。在人口老龄化初期，人们普遍担忧人口老龄化必然导致劳动力不足、劳动力老化、劳动生产率下降、技术不能更新、储蓄积累下降、管理僵化、社会的老年人负担过重、社会缺乏活力等问题，普遍看到负面影响。随着社会经济的发展、人类健康水平的提高以及科学技术的发达，人们普遍开始认为人口老龄化的机遇与挑战同在，但大多数人仍认为挑战大于机遇。的确，对人口老龄化带来的机遇的论证，多属思辨性的，有力的实证不多。老龄战略对策就是要抓住机遇，化解矛盾，缓解负面影响，旨在使我国人口老龄化不但不妨碍，反而能促进我国经济快速发展、人民健康增长和社会全面进步。

构建社会主义和谐社会是我国全面建设小康社会的必然要求，是协调好各个阶层、各方面利益关系，正确处理社会矛盾的载体。人类历史经验证明，人口老龄化会引发不同年龄群体的代际矛盾。所以联合国把建立一个“不分年龄、人人共享的社会”作为社会发展的目标，这是各国政府认同并承担责任的。但是实际上，反对年龄歧视，老年人必须共享社会发展成果，尊重老年人的权利和机会并不为大多数民众所认识，这是老年人价值观问题，是应对人口老龄化战略的重要的思想理论基础，也是代际关系的焦点所在。所以只有在全社会取得共识的基础上，老龄社会才会有希望。

健康老龄化和2002年马德里会议提出的“积极老龄化”是20世纪末人类应对老龄化的两条最重要的战略，是发达国家、发展中国家普遍适用的，又是一项能持久的、永远适用的战略。它同我国提出的“老有所养、老有所医、老有所教、老有所学、老有所为、老有所乐”近似，但其内涵更丰富。在我国，这两项应对战略仍未被广泛认识，做到家喻户晓，因此需要从战略口号变为实际行动。

三、抓住机遇，促进发展，应对挑战

人口老龄化带来的机遇，在早期是很少有人讲的，因为过去只看到挑战，但近年来有人认为人口老龄化也是有机遇的，最少在老龄化初期是如此。关于发展，从严格意义来说应该包括社会发展在内，但现在大多数人理解的发展就是经济发展。发展是硬道理，是我们党执政兴国的第一要务，是增强国力、应对人口老龄化的物质力量，是庞大老年群体物质文化生活水平提高的基础。老龄化创造的机遇，是由于低生育率造成老年抚养比迅速下降，以及老年群体健康增进和寿命延长带来的积极效应。

（一）利用低抚养比的机遇加快发展

众所周知，生育率迅速下降必然加速老龄化，生育率下降造成青少年人口锐减，而老年人口增长需要一个稍长的过程，这就造成总抚养比、儿童抚养比先下降，而老年抚养比上升会滞后两代人左右，约40年。劳动年龄人口上升，被抚养人口比例减少，即所谓“人口红利”时期，也即“生之者众，食之者寡”的时期，十分有利于经济发展。这种现象先出现于发达国家，但它们由于生育率下降缓慢，没有感受到这种“红利”。生育率下降快的东亚地区，如日本、“四小龙”，都出现了这种机遇。中国近30年来经济迅速增长，低抚养比做出了一定贡献。中国近年出现大批低成本劳动力，有利于我国发展，就是证明。这个丰富低成本的劳动力还将持续几年。这是老龄化给这一代人难得的机遇期，必须充分利用好，为将来进一步老龄化做好物质准备和各种制度准备，继续保持有利于发展的人口环境。

不少学者提出我国要放宽生育率作为缓解人口老龄化的对策，认为提高生育率，老龄化就会下降，有利于解决老龄问题。对于这一对策建议必须慎之又慎。因为我国人口容量已经超载，人口多的压力对老年人并不是福音。我国是自觉选择低生育率，加速老龄化的，主要是因为我国人口规模过大，人口增长过快的后果比人口老龄化的后果更严重。当然，绝不是说生育率越低越好，老龄化程度的问题不必重视。考虑到我国人口多的国情，把生育率稳定在略低于更替水平可能是较优的方案。而且现在就提高生育率并不能减少老年人多的压力，只能缓解老年抚养比的压力，但不会立竿见影。满足已有庞大老年群体的需要是当务之急。满足今后老年群体的需要，在我国来说，经济社会政策比人口政策更为重要、更为现实。

（二）充分利用我国当前丰富的劳动力资源是发展经济和老龄对策协调的关键

发达地区对老龄化后果存在各种各样的担心，焦点是老龄社会老年人多、劳动力不足和劳动力老龄化。同发达国家相比，我国在一个相当长时期内不存在缺乏劳动力问题，而是如何提高劳动者质量，协调好劳动力的结构问题，是充分利用好劳动力的问题。

现阶段采取积极的就业政策无疑是正确的，既能促进发展也能缓解老龄化的眼前和今后的压力。我国劳动年龄人口充足，但经济发展滞后，失业、下岗一度成为发展的瓶颈。失业不仅会影响当前的发展，对今后的老龄工作来说更是后患无穷。2002 年党中央制定的积极的就业政策是正确的、符合实际的。我国虽然不是工业强国，但已是工业大国，许多产品产量已居世界前列，工业在国民经济中已占主体地位，是世界第三出口大国。应坚持发展、促进就业和建立市场导向的就业机制，执行积极的就业政策，强化服务，加大投入，重点支持国有企业下岗失业人员实现再就业，发展第三产业和劳动密集型行业，发挥我国丰富的劳动力资源优势，特别是通过城市化和人口迁移协调城乡、地区劳动力资源，可以发展经济，为应对人口老龄化服务，从而形成双赢的局面。从长远来看，如果城乡有大量过剩人口和失业人口，对一些劳动力采取待岗和“内退”等措施，只能是权宜之计，对当前发展和对未来的老龄化是雪上加霜。

（三）加大资金投入，提高劳动者素质，推进终身教育，是协调发展和应对老龄化的治本之策

我国劳动者素质低，全民族的教育、科学文化素质不高是个不争的事实。这种人口素质难以在经济全球化和科技突飞猛进的时代，在综合国力竞争和人力竞争中胜出。因此必须加大对人力资本的投入，首先是提高全民族的健康水平，加大教育投入，加强职业教育、在岗培训并推行终身教育。这不仅是当前发展的需要，也是应对老龄化的必然要求。

我国老年群体总体上生活不够充实，生活质量低，推行和实现健康老龄化和积极老龄化困难重重，除了有经济上和体制上的原因外，我国老年群体文教、科技素质不高是个不可忽视的原因。如果我国城市大部分老年人都有初中以上文化水平，部分人有更高的专业知识，我国老年群体的生存状况将会大大提高，我国庞大的老年群体将会对社会做出更切实的和不可忽视的贡献。

（四）发挥老年人力资源的作用，推动老有所为，实现积极老龄化，是老龄战略对策中的一项独特和不可代替的内容

现在关于老龄化是机遇还是挑战、老龄化的影响是正面的还是负面的争论，大家是见仁见智，论点各有不同。但老龄社会中的老年人越来越多，占人口的比重越来越高，有的国家的老年人口现在已占到人口的1/4，不久要占到1/3，我国也面临着这种前景。如果把老年全体看成是财富，则肯定有利于社会全面发展，反之则不利于发展。近20年来老龄科学研究成果都已证明，当代老年人健康增进，文化教育科学水平提高，参与意识增强，老年人的知识、经验、技能对社会的贡献大大增加。当代所有国际研究都证明，老年劳动资源对家庭、社区和社会都是不可或缺的。特别是一些老年人才资源对国家发展、社会全面进步能做出重要贡献。老年人是连接过去和现在的文化传递者，是永不枯竭的资源。因此实现积极老龄化，促进老年人参与社会已是全球共同的要求，对经济、科技落后的中国也能起到很大的作用。

四、和谐社会与老龄战略对策

（一）老龄战略对策是构建社会主义和谐社会的题中应有之义

和谐社会被古今中外仁人志士视为美好的社会、崇高的理想，是鼓励人们为之奋斗的精神力量。中国传统文化中，诸子百家也不乏对家庭、社会国家有关和谐、协调的立论。儒家关于和谐的思想在“仁政”、“中庸之道”中都表现出来。不过由于时代的局限性，儒家的和谐立足于家庭和谐，以孝文化为中心思想，提出诸如尊老爱幼、孝悌忠信的行为标准，以维系家庭和谐并推及国家，也提出“老吾老以及人之老，幼吾幼以及人之幼”等处理代际关系的道德准则。不过，封建社会所维系的和谐是性别、年龄不平等和不民主的，是男尊女卑、封建家长制，年轻一代对老年一代绝对服从，等等。社会主义和谐社会是对传统美德的继承，同时也是对传统糟粕的摒弃。

西方思想家也把和谐社会、理想社会作为奋斗目标，但由于西方少数人剥削大多数人民群众的经济基础的存在，美好社会只能成为空想和乌托邦。作为马克思主义政党，中国共产党一直把建设美好社会的要求作为奋斗目标，并把这一目标的实现建立在科学的基础上。党提出建设社会主义和谐社会的历史任务，明确地把经济建设、政治建设、文化建设、社会建设的任务融入总任务之中。社会主义建设是一项伟大而复杂的系统工程，在这项系统工程中，人口老龄化直接涉及的是代际关系和家庭关系。家庭中的代际关系和社会上的更为复杂的代际关系中都包括经济关系。在经济关系中，存在着公平、公正这个和谐社会的核心问题。老年人晚年生活方式大多倾向于居家养老和社区助老。这就要求弘扬家庭美德、社会公德、职业道德以及建设社会主义和谐社区。社会是人群生活的共同体，其中有人与人的关系、人与社会的关系和人与自然的关系。在老龄社会，代际关系问题突出，代际关系不仅关系到当代发展，还涉及社会继承、世代交替。老年人是代际的传承者，又是历史上的贡献者，也是现实社会中能继续做出贡献的宝贵财富。老龄社会能否可持续发展和老年群体能否提高生活质量，都有赖于能否建立一个安定有序的社会主义和谐社会。

（二）民主法治是实施老龄战略对策和保障老年人权益的根本保证

老龄战略对策是宏观、长远对策，不是为了解决当务之急，因此老龄问题常常不能摆到重要议事日程上来。老年人在一个文明社会应该享有各种合法权益，但是老年人又是一个弱势群体，他们的权益常常被忽视。因此世界各国都在各级权力机关制定老年人权益保护法律，因为法律面前人人平等，这样老年人权益才能得到保证，老年人只有依法行使民主权利才能在机会上平等。在我国建设和谐社会就要求切实发展社会主义民主，使老年人有更多的民主权利，特别是对他们的切身利益享有发言权。

近二三十年来，国际社会特别关注老年人享有生存权和发展权的问题，关注保证老年人享有各种平等机会，如1991年包括我国在内的17个国家提出并通过了《联合国老年人原则——“愿长寿者颐养天年”》，1999年提出国际老年人年并以“建立一个不分年龄、人人共享的社会”为主题，在一定程度上对老年人给予法律保护。《联合国老年人原则》概括了老龄问题行动计划中老年人具有的各种权利，分为五个方面：独立、参与、照顾、自我实现和尊严。2002年我国代表参加了第二届老龄问题国际会议，承诺充分实现老年人所有人权和基本自由，消除老年贫困以及进一步发展落实《联合国老年人原则》。除了《宪法》之外，在我国《老年人权益保障法》的第四条中规定，国家保护老年人依法享有的权益。老年人有享受社会发展成果的权利。禁止歧视、侮辱、虐待或者遗弃老年人。所有这些同“建立一个不分年龄、人人共享的社会”和构建社会主义和谐社会的大目标都是一致的。我国还具体规定了“六个老有”。这些法律规定和原则只有在社会主义民主和依法治国的方略下才能实现。

近年来，国际上把老年人的社会参与作为应对老龄化的重要环节之一。社会参与不一定都是政治参与，但是扩大民主，鼓励公民积极参与政治是老年人社会参与的基础，它是参与社会事务，参与民主决策、民主监督的最重要的推动力。把民主法治作为和谐社会的首要特征，使人人都有政治觉悟和法律素养；以法律为准绳，树立法律的权威性，这样老年人得到法律保护，非老年人接受法律的约束，并认识到人人都会老，自己到年老时也会得到法律的保护，因此都有维护法律的责任。老年人是一个弱势群体，如果没有民主法治，老年人的许多权益是无法实现的，社会就不能有序地世代交替，也不能实现良性继承。

（三）和谐社会的公平公正是实现老龄战略目标的客观要求

1.“不分年龄、人人共享的社会”需要社会公平公正来维护

世界首脑社会发展会议提出的“人人共享的社会”这一人类发展目标是泛指的，主要

是取自1948年人人享有一切人权的《人权宣言》。在当时人类还不知人口老龄化已经来临。《人权宣言》主要谈的是政治权利，按政治来区别人群，在人类自然差别上，只顾及男女平等权利，没有明确谈到年龄差别。《人权宣言》谈到工作和劳动时，在第25条提出：人人有权享受为维持他本人和家属的健康和福利所需的生活水准，包括食物、衣着、住房、医疗和必要的社会服务；在遭到失业、疾病、残废、守寡、衰老或在其他不能控制的情况下丧失谋生能力时，有权享受保障；母亲和儿童有权享受特别照顾和帮助。但对老年人的权利讲得不够明确和具体。联合国秘书处负责老龄工作的部门在社会发展问题世界首脑会议的后续行动中，把“建立一个不分年龄、人人共享的社会”确定为1999年国际老年人年涵盖一切的主题。把“不分年龄”加上，实际上是反对年龄歧视，尊重老年人的权利，并得到各国的承认，这已成为老龄战略对策的奋斗目标。

贯彻这一目标必须以公平和公正为前提，首先要客观地承认老年人对社会做出过贡献，也要求承认老年人在社会中仍有价值，有权共享当前社会发展的成果。在这个问题上，已退出劳动者主流的老年人和正在全力参与社会发展的劳动者（主要是中青年），在社会成果分配的权利和分配的份额问题上是有利益矛盾的。在社会发展缓慢和发展很快时更容易出现矛盾，这就需要社会的公平正义来妥善解决。

2. 公平公正才能保证老龄社会安定有序持续发展

我国人口老龄化的背景是，经济高速发展、经济体制转轨、社会结构转型、文化和家庭模式转变，更重要的是利益格局变化。在这些变化中，老年人大多数处于劣势。由于中国是未富先老，老年人大多数长期以来处于生活艰苦贫困状态，没有积蓄和财产。城市老年人群体收入主要来源是退休金，农村老年人主要靠土地和子女供养。中国的老年人晚年生活基本上没有积累基金和私有财产来支持。老年人生活改善主要来自当年生产总值的分配，这就很容易同直接生产者在利益分配上产生矛盾。另一方面，由于众所周知的原因，未来一二十年进入老年期的人群大多物质贫困、“能力贫困”和“健康贫困”，需要照顾的人规模相当大。这种两代人经济利益的矛盾短期内难以缓解，因此在经济利益分配上对老年人适当倾斜是必要的，如果分配不当造成老年人处于社会底层，会导致社会矛盾激化，影响社会和谐，不仅因为老年人人数多，还因为受到影响的不限于老年人群，因为人人都会老，家家都有老人。只有公平公正才能安定有序地解决问题。

3. 调动庞大老年群体的积极性需要和谐社会这个载体

目前我国老年人只占人口的十分之一，大多是年龄较轻的老年人，感觉不到保持老年人活力和发挥老年人积极性的重要性。社会主义和谐社会不是传统观念认为的那样应是一团和气，不强调社会活力。有人认为社会活力主要是指中青年而言，很少人想到充满活力的人群也应包括老年人。老年人群体中有各种各样的老年人，不同的老年人都有发挥各自积极性的问题。刚进入老年期的老年人在工作岗位、家庭、社区都能做出重大贡献。对于大多数老年人来说，充满活力意味着能用积极态度对待人生的晚年期，积极参与社会生活，积极投身志愿工作，自觉参与学习，等等。一些有特殊专长，有丰富经验、技能和知识的老年群体，可以量力而行，继续为社会做出贡献。老年群体用积极的态度对待人生，在社会和家庭中受到尊重，安全和生活有保障，不受歧视而且能够实现自己的价值，才符合建设社会主义和谐社会的要求。

五、预防老年人贫困的对策思考

（一）老年人相对贫困问题产生的基本原因

贫困是指人处于物质资源匮乏和基本生活需要不能得到满足的状态，一般是指经济生活的贫穷和困难，具体界定可以是指一个人或一个家庭的生活水平达不到社会所认可的最低标准。绝对贫困（absolute poverty）是指收入不能保证最低生活需要的情况。相对贫困（relative poverty）是指与社会平均水平相比其收入水平少到一定程度时维持的那种生活状况。相对贫困是与其他人比较来定义贫困，因为贫困者的生活水平可能也在提高，但是与其他多数人比较起来仍然处于贫困状态。世界银行的观点是：收入是（或少于）平均收入的1/3的社会成员便可以视为相对贫困。

在社会现代化的发展过程中，老年人群体很容易成为相对贫困的群体。其主要原因在于：第一，老年人离开了工作岗位，不再取得工资性收入，即使能够获得退休金，也要比原来的工资少一定比例。第二，老年人由于身体和知识技能等方面的原因，不容易再就业或继续参与经济活动，难以获得工资性收入。第三，家庭成员对老年人提供经济支持的可能性逐渐减少。

我国老年人的相对贫困问题是难以避免的。在一个相当长的时期内，我国老年人的物质生活保障和发达国家老人有相当大的差距，由于老年人增长大大快于其他人口，老年人物质生活改善的程度在市场经济下一般要滞后于劳动年龄人口。由于老年人大多已经退出生产第一线，不参加初次分配，而初次分配是讲效率的，老年人大多参加的再分配是讲公平的，因此，老年人共享社会发展成果不可能是优先的。在我国经济快速发展的情况下，老年人收入保障很难同社会平均收入同步增长。① 很大一部分早期退休和退休前工资标准低的退休者，其收入只能维持低水平的日常生活，尚不足以应付随时可能遇到的医疗消费支出。

在目前，我国老年人中那些无子女、丧失劳动能力、没有养老金收入的和身患重病的老年人的经济保障问题是最严重的。在农村地区，有较大比例的老年人处于贫困的状态。2006年，农村仅有4.8%的老年人有养老金保障，收入水平增长幅度较小。城市中有近20%的老人年收入不足4 600元，仍有135万老人收入低于当地最低生活保障线；农村有27%的老人年收入不足750元，有2 160万老人收入低于农村困难救助水平。农村老年人非常担心没有生活费来源的比例从2000年的12.4%上升到2006年的14.2%。② 农村老年人

① 参见杜鹏主编：《人口老龄化与老龄问题——高级公务员读本》，北京，中国人口出版社，2006。

② 参见郭平、陈刚：《2006年中国城乡老年人口状况追踪调查数据分析》，7页。

个人收入不足，生活困难程度明显，经济收入缺乏保障，特殊困难户和社会救济对象的比例要明显高于其他人群，多数需要子女的经济资助，所以对他们的贫困化的问题需要给予更多的关注。

（二）发展和完善城镇老年社会保障制度的对策思考

（1）针对养老金资金来源不足的问题，加强法制规范，增加政府的调控力度。根据西方国家的经验教训，养老金的高福利制度是不可取的，应该增加个人的责任。一方面，明确个人收入申报制度，按个人实际收入缴纳养老基金。理顺在职期间的工资结构，增加工资的规范化管理，将有利于每一代退休者的经济保障。另一方面，发挥政府职能，适当增加社会保障支出。中国在养老金制度改革中形成的转制成本——隐性债务问题，需要国家统筹安排给以解决。因为改革和转制是社会性的问题，应该由国有资产解决部分养老金缺口问题。对于人口老龄化产生的老年人经济供养问题，应该纳入社会发展计划统一解决，增加政府和社会的责任，建立健全社会化的供养机制。

（2）健全法制，增加养老金管理的透明度，提高规范化水平，杜绝养老基金的滥用和腐败问题的出现，提高管理的安全性和工作效率。

（3）由国家从政策上鼓励和支持单位自办补充养老保险，发展企业年金；鼓励和支持商业保险公司兴办养老保险项目，例如可采取倾斜政策，采取减免所得税的办法，以提高退休者的养老金水平，减轻政府和企业的养老保险负担。这种做法比起国家或企业的养老保险会节省大量的资源，是一件一举多得的事情。

（4）国家必须保证养老基金有稳定和较高收益的投资渠道，目前养老基金主要投资于债券和银行储蓄，不能保证资金的有效增值。对养老基金的管理，可由国家发行专项的有较高收益率的社会福利债券，作为增值的主渠道；对于投资于国内股市的社会保障基金，应该强化监管，提高效益，使之真正成为长期战略投资项目和长期受益项目。

（5）解决养老保险社会化水平低和覆盖面窄的问题，对于不同户籍和所有制的劳动者实行保障权利的平等。以此，一方面体现社会保障公平的原则，另一方面解决当前资金来源不足的问题，实现最大范围的社会共济和新制度的良性运行与可持续发展。应该在适当时机建立“国民养老保险”制度，将农民工、个体从业人员以及自由者也全部纳入这个系列。

（三）预防农村老年人贫困的对策思考

第一，发展我国农村老年社会保险的基本思路。为了适应我国农村发展社会主义市场经济的需要，从我国农村实际出发，推进农村社会养老保险，其基本思路是：

（1）由政府出面理顺农村社会养老保险管理体制。农村社会养老保险应该是政府组织实施的一项保障农民晚年基本生活的社会性、政策性的基本保险，是国家和政府社会政策行为。因此，应该在政府的领导下，统一政策，有计划、有步骤地组织实施。

（2）从实际出发，积极、稳步地适度发展农村养老保险。开展农村社会养老保险，必须从我国实际出发，因地制宜、分类指导。在大部分地区，应坚持低标准起步，由点到面，逐步发展；在富裕地区，应尽快扩大覆盖面，建立和完善法规制度。

（3）建立健全管理规章制度，加强队伍建设。养老保险基金是投保人的共同财富，是农民晚年的保命钱，必须保证其安全，做到保值增值，确保兑现。

第二，以计划生育养老补贴和建立健全农村最低社会保障制度为契机，发展农村的养老保障制度。对于特殊对象，如独生子女父母、军烈属等应有一定的特殊优惠政策。另外，在发展农村社会养老保险的同时，对现在生活困难的农村老年人应该加强社会救济工作，提高社会救济水平，使这部分老年人也能享受到经济发展带来的成果。

第三，将社会化养老措施和家庭养老相结合，使二者相辅相成，互相保证和互相促进；既保证社会化养老根据经济发展的条件而不断得到发展，又要从我国的实际出发，巩固并加强传统的家庭养老的有益方式，以保证老年人的晚年生活得到有效的保障，使老年人的生活质量不断得到提高。

第四，发挥农村基层组织的作用，建立由基层政府保护的群众互助的非政府社会组织，发挥社会救助的作用。老年人的社会保障工作在很大程度上需要基层社会组织的建立、健全和发挥作用。调动社区群众组织的积极性，例如农村老年协会已经对老年保障工作发挥了重要作用。在市场经济发展中，强化农村基层社区的社会保障作用，对于预防老年人的贫困，提高广大农村老年人的经济保障水平具有重要意义。

六、城乡老年人的健康保障战略对策思考

老年健康保障是老年期生活保障的重要组成部分，它与老年经济保障一起构成了老年人生活保障的两个主要方面。对于老年人来说，健康是生命的追求，因此，只有获得了健康保障，生命才能显示出价值。

随着出生率的下降和平均预期寿命的延长，人口老龄化在我国进一步发展，我国的老年人口规模庞大，增量巨大。在我国的医疗保险制度改革过程中，首先考虑到的应是这些最需要医疗保障的老年群体。随着人口老龄化以及社会的发展，我国老年医疗保障面临很多挑战，需要从国家发展战略和政府工作计划的角度提出发展思路。我国老年医疗保障制度的改革与发展需要从以下几方面考虑：

第一，加强医疗社会保障的立法。医疗社会保障立法是世界许多国家的做法。在我国，需要由国家制定和实施“医疗保障法”，使医疗保障资金的筹集具有强制性和有效性。

第二，建立合理的医疗保险费用的分配机制。医疗保险基金的结余部分在投资医疗设施的建设外，还要重点关注低收入的老年弱势群体，使所有老年人都能够实现“老有所医”，也体现以人为本的社会人文关怀精神。“建立一个不分年龄、人人共享的社会”，首要的，也是最重要的是健康的享有，而健康的享有就必须重视人们的医疗保障需求，应该根据社会经济条件改善和推进公平的、覆盖全社会的医疗保障机制。

第三，建立合理的医疗保险费用筹措机制。拓宽医疗费用的筹资渠道，使老年人的医

疗费用有一个稳定的资金来源；建立社会化管理、统筹调剂使用基本医疗保险基金。

第四，建立健全医疗保险基金的监管机制。基本医疗保险基金是职工和退休人员的“救命钱”，必须做到专款专用，任何单位和个人都不得挤占和挪用。应加强对基本医疗保险基金的审计和监督，建立医疗费用支出的制约机制。医疗消费具有即时性、难预测性和道德风险大的特点。根据医疗保险制度改革试点的经验，建立医疗费用支出的制约机制，关键是要做到医疗费用支付范围、标准的制度化，制定基本医疗保险用药、诊疗和医疗服务设施的标准。明确社会统筹医疗基金和个人医疗账户的支付范围。社会统筹医疗基金按照以收定支、收支平衡的原则，根据各地的实际情况和基金的承受能力，确定支付标准和最高支付限额。同时还要加强对医疗机构的制约，在改革医疗保障制度的同时，要在医院的管理机制上进行改革。这两者间的相互作用和改革的方式还需深入思考。

第五，面对我国地区间经济发展水平的差异，建立基本医疗保险和补充医疗保险相结合的制度。各地的基本医疗保险水平应该大致相当，城乡差异不大；针对有条件的地区和行业，应建立企业补充医疗保险和商业医疗保险，使有条件的家庭和个人在知情和自愿的情况下根据自己的不同需求来购买补充医疗保险。这也是市场经济发展的必然要求。

第六，实现健康老龄化的发展战略。①

其一，健康老龄化的科学含义。健康老龄化是针对人口老龄化时代提出的战略对策，有明确的战略意义，因为它的目标是使绝大多数人都能够健康长寿。健康老龄化的着眼点不限于寿命的长度，而在于寿命的质量，所讲的寿命延长是指健康寿命的延长。健康老龄化旨在使绝大多数老年人都能够按照正常衰老的规律发展，以求在晚年的大部分时间内身体健康，生理功能正常，生活能够自理。即使不能完全做到无疾而终，也要把功能受损、生活不能自理的时间压缩到生命最后一个很短暂的时间内。健康老龄化把预防保健、治疗康复结合起来，更重要的是不把希望完全寄托在医疗上，而是把卫生保健如优生优育、儿童免疫预防、青少年健康、饮食营养、体育锻炼、心理保健、环境保护、公共卫生、个人卫生、社会文明、人类健康的行为方式等都作为实现健康老龄化的组成部分，通过多学科、多部门协作和共同努力来解决问题。

健康老龄化战略强调人口群体以健康状态进入老年期。许多老年期的疾病是在成年甚至青少年时期就已潜伏下来，只是到老年期和高龄期显露出来，所以健康的老龄化是全面健康，是婴幼儿、青少年、成年健康的集中反映。健康老龄化是全民族健康的最终体现。

其二，实现健康老龄化的战略对策。健康老龄化是一项庞大的社会工程，实现健康老龄化需要几代人的努力，需要多学科、多部门的协作。它同许多部门有关，更需要各部门站得高、看得远，认识到人口老龄化的客观必然性，为实现健康老龄化作出贡献。

健康老龄化的实现同卫生保健部门的关系最密切。在某种意义上它是卫生部门的职责和工作目标。各国卫生部门都以提高人口预期寿命作为衡量保健的最终尺度，在今天人口老龄化的情况下，要用老年人的健康长寿作为其中的一项重要指标。“2000 年实现人人享有

---

①　参见邬沧萍主编：《社会老年学》，484～487 页。

卫生保健”的实现，城乡三级医疗网的建立，实行预防为主、中西医并举，开展群众性与专业性的健康教育，也必须把健康老龄化提上议事日程。要加强衰老科学和老年医学的基础性和应用性研究，在医疗实践中，预防保健和治疗康复都要体现出健康老龄化的战略。

健康老龄化同体育部门的关系也很密切。老年体育是促进健康老龄化的一个不可或缺的环节。健康老龄化的决定性因素是全民族体质普遍提高。这除了取决于饮食营养、卫生保健和改善环境外，很重要的一步是开展全民健身运动，增强人民体质，特别是中青年和儿童的体育锻炼。所以必须抓好各级学校体育和群众性体育活动，使人人都有健全的体魄，以身心健康的状态进入老年期。

宣传、教育部门对实现健康老龄化有义不容辞的责任。我国对人口老龄化的宣传还很不够，健康老龄化战略的深远意义还未普及，因此要求各种新闻媒体大造舆论，特别是要对老龄化的科学知识、保健知识进行科普宣传，使广大老年人及其家庭成员、全社会的中青年对健康老龄化都能有所认识，自觉抵制不健康的生活方式和行为，破除在健康上的封建迷信、反科学、伪科学，使健康老龄化建立在科学的基础上。教育部门需要设立老年学、老年医学、衰老生物学、老年药物、老年护理学等专业，培养为健康老龄化服务的人才。

计划生育部门需要开展优生优育工作，消灭各种遗传病、地方病及先天愚型等劣生现象，使存活到老年期的人尽量减少先天早衰的各种情况。这实际上是一项健康老龄化的奠基工程。

从事老龄工作的部门，政府的、半官方的、民间的机构都应把实现健康老龄化作为一个目标。老干部管理局、退休管理委员会应该关心各自所属部门老年人的健康长寿。老龄协会应担负起实现健康老龄化的各项职能，从宣传、动员、策划、组织、实施、监督有关法律执行情况到具体安排和管理，应统筹考虑，使健康老龄化战略得以实现。

七、加快发展社区老龄工作

老龄工作的落脚点应该在社区。社区的作用在于开展老龄实际管理工作和实行社区老年服务，将原来由国家—政府和单位管理的工作模式转变到社会化管理的模式上来。

（一）社区老龄工作的功能与作用

社区活动或社区工作的基本社会功能是：通过群众性的自我服务实现社区自治；通过综合性的管理与服务实现社会整合；通过化解社会矛盾，消除不安定因素，达到社区及整个社会的协调发展。社区老龄工作的具体功能与作用有以下几方面。

1. 补充国家和单位福利的不足，实现社会福利社会办，完善老年社会保障体系

社区老龄工作充分体现出社会福利社会办的方针，具有投资少、覆盖面大、小型分散、灵活多样的优点；改变了传统的社会保障完全由国家包办的体制。在我国，它是适合国情、具有中国特色的社会保障的一个重要方面，是我国在社会主义初级阶段发展社会主义市场经济过程中提高社会保障水平的一个重要手段。随着社会主义市场经济的发展，社区服务

可以把那些本应由社会承担的福利与服务回归社会，把国家、单位或企业不应该承担的任务转移给社会，改变“企业办社会”、“单位办福利”的状况，减轻国家和单位的负担，实现公共福利事业的社会化。

社区老龄工作不仅是民政福利服务，还包括养老保险、医疗保险等社会保险项目的管理和服务，包括逐步建立和完善保障性的社会服务体系，建立社区的医疗保障设施等，而且是使社区服务成为群众广泛参与的社会互助保障的重要形式与载体。所以，发展社区老年服务是实现我国社会保障制度改革的重要环节，是使我国社会保障制度从“国家保障”模式向“社会保障”模式转变的重要途径，并且对建立独立于单位之外的社会保障体系有着积极的促进作用。①

2. 实现社会救助，扶贫解困，缓解社会矛盾，稳定社会秩序

我国开展社区服务的经验证明，社区老年服务在社会保障以及社会生活中的地位和作用越来越突出，受到各级政府的高度重视和群众的欢迎。例如上海市杨浦区控江路街道在社区服务中推进了社区救助体系的建设，构建了生活救助、医疗救助、教育救助、住房救助“四位一体”的社会救助体系，使社区特殊困难家庭基本无后顾之忧。②

根据社区服务的性质、目的和内容，社区服务的基本职能是互助互济，协调人际关系，转化消极因素，缓解社会矛盾，起到社会稳定的作用。

3. 有利于增进居民的医疗保健水平，促进老年医疗保障事业的发展

社区卫生服务以个人和家庭为单位，以需求为导向，提供集预防、保健、医疗、康复、健康教育与指导为一体的就近、方便、快捷、价廉的综合性的卫生服务。作为社区医疗保健，这种服务可以及时掌握服务对象的情况，从个人、家庭及人群的健康状况出发，制订相应的服务计划，把国家的医疗保障目标落到实处。

（二）社区老龄工作存在的主要问题

1. 社区管理和服务能力不足，满足不了需求

社区管理和服务的兴起适应了我国目前社会主义初级阶段的经济水平，适应了市场经济发展和群众的普遍需求，但是由于社区服务发展时间较短，受到经费、场所和组织管理等各种因素的制约，仍满足不了社会的需求。随着我国人口老龄化速度的加快，家庭规模、结构及功能的变化，退休人员的增加，居民对医疗保障服务要求的不断增加，社区服务还不能满足社会日益增长的需求。

我国社区管理和服务能力不足主要是由资金、设施不足和工作机构不健全所决定的。首先服务资金紧缺。社区服务资金主要有三个来源：一是国家资助，二是社会捐助，三是有偿服务收入。一方面国家和地方财政比较紧张，不可能拿出大笔资金投入社区服务；另一方面，整个社会的经济收入水平较低，单位和个人向社区公益事业捐助的能力有限。同

① 参见于燕燕：《非正规就业与社区服务》，载《中国经济快讯》，2002（23）。

② 参见《控江路街道社区工作三年规划》，见 http：//www.eastshanghai.net.cn，2003-08-01。

时，社区服务经营性收入不高。由此决定了由街道、居委会兴办的社区服务设施一般都比较简陋，不能完全满足现实的需要。

2. 社区管理和服务内容不完善

首先，社区中的健康保障措施比较缺乏。其次，社区的救助措施不完善，对于老年低收入群体的贫困问题，社区的救助、安置措施不够完善，导致社会保障问题较多，国家的社会保障负担较大。

3. 管理体制不健全

社区管理和服务是一项系统性的社会工程。服务管理机构和工作方式需要有一个组合、协调、发展完善的过程。社区服务在很大程度上属于社会福利性或公益性的事业，需要社会统一的法制化管理和规范。由于社区服务具有明显的区域性和综合性特征，又是一项全新的事业，目前各级政府部门未能建立起全方位、成形配套的法规体系和管理体制，因而各级政府、各有关管理部门的工作缺乏协调性，工作归属关系不明确，工作角色较为模糊、缺乏足够的整合效应。

4. 社会参与率不高，缺乏服务的人力资源

社区居民的参与意识和参与行为都很不够，志愿工作者队伍的机制没有完全形成。社区服务深受居民欢迎，但是社区服务发展的一个必要条件还在于居民及社会各界的主动参与，形成人力资源良性循环的局面。如果没有充足的志愿者队伍，社区管理和服务很难得到长久持续的发展。

（三）发展我国社区老龄工作的基本对策思考

社区是社会系统的一个组成部分。作为社会生活的基本场所和人际关系的连接点和聚合处，作为老年人生活和日常活动的重要场所，社区在我国养老体系中起着重要的生活照料和就近保障的功能，具有越来越重要的作用。应通过社区的途径整合社会资源，以社区为政策运行的实体和重心，使之成为连接政府和民众的社会平台。尤其是针对经济困难和无收入老年人的社会保障制度，在很大程度上需要借助于社区这个平台来实现。

老年人与社区的联系更加紧密，对社区环境更加熟悉，而且由于他们所处的弱势地位，更需要社区的帮助和服务。为了进一步发展我国的社区老龄事业，需要针对存在的问题采取有针对性的对策。这些对策主要包括。

1. 加强政府的宏观指导，提高社区服务的规范化水平

社区老龄工作越来越引起我国各级政府及有关机构的重视，并正在逐步将其纳入政府工作体系。但从目前社区老龄工作的实践来看，必须从政府的发展规划、政策法规、资金筹集与设施建设等方面给以保证；提高社区老龄工作在政府工作中的地位，完善社区老龄工作的政策法规，建立政府各有关部门在这方面的工作机制，尽快将社区老龄工作纳入社会工作和行业化管理体系。

2. 提高社区老龄工作的科学化水平，提高管理和服务能力

首先，应加强总体规划的科学化水平，从社区发展建设、公用事业、服务网点的配置

上进一步做出科学的安排。

其次，要加强社区管理和服务工作者的培训，提高人员素质，将社区工作人员纳入社会工作和行业标准化管理系列。

3. 加强基层社区组织建设，建立社区工作者队伍系统

社区服务工作主要是在基层。社区居民既是社区服务的主体，又是服务的对象。这就需要大量的组织发动和组织落实工作。这些工作的主要承担者是基层社区的组织机构。街道（乡）办事处和居民（村）委员会是社区服务的具体组织者。同时，社区服务对加强基层政权和群众自治组织的建设又具有积极的作用。因此，进一步加强基层社区组织建设特别重要，各有关部门都应积极促进这方面的工作。要使基层组织机构适应社区服务和社会主义市场经济发展的需要，转变职能，强化自治意识，提高自治能力，调动居民的参与意识，为社区服务创造积极、健康的社会环境。

由政府支持、社区组织出面建立志愿者服务队伍，建立志愿者服务档案或“义工”档案，以解决社区服务人力资源不足的问题。例如由社区组织建立志愿者服务的信息档案、网络系统；实行周末居民定期义务劳动日制度。“义工”制度的建立，既可以提供社区服务的人力资源，又可以为社会主义精神文明和道德建设的机制提供参考。可将“义工”活动参与情况作为公民荣誉记录，作为官员从政任用、公务员的聘用、年轻人就业录用的标准之一。

在大中小学开展为老年人服务的教学和实践活动，建立青少年和老年人之间的互动联系制度，在居委会建立双方的电话联系网，沟通双方信息。由青少年为老人提供日常服务和传授现代科技知识，由有条件的老年人为青少年提供传统教育、人生观和思想道德教育。在社区活动场所开展代际交朋友活动。

建立社区中健康老人帮助困难老人、强势老人帮助弱势老人的制度，建立老年人之间的同伴联络制度，定期开展老年人之间的互帮互学互助活动。

建立社区服务人力资源培训系统，由周边大学、科研机构的专业人员提供培训。人力资源培训的内容包括：性别、年龄视角的观念意识，老年学、心理学、法律、医疗护理知识，专业服务技能等。

4. 建立和健全社区服务发展基金制度，保证社区公益事业的健康发展

社区服务是一项造福于民的公益事业，应扩大社区服务的资金来源渠道。可探索建立社区服务基金会，将社会各类可利用的资金有程序、依法纳入社区服务轨道，并扩大国内外各界捐赠渠道。通过基金会可建立起稳固的社区服务积累与发展基金，由国家赋予其福利性基金会的职能，使基金保值增值。社区服务基金以项目管理的方式，对社区服务设施和项目的兴建实行一次性投资支持，并对福利性和义务性服务项目给以定期补助，以此减轻国家财政负担，并克服资金不足的困难。

在纳入行业性管理的社区服务项目中，应制定出合理的收费原则和标准，实行并扩大有偿服务的范围，使社区服务能在市场经济中得到更快更好的发展。

5. 加强社区的老年社会保障及社会救助工作

2003年6月《关于积极推进企业退休人员社会化管理服务工作的意见》提出：企业退休人员社会化管理服务是指职工办理退休手续后，其管理服务工作与原企业分离，养老金实行社会化发放，人员移交城市街道和社区实行属地管理，由社区服务组织提供相应的管理服务。街道和社区的社会化管理服务工作主要包括：配合社会保险经办机构做好确保养老金按时足额发放工作，保障企业退休人员的基本生活；为企业退休人员提供社会保险政策咨询和各项查询服务；跟踪了解企业退休人员生活状况，协助社会保险经办机构进行领取养老金资格认证；帮助死亡企业退休人员的家属申请丧葬补助金和遗属津贴；集中管理企业退休人员的人事档案；组织企业退休人员中的党员经常开展组织活动，加强企业退休人员的思想政治工作；建立企业退休人员健康档案，有计划地开展健康教育、疾病预防控制和保健工作，提供方便的医疗、护理和康复服务；组织企业退休人员开展文化体育健身活动，指导和帮助他们通过各种形式的社会公益活动发挥余热，开展自我管理和互助服务。这就为社区老年人服务增加了新的内容，提出了新的任务和发展方向。

将生活困难的老年人纳入社会救济体系。由基层社区组织为每个经济困难的老年人建立个人生活档案；在计算核实家庭人口的收入时，单独计算老年人的收入，其家庭子女的收入不应平均计算在老年人的收入之中。实行老年人救助计划的具体步骤包括：

（1）建立政策法规。

（2）调查核实老年人的收入情况，获取收入证明，建立个人档案。

（3）办理申请程序。

（4）建立领取者的个人银行账号，直接发放到本人。

（5）通过老人信箱、电话联络、定期走访的途径，掌握计划执行情况，及时解决问题。

采取“输血”和“造血”并举的方法，对于有一定劳动能力和有劳动愿望而且经济困难的老年人，实行扶持和倾斜的帮助政策，如提供小额无息贷款、减免税收等，帮助老年人在社区开展小本经营活动，获得相对稳定的经济收入。

6. 加强社区的老年医疗保障及救助工作

为老年人提供方便、及时、廉价、周到的医疗保健服务。由社区组织每年为老年人实行一次免费或低收费的体检，建立健康档案，提供医疗咨询服务，提供更年期、慢性病防治的科学知识咨询，提高他们的自我保健意识。

在城镇地区，由社区机构出面与正规医疗机构建立协作关系，建立社区医疗中心；在地区的大型医院建立医生到社区开展服务的制度，定期在社区为老年人开展医疗服务，老年人的社区医疗费用可以由基本医疗保险制度给以报销。

7. 发展社区老年人权益保障工作

在社区建立子女赡养老人档案，对不承担赡养老人义务的家庭成员进行社区干预，如居委会定期谈话；发放宣传教育材料，宣传尊老敬老的观念；对侵害老年人权益和造成人身伤害、虐待和触犯刑律的，进行强制性调解，组织法律援助和帮助支持老人通过司法途径解决问题。

由社区组织建立维权机构，设立专职的协调员，帮助老年人处理和解决财产、子女关系、社会保障以及婚姻关系等方面的问题；提供法律咨询和法律保护，保障他们的各项合法权益，尤其是要保障他们受赡养、住房和婚姻方面的权益。

对经济困难的老年人，在追索赡养费、养老金、社会救济费时，实行法律援助，取消案件受理费，并保证有效执法和社会监督。

对再婚老年人的权益给以特殊保护，由社区居委会对再婚老年人开展法律知识培训，建立再婚老人档案，协助再婚老年夫妻处理好婚后子女关系、财产关系，开展必要的婚前财产公证，提供法律咨询服务；按照《婚姻法》和《继承法》保护再婚后丧偶老年人的财产继承权。

8. 开展形式多样的社区老年人生活服务活动

在社区建立老年人生活帮助组织机构和网络，帮助老年人建立健康科学的生活方式，在饮食起居、个人—家庭环境卫生、文化体育活动、人际关系处理、心理调适等方面实现科学的安排。

由社区组织老年人出行旅游，提供安全健康措施；建立老年人的生活交往、朋友关系的网络，举办文化茶座，开设老年识字班、外语班、科普知识讲座、计算机和互联网学习班，介绍和引导老年人参与电视节目的观看和讨论等。帮助老年人调整好心态，需要社区基层组织组织更多有益于健康的活动，帮助他们走出孤独和寂寞。

建立居家安全保护系统，为老年人提供有效的居家安全帮助。在社区服务系统中建立老年人的安全防范和信息联络系统，建立老年人的居家安全报警系统，争取企业的赞助，为单身、高龄老年人免费安装门铃；为高龄老人建立联系信息卡；向老年人传授和普及安全防范知识，提高老年人处理紧急事件的应变能力；建立社区组织对高龄老年人的定期上门访问制度。

为老年人提供家务劳动支持，组织志愿者上门帮助和在社区开展帮助，提供福利性和低价有偿服务。由社区组织对患病老人提供上门照料服务，联络家庭病床和上门护士。

9. 建立社区层面的老年人社会参与机制

由社区引导组织身体健康及有一定特长的老年人再就业和参与社区服务以及公益活动。在社区建立老年人再就业技能的培训帮助机构，提供工艺品生产、小商品经营、烹饪、病人看护以及儿童养育等方面的专业知识和技能培训。

在社区建立老年人兴趣小组，鼓励企业和社会团体赞助社区老年活动；将文化娱乐、体育健身活动延伸到社区和家庭，吸引和帮助老年人走出闭塞的生活空间，增添生命的活力和色彩。

吸收更多的老年人参加社区治安、环境保护活动；采取公益性和给予一定报酬相结合的方式，对参与这些工作及活动的老年人给予一定的资金、实物和相应的社会福利待遇。

本章要点

1. 老龄战略对策不同于老龄工作的具体措施，它是宏观的、长远的、战略性的，它解决老龄化对个人、社会的影响，着眼于防患未然，起到“防洪”的作用，而不是对已经出现的紧急情况的“抢险”。“防洪”就必须高瞻远瞩，认识古今中外人口老龄化的规律，因势利导，化解矛盾。因此理论指导是十分重要的。

2. 把政治建设、经济建设、文化建设、社会建设一道提出，对老龄对策的最重要意义是，把老龄对策的目标“建立一个不分年龄、人人共享的社会”纳入和谐社会的载体，就是把代际和谐和老龄问题与整个国家社会生活连在一起。

3. 我国老年群体生活不够充实，生活质量低，推行和实现健康老龄化和积极老龄化困难重重，除了有经济上和体制上的原因外，我国老年群体文教、科技素质不高是个不可忽视的原因。如果我国城市大部分老年人都有初中以上文化水平，部分人有更高的专业知识，我国老年群体的生存状况将会大大提高，我国庞大老年群体将会为社会做出切实的和不可忽视的贡献。

4. 针对养老金资金来源不足的问题，应该加强法制规范，增加政府的调控力度。根据西方国家的经验教训，养老金的高福利制度是不可取的，应该增加个人的责任。一方面，明确个人收入申报制度，按个人实际收入缴纳养老基金。理顺在职期间的工资结构，增加工资的规范化管理，将有利于每一代退休者获得经济保障。另一方面，发挥政府职能，适当增加社会保障支出。

5. 健康老龄化是一项庞大的社会工程，实现健康老龄化需要几代人的努力，需要多学科、多部门的协作。它同许多部门有关，更需要各部门站得高、看得远，认识人口老龄化的客观必然性，为实现健康老龄化作出贡献。

基本概念

老龄战略对策、和谐社会、健康老龄化

复习思考题

1. 中国特色老龄战略对策的重点是什么？
2. 为什么说和谐社会的公平公正是实现老龄战略目标的客观要求？
3. 预防老年人贫困的对策有哪些？
4. 城乡老年人的健康保障战略对策有哪些？

推荐阅读书目

邬沧萍，主编．社会老年学．北京：中国人民大学出版社，1999.

参考文献

王康，主编．社会学词典．济南：山东人民出版社，1988.

联合国．老龄问题维也纳国际行动计划．1982//谢联辉，宋玉华，主编．全球行动——迎接人口老龄化（联合国老龄话题文件总汇）．北京：华龄出版社，1998.

［美］乔恩·亨德里克斯，戴维斯·亨德里克斯．大众社会中的老龄化．上海：上海译文出版社，1992.

［美］霍曼，等．社会老年学．北京：社会科学文献出版社，1992.

高成鸢．中国的尊老文化．天津：天津人民出版社，1992.

熊必俊，等．老有所为的理论与实践．北京：经济管理出版社，1993.

［美］戴维·L·德克尔．老年社会学．天津：天津人民出版社，1986.

［法］阿尔弗雷·索维．人口通论．北京：商务印书馆，1983.

［美］哈尔·肯迪格，等，编．世界家庭养老探析．北京：中国劳动出版社，1997.

［美］里查得·C·克伦塔尔．老年学．兰州：甘肃人民出版社，1986.

袁贵仁，主编．对人的哲学理解．郑州：河南人民出版社，1994.

王爱珠．老年经济学．上海：复旦大学出版社，1996.

［日］长古川和夫，［日］霍山德尔，主编．老年心理学．哈尔滨：黑龙江人民出版社，1997.

徐立忠．老人问题与对策．台北：桂冠图书公司，1989.

［法］安德烈·拉布戴特．退休制度．北京：商务印书馆，1997.

胡汝泉，主编．国外老龄对策辑要．天津：天津教育出版社，1991.

孙光德，主编．社会保障概论．北京：中国人民大学出版社，2004.

郑杭生，主编．社会学概论新修．北京：中国人民大学出版社，2003.

［日］日本经济新闻社，编．老龄化社会——无形的革命．北京：新华出版社，1987.

［古罗马］塞涅卡．幸福而短促的人生——塞涅卡道德书简．上海：上海三联书店，1989.

齐铱．中国内地和香港地区老年人生活状况和生活质量研究．北京：北京大学出版社，1998.

张纯元．中国老年人口研究．北京：北京大学出版社，1991.

田森．中国老龄问题研究．杭州：浙江人民出版社，1988.

张同春，主编．老年人权益自我保护手册．北京：华龄出版社，1997.

萧振禹，主编．养老你指望谁．北京：改革出版社，1998.

于学军．中国人口老化的经济学研究．北京：中国人口出版社，1995.

邬沧萍，主编．社会老年学．北京：中国人民大学出版社，1999.

姚远．中国家庭养老研究．北京：中国人口出版社，2001.

穆光宗．家庭养老制度的传统与变革．北京：华龄出版社，2002.

王树新，主编．中国养老保障研究．北京：华龄出版社，2004.

杜鹏．欧盟的老龄问题与老龄对策．北京：中国人口出版社，2000.

姜向群．老年人的社会地位与社会价值研究．北京：知识产权出版社，2005.

党俊武．老龄社会引论．北京：华龄出版社，2004.

David G. Troyansky. "The Old Person in the Western World: From the Middle Age to the Industrial Revolution". In: *Humanities and Aging*. Bertin: Springer Publishing Company, Inc., 1992.

United Nations. *Population Aging and Its Economic and Social Implication*, N. Y., 1956.

Donald O. Cowgill, Lowell D. Holmes (Eds.). *Aging and Modernization*. N. Y.: Appleton-century-crofts, 1986.

William G. Cockerham. *This Aging Society*. New Jersey: Prentice-hall, Inc., 1991.

Irving Rowsow. *Socialization to Old Age*. Berkeley: University of California Press, 1974.

James E. Thornton, Earl R. Winkler. *Ethics and Aging*. Vancouver: The University of British Columbia Press, 1988.

Thomas M. Falkner, Judith De Luce. "View from Antiquity: Greece, Rome, and Elders". In: *Handbook of the Humanities and Aging*. Berlin: Springer Publishing Company, Inc., 1992.

Ficher, D. *Growing Old in America*. N. Y.: Oxford University Press, 1977.

Fries, J. F. "Aging Natural Death, and the Compression of Mobility". *New England Journal of Medicine*, 1980.

United Nations. *World Population Prospects*. The 1996 Revision. N. Y., 1998.

Graebner, William. *A History of Retirement*. New Haven: Yale University Press, 1980.

McTavish, Donald G. "Preception of Old People: A Review of Research, Methodologies, and Findings". *Gerontologist*, 1971 (11).

Atchley, Robert C.. "Selected Social and Psychological Differences Between Men and Women in Late Life". *Journal of Gerontology*, 1976 (31).

Hugo, G. J. "The Changing Urban Situation in Southeast Asia and Australia: Some Implications for the Elderly in the United Nations". In: United Nations. *Aging and Urbanization*. N. Y., 1991.

图书在版编目（CIP）数据

老年学概论/邬沧萍，姜向群主编．—3 版．—北京：中国人民大学出版社，2014.9
新编 21 世纪人口学系列教材
ISBN 978-7-300-20067-5

Ⅰ.①老…　Ⅱ.①邬…②姜…　Ⅲ.①老年学-高等学校-教材　Ⅳ.①C913.6

中国版本图书馆 CIP 数据核字（2014）第 216757 号

新编 21 世纪人口学系列教材
老年学概论（第 3 版）
主编　邬沧萍　姜向群
Laonianxue Gailun

出版发行	中国人民大学出版社		
社　　址	北京中关村大街 31 号	**邮政编码**	100080
电　　话	010－62511242（总编室）		010－62511770（质管部）
	010－82501766（邮购部）		010－62514148（门市部）
	010－62511173（发行公司）		010－62515275（盗版举报）
网　　址	http://www.crup.com.cn		
经　　销	新华书店		
印　　刷	北京溢漾印刷有限公司	**版　　次**	2006 年 5 月第 1 版
开　　本	787mm×1092mm　1/16		2015 年 1 月第 3 版
印　　张	16.75	**印　　次**	2025 年 7 月第 18 次印刷
字　　数	358 000	**定　　价**	45.00 元

关联课程教材推荐

书号	书名	作者	定价
978-7-300-17210-1	《社会学概论新修》(第四版)	郑杭生	49.80 元
978-7-300-10415-7	《社会学概论新修》(精编版)	郑杭生	28.00 元
978-7-300-10738-7	《社会学研究方法》(第三版)	风笑天	39.80 元
978-7-300-02088-7	《应用社会学》(第二版)	李　强	38.00 元
978-7-300-12230-4	《人口、资源、环境关系史》(第 2 版)	邬沧萍 侯东民	32.00 元
978-7-300-08997-3	《社会统计分析与数据处理技术》	杨菊华	49.80 元

配套教学资源支持

尊敬的老师：

衷心感谢您选择使用人大版教材！

秉承“出教材学术精品，育人文社科英才”的出版理念，我社为教材打造配套教学资源，帮助老师拓展教学思路，革新教学方式。相关的配套教学资源，请到人文分社网站（www.crup.cn/rw）下载，或随时与我们联系，我们将向您免费提供。联系人信息：

地址：北京海淀区中关村大街 31 号 201 室　龚洪训 收　邮编：100080

电子邮件：gonghx@crup.com.cn　电话：010-62515637　QQ：6130616

欢迎您随时反馈教材使用过程中的疑问、修订建议等，让我们与教材共成长。建议一经采纳，即有好书奉送。

如有相关教材的选题计划，也欢迎您与我们联系，我们将竭诚为您服务！

选题联系人：　　电子邮件：　　电话：

潘　宇　　pany1234@gmail.com　　010-62515637

俯仰天地　心系人文